투자 대가들의
가치평가 활용법

The Conscious Investor : Profiting from the Timeless Value Approach by John Price
Copyright ⓒ 2011 by John Price
All rights reserved
Korean translation copyrights ⓒ 2013 BOOKON(KIERI)
Korean translation rights are arranged with John Wiley & Sons International Rights, Inc. through Amo Agency, Seoul, Korea

이 책의 한국어판 저작권은 아모 에이전시를 통해 저작권자와 독점 계약한 부크온에 있습니다.
신저작권법에 의해 한국 내에서 보호를 받는 저작물이므로 무단 전재와 무단 복제를 금합니다.

투자 대가들의 가치평가 활용법

THE CONSCIOUS INVESTOR

존 프라이스 지음 | 김상우 옮김

iTOOZA 부크온 BookOn

머리말 • 10

1 CHAPTER 가치평가의 핵심 : 내재가치 • 27

내재가치의 의미 • 여러 유형의 내재가치 계산법

2 CHAPTER 재무상태표 분석과 가치평가 : 그레이엄 스타일 • 47

브랜드와 기업가치 • 장부가를 이용한 가치평가의 장단점 • 그레이엄의 청산가치 투자 전략 • 그레이엄의 청산가치 평가법의 장단점 • 워런 버핏과 '담배꽁초' 주식 전략 • 순유동자산가치 평가법의 장단점 • 방어투자를 위한 주식 선정 기준 • 대체가치와 토빈의 q이론 • q이론을 활용한 가치평가의 장단점

3 CHAPTER 내재가치를 구하는 가장 기본적인 방법: 현금흐름할인법 • 87

잉여현금흐름과 순이익을 비교하라 • 현금흐름할인법의 가정들 • 현금흐름할인법의 내재가치 계산 사례 • 곰 세 마리의 가치평가 • 현금흐름할인법의 장단점

4 CHAPTER 록펠러의 기쁨: 배당할인모형 • 129

잉여현금흐름과 배당금 • 배당금 증가가 없는 고정 배당금을 지급하는 경우 • 자기자본이익률(ROE)을 이용한 배당할인모형 • ROE를 활용한 배당할인모형(2단계 모형) 분석 사례 • 잔여이익가치평가모형 • 기업의 가치 창출 조건 : ROE 〉할인율 • 배당할인모형의 장단점 • 무수한 변형 모형들

5 CHAPTER 가치평가법 아닌 가치평가법 : 회수기간계산법 • 167

회수 기간과 PER • 배당금과 ROE를 이용한 회수기간계산법 • 회수기간계산법의 장단점

6 CHAPTER 피터 린치와 PEG 활용법 • 183

PEG를 활용한 가치평가법의 장단점 • PEGY • ERI를 활용한 가치평가의 장단점

7 CHAPTER 내 기대수익률은 얼마인가 : 기대수익률법(가격비율법) • 201

더블딥 주식을 찾아라 • ROE와 주가의 관계 • 매수목표가의 계산 • PER과 배당성향 추정 • PER과 관련된 6가지 규칙 • 기대수익률법의 장단점

8 CHAPTER 그레이엄에서 오닐까지 : 대가들의 가치평가법 • 231

내재가치와 추가이익성장모형 • 추가이익성장모형의 장단점 • 자산모형, 수익력모형, 수익성장모형 • 벤치마크 가치평가법 • 마법공식투자법, 캔슬림 투자법, 기타 주식선정법

9
CHAPTER 최고의 주식 찾는 법 : 이익 예측과 안전마진 • 273

ROE의 변화와 이익증가율 • 안전마진을 적용한 예상 이익증가율 • 안전마진을 적용한 예상 PER과 배당성향

맺음말 • 320

부록 A | ROE와 이익증가율의 관계 • 323
부록 B | 할인모형 계산법 • 326
용어 설명 • 337

일러두기

이 책은 원서 『THE CONSCIOUS INVESTOR』를 저자와 협의하여 두 권으로 분권한 것 가운데 활용편에 해당하는 내용을 담고 있습니다. 원래 원서의 전반부 내용은 『워런 버핏처럼 가치평가 시작하는 법』으로, 후반부 내용은 『투자 대가들의 가치평가 활용법』으로 각각 다른 제목으로 재출간하였습니다. 초보자는 『워런 버핏처럼 가치평가 시작하는 법』부터 읽으시고, 가치평가를 어느 정도 이해하는 투자자라면 이 책 『투자 대가들의 가치평가 활용법』을 읽으시면 좋습니다.

또한 별도로 언급한 경우를 제외하고 모든 재무자료는 해당 기업이 발표한 자료와 연차보고서 그리고 주식시장 관련 자료에서 수집한 것입니다.

들으면 잊어버리고, 보면 기억하며, 행하면 이해한다.

― 순자

필요한 것은 결정을 위한 합리적인 분석틀과
감정에 휘둘리지 않고 그 분석틀을 유지하는 능력이다.

― 워런 버핏

| 머리말 |

주식시장은 인간의 특별한 창조물이다. 주식시장에서 주식을 사면 세계 최대의 기업이라도 그 일부를 소유할 수 있게 된다. 100달러가 안 되는 돈으로 우리의 사업 방식과 삶을 혁명적으로 바꾼 마이크로소프트나 인텔의 일부분을, 또 수백만 명의 쇼핑 행태를 바꾼 월마트나 코스트코 같은 회사의 일부분을, 그리고 우리와 환경의 관계를 근본적으로 바꾸고 있는 선테크Suntech 같은 태양열 에너지 회사나 베스타스 윈드 시스템즈Vestas Wind Systems 같은 풍력 에너지 회사의 주식도 살 수 있다.

주주가 되면 여러분은 이사 선출권, 배당금 수령권, 기업 청산 시 자산을 배분받을 권리 등의 소유권을 갖게 된다. 그러나 투자자의 가장 핵심적인 목표는 수익을 내주는 주식을 고르는 것이다. 이 책의 목적은 주식의 실질가치real value를 평가함으로써 성공적인 투자자가 되도록 돕는 것이다. 이를 위해 관심 종목으로 수익을 낼 수 있을지 판단하는 데 필요한 여러 계량적인 주식평가법들을 자세히 소개했다.

이 책을 통해 우리는 요행을 바라는 투기꾼과 성공 투자자를 가르는 것이 무엇인지 알게 될 것이다.

어떤 주식을 언제 살지 알아야 성공적인 투자를 할 수 있다. 또 그것을 언제까지 보유하고 언제 팔아야 할지도 알아야 한다. 문제는 어떻게 그것을 아느냐 하는 것이다. 우리는 인간의 심리 상태로 주식시장을 표현하는 경우가 많다. 행복한 상승, 우울한 하락, 지겨운 횡보 같은 표현이 그런 것이다. 사실 주식시장은 이런 식으로밖에 생각할 수 없다. 예를 들어 미 재무성의 분석에 따르면, 1975년에서 1985년 사이에 미국 주식시장의 주식 가격은 그 가치의 50%밖에 반영하지 못했다. 따라서 한 거액 투자자가 그 당시 미국 주식시장의 모든 주식을 샀다면, 전체 시장을 본래 가치의 반값에 사게 되는 셈이었다. 한 마디로 1달러짜리를 50센트에 사는 것이다. 그러나 그 후 시장은 다시 상승했고, 2000년에 와서 주식 가격은 그 가치의 두 배에 이르게 되었다. 2008년 시장이 무너지면서 주식가격은 다시 그 가치 밑으로 떨어졌다. 그 후 서서히 가격이 올라 2010년 초 가치를 상회하기 시작했고 2013년 현재 사상 최고치 행진을 하고 있다.

가격과 가치가 서로 시소게임을 벌이는 듯한 이와 같은 주식시장의 성격을 보여 주는 또 다른 사례는 전설적인 투자자 워런 버핏이 회장으로 있는 버크셔 해서웨이의 주가이다. 워런 버핏이 버크셔 해서웨이를 인수한 후, 버크셔 해서웨이 주가가 50% 정도 하락한 적이 네 번 있었다. 처음 세 번은 1974년, 1987년, 1998년에 있었다. 그러나 그때마다 버크셔 해서웨이 주가는 펀치드렁크 상태의 복서처럼 다시 캔

버스에서 벌떡 일어나 신고점을 향해 나갔다. 1962년 12월 12일 수요일, 워런 버핏이 주당 7.50달러에 처음 산 버크셔 해서웨이 주식이 45년 후에 주당 15만 1,650달러로 역대 최고가를 경신했다는 사실을 생각해 보자. 이는 연평균 수익률로는 24.65%에 달한다. 그런 후 버크셔 해서웨이 주가는 2009년 3월 5일 목요일 7만 50달러까지 하락했다. 이렇게 하락하던 주가는 6개월도 안 돼 10만 달러를 회복했고, 2010년 3월에는 다시 12만 5,000달러를 돌파했다. 이로써 버크셔 해서웨이의 주가는 다시 한 번 역대 최고가를 기록할 가능성이 커졌다(2019년 3월 현재 30만 달러 수준이다—편집자 주). 이런 커다란 주가 변동은 버크셔 해서웨이의 사업 실적과는 별 관계가 없었다. 버핏의 현명한 경영 하에 버크셔 해서웨이는 매년 주식시장을 통해 혹은 사업 인수를 통해 여러 우수한 기업에 투자했다. 두 번을 제외하고 버크셔 해서웨이의 주당 자기자본(주당 장부가)은 계속 증가했는데, 이는 경이로운 기록이었다. 그러나 버크셔 해서웨이의 주가만 보면 이 회사가 엄청난 성공과 재앙적인 실패 사이를 반복한 것처럼 보인다.

시장과 개별 기업의 주가가 천문학적인 고점과 처절한 바닥 사이를 요동치듯 오가는 그 이면을 파헤치는 것이 우리가 할 일이다. 단기적인 주가 변동에도 불구하고 장기적으로 버크셔 해서웨이의 주가를 끌어올린 요인은 무엇일까? 한 마디로 말하면 버크셔 해서웨이가 가진 사업적 강점이 주가를 끌어올린 요인이다. 우선 한 기업이 분기 혹은 연간 매출액이나 이익이 개선되었다고 발표하면, 단기적으로 그 기업의 주가는 상승하고 그 반대이면 하락한다. 더욱 중요한 것은 장기적인 시각이다. 보다 장기적으로 실적이 꾸준히 증가하는 기업의 주가는 상승하는 경향을 보이고, 장기적으로 실적이 하락하는 기업의 주가는 하락하는 경향을 보인다. 이때 주가 상승과 하락의 속도 및 폭은 그 기간 동안 그 기업이 얼마나 성공했는지 혹은 실패했는지에 달려 있다. '월스트리트의 학장'으로도 불린 벤저민 그레이엄은 이에 대해 "시장은 단기적으로는 계표기와 같고 장기적으로는 저울과 같다"고 했다.

그렇다면 장기적으로 시장은 무엇의 무게를 재는 것일까? 바로 가치이다. 그리고 주식의 가치와 그에 대한 평가, 즉 가치평가가 이 책의 주제이다. 따라서 이 책에서는 주식에 대한 가치평가법들을 집중적으로 다룰 것이다. 주식의 가치를 평가할 수 없다면, 우리는 어떤 주식이 수익을 낼지 전혀 알 수가 없다. 주식 가치를 평가하지 못하면 그저 시장의 변덕과 불확실성에 운명을 맡길 수밖에 없다. 이는 조지 소로스가 말한 것처럼 지금 우리가 "1930년 이후 최악의 금융 위기"를 겪고 있기 때문에 특히 더 그러하다. 그러나 투자 거장들이 가장 큰 수익을 올린 때는 금융시장이 크게 요동치는 매우 불확실한 시기였음을 역사는 보여주고 있다.

한 기업의 주식을 매수한 후 그 주식이 수익을 내기까지, 요컨대 가치를 드러내기까지는 시간이 필요하다. 매수한 주식의 주가가 일정 기간에 걸쳐 상승하면 좋은 가격에 매수했다고 할 수 있고, 그 반대면 좋은 가격에 매수하지 못했다고 할 수 있다. 모든 투자자는 주식을 매수할 때 그 주식으로 수익을 낼 수 있을지를 판단해야 한다. 그리고 이런 판단은 그 주식의 실질가치를 평가해야 가능하다.

대부분의 중요한 삶의 영역에서처럼 가치를 평가한다는 것은 과학임과 동시에 예술이며, 객관적이면서도 주관적인 일이다. 과학으로서의 가치평가는 승인되고 감사를 받은 재무제표에 기초해 여러 구체적인 금융 변수들을 가지고 꼼꼼히 계산하는 과정이다. 그리고 그 계산 결과가 이른바 내재가치intrinsic value라는 것이다. 내재가치는 투자자와 시장의 의견에서 독립된 해당 주식의 진정한 가치로 간주된다. 우리는 주식의 내재가치와 실제 가격을 비교함으로써 그 주식의 실질가치를 측정할 수 있다. 내재가치가 가격보다 높으면 실질가치가 높고 따라서 그 주식을 매수하는 것이 좋다. 반대로 내재가치보다 가격이 높으면 실질가치가 낮고 따라서 그 주식은 외면하는 것이 좋다.

가치평가는 예술이기도 하다. 서로 다른 투입변수를 사용하는 내재가치평가법이 수십 개나 되기 때문이다. 동일한 주식이라 하더라도 사용하는 가치평가법에 따라 계산되는 내재가치가 크게 다르다. 따라서 어떤 방법을 사용할지 그리고 어떤 수준의 투입변수들을 사용할지를 판단해야 한다. 이 책에서는 각각의 내재가치평가법을 소개한 후, 그 장단점도 함께 소개했다. 따라서 독자는 이런 장단점들을 확인한 후 자신이 사용할 방법을 선택할 수 있을 것이다. 또 이런 장단점을 알면, 특정 가치평가법을 사용해 기업 가치를 분석한 보고서를 읽을 때 주의해야 할 점이 무엇인지도 알 수 있을 것이다.

가치에 대한 기본적인 가정은 한 주식의 가격은 시간이 지남에 따라 진정한 가치, 즉 내재가치로 수렴된다는 것이다. 모기떼가 제멋대로 날아다니는 것 같지만 우리의 맨살을 향해 정확히 날아오듯, 수백만 명의 투자자들이 위아래로 밀고 끌어내리는 일련의 과정을 거쳐 주가는 결국 그 가치로 수렴된다. 모기떼와 주식투자자들의 차이는 모기의 경우 몇 분만에 맨살로 날아들지만, 주식시장의 경우 주가가 가치로 수렴되는 데는 몇 달 혹은 몇 년이 걸릴 수도 있다는 것이다.

주가의 이런 경향 때문에 가치에 대한 두 번째 가정이 나온다. 그것은 "저평가된 주식일수록 주가가 더 빨리 상승한다"는 것이다. 요컨대 저평가된 주식일수록 수익률이 높다는 것이다. 이는 투자 결정을 할 때 두 가지 핵심적인 질문을 해야 한다는 것을 의미한다. 바로 "그 주식의 진정한 가치는 얼마인가" 하는 것과 "그 주식이 저평가되어 있다면 진정한 가치에 비해 얼마나 저평가되어 있느냐" 하는 것이다. 이 질문, 특히 첫 번째 질문이 이 책의 2장에서 6장까지 그리고 8장에서 소개하고 있는 여러 가치평가법의 핵심 질문이다.

그러나 이런 질문들은 투자자 입장에서 훨씬 중요한 "어느 정도 수익을 기대할 수 있느냐?"는 질문에 답하기 위한 선행 질문들이다. 결국 어느 정도 수익을 기대할 수 있는지가 투자를 결정하는 데 가장 중요한 질문이다. 한 주식이 50% 저평가되어 있다 해도, 주가가 오를 것이라는 확신이 없으면 아무런 소용이 없다. 예를 들어 매우 저평가되어 있다는 사실만 가지고는 그 주식이 언제 오를지, 과연 오르기는 할지 알 수 없다. 50% 저평가된 상태가 아주 오랫동안 지속될 수도 있다. 투자자로서 우리는 어떤 주식을 매수해야 돈을 벌 수 있을지, 벌게 된다면 얼마나 벌 수 있을지 알고 싶어 한다. 즉 그 주식을 매수했을 때 기대할 수 있는 수익률은 얼마인지 궁금해 한다. 이는 우리가 기대수익률을 직접 계산할 수 있으면 내재가치를 계산할 필요가 없다는 것을 의미한다. 이런 기대수익률 계산법은 7장과 9장에서 소개하겠다.

주식투자의 중심지는 세계의 주요 주식시장들이다. 주식시장에서는 매일 수십만 명의 투자자가 수천 개의 종목을 거래한다. 거래 건수는 헤아릴 수 없을 정도다. 홈트레이딩 시스템을 통해 간단한 키보드와 마우스 작동만으로도 거래가 이루어진다. 집에서 무릎에 아이를 앉혀놓고도, 사무실에서 일하는 중에도 그리고 인터넷폰만 있으면 해외에서도 거래할 수 있다. 또한 투자전문가들은 여러 개의 모니터를 앞에 놓고 클릭 한 번으로 수백만 달러를 이리저리 옮기며 아주 바쁘게 거래한다. 이 모든 이들의 목적은 단 하나, 자신 혹은 고객의 포트폴리오의 순자산 가치를 높이는 것이다.

이들에게 차이가 있다면, 그것은 바로 투자 결정 이면의 논리와 전략이다. 투자 논리와 전략은 여러 요인에 의해 결정된다. 그중 하나가 시간이다. 데이트레이더들은 주가가 원하는 방향으로 즉각 움직이지 않으면, 반대 매매를 통해 손실을 줄이려 한다. 현명한 가치투자자들은 이와는 반대 행태를 보인다. 이들은 매수한 주식의 가격이 하락하면, 오히려 그 주식을 더 많이 매수하는 경향을 보인다. 매매자가 아니라 투자자로서 우리는 분명한 기준을 가지고 가격이 가치에 비해 저평가된 주식을 찾아 매수한다. 그러나 가격이 가치를 상당히 상회하면, 이제 주가가 떨어질 가능성이 크기 때문에 매도에 나서야 한다.

가치투자에는 기본적으로 두 가지 문제가 있는데, 이 두 문제 모두 가치평가법이 다양하다는 사실과 관련되어 있다. 첫 번째 문제는 모든 가치평가법이 다 그럴듯해 보일 수 있다는 것이다. 가치평가법 중 하나를 적절한 설명을 붙여 제안하면, 일반투자자는 물론이고, 많은 전문투자자들도 그 방법을 수용할 가능성이 높다. 그러나 위에서 말한 것처럼 가치평가모형에 따라 계산 결과가 큰 차이를 보일 수 있다. 어떤 경우에는 몇 백%까지도 차이가 난다. 같은 모형에서도 모형을 어떻게 적용하느냐에 따라, 예를 들어 투입변수 값을 조금만 바꿔도 엄청난 차이를 보일 수 있다.

두 번째 문제는 가치평가법들이 저마다 다른 가정과 조건을 가지고 있다는 것이다. 가치평가모형마다 적용되는 상황은 서로 매우 다르다. 따라서 하나의 모형을 모든 상황에 적용하려고 하면 여지없이 잘못된 결과가 나온다. 불행히도 투자자와 애널리스트들은 보통 하나의 모형에만 익숙하고 그것을 모든 경우에 적용하려고 한다. 이들이 모든 경우에 사용하려고 하는 하나의 모형은 학교에서 배운 것일 수도 있고, 책이나 웹사이트 혹은 주식 매매 소프트웨어 제품에서 선택한 것일 수도 있다. 요점은 대부분의 삶의 영역과 마찬가지로 한 가지 모형을 모든 상황에 적용할 수는 없다는 것이다(이에 대해 워런 버핏의 평생 친구이자 버크서 해서웨이의 부회장인 찰스 멍거는 "망치를 가진 사람에게는 모든 것이 못으로 보이는 법"이라고 풍자한 바 있다).

이런 문제들은 중요하기는 하지만 사실상 기술적인 문제에 불과하다. 가치평가법과 관련된 훨씬 중요한 문제는 이른바 '수학의 위협

mathematical intimidation'이라는 문제이다. 이는 수학공식으로 한 계산이면 그 결과가 무엇이든 정확한 것으로 받아들이는 경향을 말한다. 공식에 삽입된 수학기호들을 보면 건전한 상식과 판단력이 마비되는 것 같다. 그런 기호와 공식들이 컴퓨터 프로그램 속에 들어있어 보이지 않아도(들어 있을 것 같이 보이지 않아도), 그 결과에 의문을 제기하지 않는 경향이 여전히 존재한다. 뒤에서 보겠지만 이런 문제는 비현실적으로 무한을 예측하는 현금흐름할인모형과 배당할인모형의 경우 특히 두드러진다. 더욱이 이 두 모형은 그 핵심 가정들을 검증할 수 없기 때문에 전혀 과학적이지도 않다.

이 책의 내용

기본적으로 이 책의 목적은 주요 가치평가법들을 상세히 소개하는 것이다. 각 가치평가법들이 등장하게 된 동기와 이유, 주요 가정들을 설명하고, 각각의 가치평가법을 적용할 수 있는 상황과 적용해서는 안 될 상황을 소개했다. 아울러 이들의 장단점을 소개함으로써 사용할 가치평가법을 선택하는 데 도움을 주고자 한다. 어떤 가치평가법을 사용할지, 어떻게 사용할지에 대한 고민은 단순히 이론적인 문제에 그치지 않는다. 기관투자자의 경우, 이 고민은 수억 달러가 걸린 문제가 된다. 그러나 이 문제는 개인투자자에게 훨씬 더 절박하다. 어떤 가치평가법을 어떻게 사용하느냐에 따라 안락한 은퇴생활을 즐기게 될 수도 있지만, 입에 풀칠하기도 힘든 상황을 맞이할 수도 있기 때문이다.

또 이 책에서 우리는 기대수익률 계산이라는 보다 근본적인 문제도 살펴볼 것이다. 기대수익률을 계산하는 것은 내재가치나 진정한 가치는 그 자체로는 투자자에게 아무런 실용적인 가치도 없다는 생각에서 비롯된 것이다. 기대수익률을 계산하기 위해서는 가격(주가)을 계산에 포함시켜야 한다. 일단 가격을 계산에 포함시켰다면, 그것은 주가수익비율price-to-earnings(PER), 주가잉여현금흐름비율price-to-free-cash-flow(PCR) 혹은 주가배당금비율price-to-dividends(PDR) 같은 가격비율(주가비율)들을 직간접적으로 계산에 포함시키고 있음을 의미한다. (사실 기본적인 할인모형들에서는 무한급수로 이런 비율들을 예상해야 한다.) 가격비율들을 계산에 사용하면 내재가치를 따로 계산할 필요가 없다. 중요한 몇 가지 가격비율 중 하나를 사용하면 내재가치를 계산하지 않고도 기대할 수 있는 실제 수익률을 직접 계산할 수 있다.

베스트셀러 『시간의 역사A Brief History of Time』 개정판 서문에서 스티븐 호킹은 초판에 삽입한 방정식을 반으로 줄이는 것이 좋겠다는 말을 들었다고 했다. 그는 모든 방정식을 빼려 했지만, 하나는 절대 뺄 수 없었다고 했다. 이와 관련해 독자 여러분께 전할 수밖에 없는 한 가지 나쁜 소식은 이 책 곳곳에 많은 방정식이 들어 있다는 것이다. 주식의 내재가치를 말하기 위해서는 그것을 구하는 공식이 필요하다. 그리고 나처럼 수학적 배경을 가진 사람은 공식을 사용해야 내재가치를 구하는 여러 모형들을 보다 명료하고 간단하게 설명할 수 있다. 좋은 소식도 있다. 그것은 모든 가치평가모형들을 글로 풀어 설명했기 때문에 독자 여러분은 공식을 건너뛸 수도 있다는 것이다. 게다가 대부분의 공식은 부록에 수록했다. 또한 각 모형의 특징과 논리를 자연스럽게 파악할 수 있는 계산 사례를 들어 각각의 가치평가법들을 소개했다. 요컨대 한 모형이 추구하는 것이 무엇인지 이해한다면, 그 모형을 억지로 적용하는 계산이 아니라 자동적으로 아주 자연스러운 계산을 하게 될 것이다.

1장에서는 내재가치의 개념, 특히 주식의 내재가치에 초점을 맞추었기 때문에 절대금액으로 계산한 내재가치의 개념을 살펴보았다. 내재가치란 무엇인가, 내재가치가 실제로 존재하는가, 내재가치를 계산하는 법은 무엇인가 등이 1장의 핵심 질문이다. 본격적인 가치평가법에 대한 소개는 2장부터 시작된다.

대부분의 가치평가법은 세 부분으로 나누어 소개했다. 첫 번째 부분은 그 방법을 개괄적으로 소개한다. 이때 기술적인 용어는 가급적 사용하지 않았다. 여기에서는 가치평가에 필요한 자료를 재무제표에서 직접 가져올 수 있는지 아니면 예상 이익증가율처럼 추산해야 하는지 등을 포함해 가치평가에 필요한 자료들을 정리했다. 또 계산 결과가 어떤 형태로 나오는지도 분명히 밝혔다. 예를 들어 해당 주식의 내재가치를 금액으로 직접 계산하는 경우도 있는데, 이 경우 취해야 할 행동(매수, 매도, 보유, 투자 보류 등)을 결정하기 위해서는 내재가치를 현재 주가와 비교할 필요가 있다. 또 내재가치 계산 결과가 금액이 아니라 기대수익률로 나오기도 하며, 이익이나 배당금을 통해 최초의 투자금을 회수하는 데 걸리는 기간이 계산 결과가 되기도 한다. 각 가치평가법을 소개하는 두 번째 부분은 보다 기술적인 부분으로, 해당 방법이 사용하는 공식을 구체적으로, 필요한 경우에는 개략적으로 소개한다. 세 번째 부분은 처음 두 부분에서 부분적으로 언급된 각 가치평가법의 장단점을 종합적으로 설명한다.

누가 이 책을 읽어야 하나

이 책은 처음 주식투자에 뛰어든 초보자부터 경험 많은 전문투자자에 이르기까지 모든 주식투자자들이 읽어야 할 책이다. 경험 많은 전문투자자에게 이 책은 자신이 사용하고 있는 가치평가법을 재검토해 볼 수 있는 계기가 될 것이다. 자신이 사용하고 있는 가치평가법을 직접 확인해 보고 싶은 사람들은 해당 장에서 다른 여러 변형 모형들을 확인하고 살펴보기를 권한다. 2장부터 9장까지 주요 가치평가법들을 소개하고 있는데, 초보자나 일반 투자자의 경우 이런 가치평가법을 공부하면 자신의 투자에 더욱 확신을 갖게 될 것이다. 초보자이거나 비전문가인 투자자들을 위해서는 주식의 가치를 이해하고, 계산하며, 사용하는 데 필요한 모든 도구와 개념들을 소개했다.

한평생 수백 채의 집을 지은 나의 아버지는 어떤 일을 시작하기 전에 반드시 그 일에 맞는 도구와 재료를 준비하라고 충고하셨다. 또 서둘지 말라고도 하셨다. 이런 충고는 주식투자에도 들어맞는다. 주식시장에서는 자신이 무엇을 하고 있는지 모르면 금방 큰돈을 잃기 때문이다.

설혹 이 책에서 소개한 가치평가법을 실제로 사용하지 않는다 해도, 그 방법들을 알아둘 필요는 있다. 예컨대 자신이 직접 투자하는 대신 재무설계사나 펀드매니저를 통해 간접 투자를 하려는 사람도 있을 것이다. 그 경우 이 책은 좋은 펀드매니저를 고르는 데 필요한 지식과 정보를 제공해 줄 것이다. 한두 가지 간단한 질문만으로도 자신이 무엇을 하고 있는지 아는 펀드매니저와 그저 그런 펀드매니저를 구별할 수 있다. 재무설계사나 펀드매니저에게 어떤 가치평가법을 사용하는지, 어떤 가정 하에서 그 가치평가법을 사용하는지, 그리고 그 가치평가법을 사용하는 이유가 무엇인지 물어보면 차이를 알 수 있다[질문을 받은 재무설계사나 펀드매니저가 아무런 대답을 못하거나 만족스러운 답을 하지 못했다면, 다른 사람을 찾아야 한다. 버나드 매도프Bernard Madoff(금융사기 스캔들로 구속된 금융인)에게 돈을 맡겼던 사람들이 사전에 그에게 이런 질문만 했어도 총 수십억 달러를 날리는 일은 없었을 것이다].

가치평가법을 실제로 사용하지 않아도 알고는 있어야 할 또 다른 이유는, 기업 분석에 관한 소중한 지식을 얻을 수 있기 때문이다. 예컨대 벤저민 그레이엄Benjamin Graham의 가치평가법을 알면, 재무상태표를 통해 그 회사가 직면한 위험을 찾아낼 수 있다. 배당할인모형을 알면, 이익 등 회사의 다른 요인과 비교해 배당금 수준이 적절한지 알 수 있다. 그리고 현재 수준의 배당성향dividend payout ratio이 기업 가치에 보탬이 될지 아니면 가치를 훼손할지 알 수 있게 된다.

20가지 이상의 가치평가법을 소개하고 있는 이 책은 독자 여러분이 알고 있는 가치평가법을 신속하게 검토하거나 사용을 고려 중인

가치평가법을 더욱 심도 있게 분석할 수 있는 유용한 참고서로 사용할 수 있다.

가치를 계산하는 법을 알아서 누릴 수 있는 여러 혜택 중 하나는 주가 변동성을 여러분의 적이 아니라 친구로 만들 수 있다는 것이다. 한 주식의 진정한 가치를 알면 어떤 가격에 매수해야 할지 보다 분명히 알 수 있고, 이미 그 주식을 보유하고 있다면 얼마에 매도해야 할지 알 수 있다. 또 주식의 진정한 가치를 알면 "그들이 내가 모르는 뭔가를 알고 있는 것 아냐?" 하는 생각에 요란한 주식보고서나 보도자료에 현혹될 가능성도 적어진다. 주식의 진정한 가치를 알면 모든 것이 보다 단순해진다. 한 주식의 가치를 알고 따라서 적정가격을 알면, 실제 주가가 적정가격 밑으로 떨어질 경우 주식을 매수하거나 더 떨어지기를 기다릴 수도 있다. 그래서 실제 주가가 여러분이 계산한 적절한 매수 가격까지 떨어지면 매수하고, 그렇지 않으면 매수하지 않으면 된다. 여러분이 이미 해당 주식을 보유하고 있다면, 그 주식의 내재가치와 실제 주가를 비교함으로써 매도, 보유 혹은 추가 매수를 보다 쉽게 결정할 수 있다.

투자자의 가장 큰 문제이자 가장 큰 손실을 유발하는 원인은 자신이 무엇을 하고 있는지 모르는 것이다. 나는 이를 "모르고 하는 투자 unconscious investing"라고 부른다. 모르고 하는 투자란 군중을 추종하는 투자, 투자와 관련해 올바른 질문을 못하는 투자를 말한다. 이 책을 통해 다른 사람들이 모르는 가치평가법과 투자 전략을 습득함으로써 독자 여러분이 모르고 하는 투자에서 벗어나기를 진심으로 바란다.

또 시장에 넘쳐나는 피상적인 과장과 비합리성에도 불구하고, 근본적으로는 여러분이 실제 상품과 서비스를 판매하는 실제 회사를 대상으로 투자하고 있다는 사실 그리고 가치평가에 기초한 시대를 초월한 가치투자를 통해 수익을 낼 수 있다는 사실을 알게 되기를 바란다. 투자 대상의 가치를 알고 하는 투자자가 되어 주식시장에서 큰 기쁨을 맛보고, 투자를 스트레스가 아니라 즐거운 일로 만들기를 바란다.

나는 "알고 하는 투자자, 컨셔스 인베스터 Conscious Investor(사실 이 말은 아내 샌디가 제안했다)"[1]라는 말을 투자자 자신이 신뢰하고 일부는 사용까지 하고 있는 제품과 서비스를 공급하는 기업에 투자하는 사람이라는 의미로도 사용할 것이다. 이런 의미에서 알고 하는 투자자가 되기 위해서는 가치를 평가하는 일이 단순히 "얼마를 벌 것이냐" 뿐만 아니라, "어떻게 벌 것이냐"와도 깊이 연관되어 있음을 인식해야 한다. 얼마가 아니라 어떻게 벌 것이냐 하는 견지에서 투자하면 수익의 양뿐만 아니라 질도 확보할 수 있다. 그리고 이런 투자는 보다 좋은 사회, 보다 따뜻한 세상을 만드는 데 적게나마 기여하는 일이 될 것이다.

---

[1] 이 책의 원서명으로 사용되었다—역자.

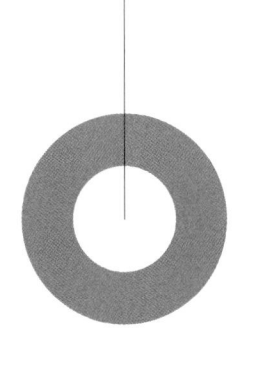

내재가치란 실로 정의하기 어려운 개념이다.

― 벤저민 그레이엄

내재가치는 투자와 기업의 상대적인 매력도를 평가할 수 있는
단 하나의 논리적인 기준을 제공해 주는
투자의 가장 중요한 개념 중 하나다.

― 워런 버핏

1
CHAPTER

· · ·

가치평가의 핵심 : 내재가치

모든 가치평가법의 목적은 기본적으로 내재가치를 계산하는 것이다. 내재가치란 기업의 기존 재무 정보와 분명한 사업 전망에 기초해 평가한 한 주식의 '진정한 가치true worth'를 뜻한다. 내재가치는 시장 의견이나 투자자의 감정과는 관계없거나, 관계없어야 한다. 내재가치 개념의 기본 가정은 "시간이 가면 주가는 내재가치로 수렴된다"는 것이다. 따라서 주식의 내재가치를 알면 매수, 매도, 보유, 투자 보류 등 투자 결정에 필요한 확고한 기반을 가지게 된다. 이런 의미에서 가치란 내재가치와 가격을 비교하는 데서 파악된다. 그러나 곧 살펴보겠지만 내재가치의 개념과 용도는 처음 보는 것처럼 그렇게 직접적이지는 않다.

내재가치의 의미

상장기업의 주식 한 주의 내재가치란 그 주식의 진정한 가치를 말하며, 그 진정한 가치는 주식의 실제 주가와 매우 다를 수 있다는 것이 내재가치에 관한 가장 일반적인 관념이다. 70여 년 전, '월스트리트의 학장'이라고 불렸던 벤저민 그레이엄은 다음과 같이 말한 바 있다.

> 내재가치란 인위적인 조작이나 심리적 과잉으로 왜곡된 시장 주가와는 다른 것으로 자산, 이익, 배당금, 분명한 사업 전망 같은 팩트들로 정당화될 수 있는 가치라고 할 수 있다.

비슷한 시기에 존 버 윌리엄스John Burr Williams는 주식의 실제 가치에 관한 글에서, 재무제표를 통해 획득한 자료와 신중하게 계산한 예상치를 가지고 실제 가치를 정확히 계산할 수 있다고 했다. 윌리엄스의 실제 가치 계산법은 현재의 배당금과 예상 배당금을 특히 중시했으며, 그 결과가 4장에서 소개한 배당할인모형이다.

처음 내재가치를 학습할 때 접하게 되는 문제는 내재가치 계산법이 다양하며, 방법에 따라 계산되는 내재가치도 제각각이라는 것이다. 두 번째 문제는 어떤 특정 내재가치 계산법(가치평가법, 가치평가모형)에 합의했다 해도, 계산에 사용할 투입변수 값에 합의하기는 쉽

> ● **내재가치**
>
> 내재가치 이론에서 말하는 내재가치란 기업의 기존 재무 정보와 분명한 사업 전망에 기초해 평가한 그 주식의 진정한 가치를 말한다.

지 않다는 것이다. 그 결과 투입변수 값에 따라 계산 결과도 큰 차이를 보이는 경우가 많다. 투입변수의 차이 대비 결과의 차이가 얼마나 큰지를 나타내는 개념이 민감성sensitivity인데, 일부 내재가치 계산법은 투입변수 값을 조금만 바꿔도 결과가 두세 배 차이가 날 정도로 민감성이 크다. 반면 투입변수 값을 바꿔도 결과에 큰 차이가 없는 내재가치 계산법도 있는데, 이런 계산법에 대해서는 민감성이 낮거나 안정적이라고 한다.

그럼에도 불구하고 다양한 내재가치 계산법에 포함된 가정과 변수들을 잘 이해하면 보다 나은 투자 결정을 할 수 있는 토대를 구축할 수 있다. 반대로 이런 이해가 부족하면 시장 참여자들과 투자 조언자들의 이런저런 주장에 휘둘리기 쉽다. 또 한 가지 좋은 소식은 모든 내재가치 계산법은 저마다 장단점이 있다는 것이다. 지속적인 배당금을 지급하는 기업의 내재가치를 계산하는 데 적합한 계산법이 있는 반면, 배당금을 지급하지 않는 기업의 내재가치를 계산하는 데 적합한 계산법도 있다. 또한 모든 내재가치 계산법은 저마다 특정한 필요에 부응하기 위해 발전해 왔으며 시기에 따라 효과적으로 사용되기도 했다.

한 기업의 내재가치를 어떻게 정의하건 간에 기본적인 관념은 해당 기업의 현재 및 역대 재무제표에서 획득한 재무 자료가 내재가치 계산의 기초라는 것이다. 또한 내재가치 계산에는 이런 재무 자료가 미래에는 어떻게 될지 혹은 어떻게 변할지 하는 미래 예상치가 포함되는 것이 많다.

앞서 소개한 대로 내재가치이론의 기본 가정은 시간이 가면 주가는 내재가치로 수렴된다는 것이다. 예를 들어 주가가 20달러이고 내재가치가 30달러라고 하면, 주가는 30달러까지 오를 것이기 때문에 이 주식을 매수해야 한다. 반대로 주가가 30달러이고 내재가치가 20달러라면, 그 주식은 매도해야 한다. 버튼 맬킬Burton Malkiel은 이를 '주가의 굳건한 토대이론firm-foundation theory of stock prices'이라고 했다.

굳건한 토대이론이란 주식이건 부동산이건 간에 모든 투자 상품에는 내재가치라고 하는 굳건한 토대가 있다는 것이다. 그리고 이 내재가치는 해당 투자 상품의 현재와 미래에 대한 신중한 분석을 통해 평가할 수 있다. 시장가격이 내재가치라고 하는 굳건한 토대 밑으로 하락(혹은 위로 상승)할 때 매수(혹은 매도) 기회가 발생한다. 이런 가격의 부침은 결국 교정될 것이기 때문이다.

1955년 미국 상원은행위원회Senate Banking Committee에서 J. 윌리엄 풀브라이트J. William Fulbright 위원장이 주가가 내재가치로 수렴되는 이유가 무엇이냐고 물었을 때, 벤저민 그레이엄은 "그것이 바로 우리 업계

◐ 내재가치 이론의 기본 가정

내재가치 이론의 기본 가정은 "시간이 가면 주가는 내재가치로 수렴된다"는 것이다.

의 미스터리 중 하나입니다. 다른 모든 사람은 물론 저에게도 미스터리입니다. (그러나) 결국에는 시장이 가치를 따라 간다는 것을 우리는 경험을 통해 알고 있습니다"고 답했다. 이런 가정에는 또 하나의 가정이 숨어 있다. 그것은 보다 저평가된 주식일수록 더 일찍 더 빨리 상승할 것이라는 가정이다. 달리 말해 보다 저평가된 주식일수록 수익률이 높다는 것이다. 이 책에서 소개한 여러 가치평가법은 이런 굳건한 토대 이론의 가정들을 뒷받침하고 있다.

뒤에서 살펴보겠지만 주식의 가치를 계산하는 법을 개발하고 이를 유지하는 것 그리고 그 계산 결과를 내재가치라고 부르는 일은 어려운 일이 아니다. 그러나 주식시장이건 다른 어느 시장이건 실제로 내재가치라는 것이 존재하기는 할까? 내재가치에 대한 여러 논의에도 불구하고 내재가치란 실체가 없는, 따라서 계산할 가치가 없는 신기루 같은 것은 아닐까? 금융 이론뿐만 아니라 다른 여러 분야의 전문가들이 수많은 글과 책을 통해 이런 의문을 제기해 왔다. 예를 들어 존재론적 미궁에 빠지는 것을 피하기 위해 우리는 철학적 문제에 매달리기보다는 실용적인 입장을 취할 것이다.

내재가치 관념에 반대하는 핵심 주장은, 내재가치가 존재한다면 그리고 이를 적절히 계산할 수 있다면 모든 사람이 내재가치를 알게 될 것이며, 따라서 내재가치 이하의 가격에 주식을 팔거나 내재가치 이상의 가격에 주식을 사는 사람은 없게 된다는 것이다. 그 결과 어떤 주식시장에서건 거래는 전혀 혹은 거의 이뤄지지 않게 된다는 것이다. 이런 주장이 가진 한 가지 약점은, 주식의 내재가치라는 것이 존재하기는 하지만 그것을 계산하는 방법이 너무 복잡하고 추상적이어서 극소수만 내재가치를 계산할 수 있으며 그나마 그들 중에서도 그런 수고를 하는 사람이 많지 않을 수도 있다는 것이다.

이 책에서 우리는 현실적인 접근을 통해 활용 가능한 수준에서 내재가치를 살펴볼 것이다. 이를 위해서는 먼저 주식의 내재가치를 계산을 통해 도출된 금액으로 정의해야 한다. 여기서 내재가치 계산이란 두 종류의 투입변수를 사용한 합리적이고 논리적인 계산을 의미한다. 첫 번째 종류의 투입변수는 기업의 재무제표에서 직접 가져온 주당 자기자본equity per share(주당 장부가)이나 주당 순이익earnings per share, EPS 같은 항목을 말한다. 이런 투입변수들은 그 개념이 분명할 뿐만 아니라 실제 수치에 대해서도 높은 수준의 합의가 있는 것이 보통이다(그러나 항상 그런 것은 아니다. 어떤 항목의 경우 비용으로 처리해야 할지 아니면 자본이나 자산으로 처리해야 할지에 대해 이견이 있을 수 있다. 비용으로 처리할 경우에 해당 항목의 수치는 손익계산서에서 전액 비용으로 보고되며, 자본이나 자산으로 처리할 경우에는 감가상각비만 손익계산서에 계상된다). 두 번째 종류의 투입변수는 주당 배당금과 EPS 같은 주요 재무지표의 예상치이다. 그런데 이런 예상치는 각자의 의견에 따라 그 값이 매우 다를 수 있다.

이런 식의 내재가치 계산법을 직접적인 내재가치 계산법이라고 한다. 한마디로 말해 직접적인 내재가치 계산법이란 내재가치를 금액으로 직접 계산하는 것이다. 2장에서 소개한 주당 장부가, 4장에서 소개한 배당할인모형 등이 직접적인 내재가치 계산법에 속한다. 배당할인모형에서 내재가치란 한 기업이 존속 기간 동안 지급할 모든 배당금을 현재 시점의 가치로 할인한 가치(현재가치)를 말한다.

두 번째 내재가치 계산법은 내재가치를 간접적으로 계산하는 것이다. 특정 투자 기간 동안 특정 재무지표를 통해 연평균 기대수익률을 계산하는 7장의 기대수익률법price ratio method(가격비율법이라고도 한다)이 이에 속한다. 어떤 주식에 투자한다고 할 때, 그 기업과 관련된 위험을 부담하는 대가로 요구하는 수익률(요구수익률)이 연간 11%라고 해보자. 여기서 내재가치는 그 수익률을 올릴 수 있는 주식 가격이 된다. 여기서는 요구수익률을 올려주는 주식 가격이 얼마인지 알아내기 위해 이 가격, 저 가격을 계산식에 넣어 계산해 보게 된다. 그러다 요구수익률을 만족시키는 가격을 발견하면, 바로 그 가격이 관련 재무지표들을 활용한 기대수익률법으로 구한 내재가치가 된다.

또 다른 예는 6장에서 소개한 PEG비율법이 있다. PEG비율은 주가수익비율, 즉 PER을 예상 이익증가율로 나눈 것이다(PEG = PER/예상이익증가율). 여기서 만족할 만한 PEG비율이 나오게 하는 주식 가격이 내재가치가 된다. 현재 PEG비율이 1.2인 기업에 관심이 있다고 하자. 그런데 여러분은 이 기업의 PEG비율이 1.0이 되어야 적정주가로 본다고 하자. 그러면 여러분은 PEG 공식을 뒤집어 PEG비율을 1.0으로 만드는 가격은 얼마인지를 찾아볼 수 있고, 바로 그 가격이 PEG비율법에 따른 내재가치가 된다. PEG비율이 1.2인 이 기업의 경우 현재 주가가 내재가치를 상회하게 되므로, 매수 타이밍이 아니다.

보다 일반적으로 주식의 가치를 보여주는 지표를 계산하는 법도 있다. 위에서 설명한 연평균 기대수익률이란 지표를 계산하는 것이 그중 하나이다. 또 다른 예는 5장에서 소개한 이른바 회수기간법이 있다. 여기서는 한 주식에 투자해서 벌어들이는 이익으로 그 주식에 대한 최초 투자액을 모두 회수하는 데 걸리는 연수가 내재가치가 된다. 또는 위에서 소개한 PEG비율 같은 보다 추상적인 지표도 그 주식의 내재가치를 보여주는 지표가 될 수 있다. 각각의 경우 우리는 해당 지표값을 적정한 값으로 만드는 주식 가격을 금액으로 계산할 수 있으며, 바로 이런 금액이 그 주식의 내재가치가 된다. 이렇게 내재가치에 해당하는 주가를 구한 후, 이를 현재 주가와 비교해 매수, 매도, 보유, 투자 보류 등의 행동을 결정한다. 지금은 이런 설명이 다소 이론적으로 느껴지겠지만, 뒤의 해당 장에서는 보다 구체적인 사례들을 살펴볼 수 있을 것이다.

우리가 어떤 비율 같은 지표나 회수 기간으로까지 내재가치 개념을 확장시킬 수 있는 것은 수익률이나 기타 여러 지표를 금액으로 표현한 내재기치로 쉽게 전환할 수 있기 때문이다. 따라서 아주 단순하게 말해, 내재가치란 주식가치를 평가하는 모든 계산법의 계산 결과라고 할 수 있다. 이 책에서는 기대수익률, 기대 회수 기간, PEG비율 같은 것도 내재가치로 볼 것이다. 그러나 그때마다 이런 지표들이 실제 금액으로 전환될 수 있다고 일일이 설명하지는 않겠다. 물론 진정한 내재가치 계산법, 요컨대 진정한 가치평가법이 되기 위해서는 분명한 가정을 포함해 굳건하고 논리적인 기초가 있어야 한다.

여러 유형의 내재가치 계산법

내재가치에 대한 이런 정의는 현금흐름할인모형만이 유일한 내재가치 평가법이라는 여러 전문가의 주장과는 배치된다. 워런 버핏조차 "내재가치는 간단하게 정의될 수 있다. 그것은 한 기업에서 취할 수 있는 현금을 현재가치로 할인한 가치이다"라고 말한 바 있다. (실제로 버핏이 현금흐름할인법을 사용한다고 말한 적은 없지만, 그의 말을 근거로 버핏이 사용한 방법이 현금흐름할인법이라고 추론하는 사람도 있다. 그러나 3장 뒷부분에서는 그가 현금흐름할인법을 사용하지 않았다는 것을 살펴볼 것이다.) 현금흐름할인법은 내재가치를 계산하는 유일한 방법이 아닐 뿐만 아니라, 3장에서 살펴보겠지만 현금흐름할인법에도 여러 변형 모형이 존재하며 각 모형에 따라 계산 결과도 큰 차이를 보인다. 버핏이 말한 '현금'을 현금흐름할인법에서 말하는 잉여현금흐름 Free Cash Flow으로 해석해야 할까? 오히려 배당금이 그가 말한 현금에 가까운 것은 아닐까? 또 현금흐름할인법 중에서도 1단계 모형이 적절할까, 2단계 모형이 적절할까, 아니면 3단계 모형이 적절할까?

우리가 이 중 어떤 변형 모형을 사용하기로 합의했다고 해보자. 그

> ● **내재가치 계산법에는 다양한 변형이 존재한다.**
> 내재가치를 계산하는 방법은 다양하며, 그 방법에 따라 그리고 투입변수에 따라 계산 결과는 천차만별이다.

래도 우리는 적절한 투입변수 값이 얼마인지에 대해서는 여전히 합의하지 못할 것이다. 버핏은 "두 사람이 같은 기업을 분석한다고 해도 그들이 계산한 내재가치는 서로 약간은 다르게 마련이다. 이는 찰리와 나의 경우도 마찬가지다"라고 하면서 이런 사실을 분명히 밝힌 바 있다. (여기서 찰리란 버크셔 해서웨이의 부회장이며 워런 버핏의 평생 친구인 찰스 멍거를 말한다.) 그런데 실상은 이보다 훨씬 심하다. 3장에서 보겠지만, 동일한 기업에 대해서도 두 사람이 버핏이 말한 약간 다른 정도가 아니라 엄청나게 다른 내재가치를 내놓는 경우도 많다.

할인모형의 변형 모형들 외에도 내재가치를 계산하는 여러 다른 모형이 존재한다. 다음은 그중 중요한 것들을 정리한 것이다.

재무상태표 분석을 통한 내재가치 계산법

재무상태표는 해당 회계연도 말 현재 한 기업의 재무 상태를 그대로 보여주는 스냅샷으로, 여기에는 현금, 매출채권, 매입채무, 재고자산, 단기 및 장기 부채 등의 항목이 포함된다. 재무상태표는 크게 자산과 부채, 자기자본으로 나뉘며, 자산과 부채는 다시 유동자산 및 유동부채, 비유동자산 및 비유동부채로 나뉜다. 자산에서 부채를 빼면 그 기업의 자기자본이 된다. 그리고 자기자본을 발행주식 수로 나눈 것이 주당 장부가이며, 주당 장부가를 그 기업의 내재가치로 보기도 한다.

보다 보수적으로 내재가치를 구하기 위해, 재무상태표 분석법의 대가였던 벤저민 그레이엄은 재무상태표 항목마다 서로 다른 가중치를 부여해 장부가를 다시 계산했다. 벤저민 그레이엄은 순유동자산법에서 비유동자산의 가치는 전혀 인정하지 않고 주당 장부가를 계산한 후 이를 주가와 비교했다. 그레이엄의 방법을 포함한 재무상태표 분석을 통한 내재가치 계산법에 대해서는 2장에서 자세히 살펴볼 예정이다.

할인모형을 통한 내재가치 계산법

한 기업이 회사 존속 기간 동안 계속 배당금을 지급할 생각이라고 해보자. 이 경우 우리는 배당금의 합으로 기업의 가치를 평가할 수 있다. 그런데 이 기업이 무한히 존속한다면, 배당금의 합이 무한이 될 수 있다는 문제가 발생한다. 다행히 이 문제는 미래의 배당금을 할인함으로써 해결된다. 이때 적용하는 할인율은 배당금이 아직 지급되지 않은 미래에 동일한 리스크를 가진 다른 투자를 통해 벌 수도 있었을, 그러나 해당 기업에 투자한 탓에 벌지 못한 수입손실분 lost revenue을 보상하기 위한 것이다. 이런 점을 고려해 배당할인모형은 한 기업이 존속 기간 동안 지급할 각각의 배당금을 현재가치로 할인한 가치의 합을 그 기업의 내재가치로 본다.

그러나 배당할인모형은 무한 기간의 배당금을 예상해야 하는 심각한 문제를 안고 있다. 배당할인모형은 "배당금이 처음 10년 동안은 연간 8%, 그 후에는 연간 3% 증가할 것으로 예상된다"는 식으로 무한 기간의 배당금 예상치를 구한다. 또 배당할인모형에는 무한 기간의 할인율 예상치가 필요하다. 바로 이런 무한 기간의 배당금과 할인율 예상치를 구해야 한다는 것이 배당할인모형이 안고 있는 가장 큰 문제이다. 자기자본이익률(ROE)과 잔여이익residual income을 사용한 배당할인모형의 두 변형 모형은 4장에서 소개했다. 배당할인모형의 또 다른 변형 모형인 추가이익성장모형abnormal earnings growth method은 8장에서 소개하겠다.

배당할인모형의 친구격인 모형이 바로 현금흐름할인모형이다. 현금흐름할인모형에서는 배당금 대신 잉여현금흐름을 계산에 사용한다. 앞서 말한 것처럼 현금흐름할인모형은 내재가치를 구하는 가장 기본적인 방법이다. 이에 대해서는 3장에서 소개했다.

회수기간계산법을 통한 내재가치 계산법

투자자가 투자를 할 때는 적어도 투자원금은 회수하기를 원한다. 투자 대상이 중고차냐, 부동산이냐, 우량주냐 하는 것은 중요하지 않다. 투자 대상이 중고차나 부동산이라면 나중에 팔아서 돈을 회수할 수 있다. 예를 들어 임대사업 목적으로 건물을 매수했다고 해보자. 이때 우리는 받아야 할 누적 임대료가 건물 매수대금과 같아지는 데 얼마나 걸릴지 생각해 볼 수 있다. 주식도 마찬가지이다. 매수한 주식으로 받게 될 배당금의 합이 주식 매수대금과 같아지는 데 얼마나 걸릴지 따져볼 수 있다. 그리고 그 시간은 짧을수록 좋다. 만약 투자한 기업이 배당금을 지급하지 않는다면, 잉여현금흐름이나 이익을 가지고 투자 회수 기간을 따져볼 수 있다. 할인모형의 경우와 마찬가지로 회수기간계산법에도 배당금 등을 받지 못할 위험과 수입손실분 등을 보상하기 위해 할인율을 적용할 수 있다. 회수기간계산법은 배당금 등의 할인가치가 최초의 투자비용과 같아지는 데 걸리는 시간을 계산하는 방법이며, 이에 대해서는 5장에서 살펴볼 것이다.

지표 분석을 통한 내재가치 계산법

위에서 소개한 내재가치 계산법들은 매수 및 매도 결정과 직접 관련된 계산 결과들을 내놓는다. 그 계산 결과는 금액, 기대수익률 혹은 예상 회수 기간 등의 형태가 된다. 이런 계산 결과는 투자자가 쉽게 해석하고 이해할 수 있다.

이에 반해 지표분석법은 일종의 가치평가 점수인 지표나 비율을 계산한 후, 그것에 기초해 내재가치를 평가하는 방법이다. 지표 분석을 통해 구한 지표나 비율 값을 가지고 해당 주식이 저평가됐는지 고평가됐는지를 이해할 수 있게 되기 위해서는 일련의 사례들을 살펴볼 필요가 있다. 가장 일반적인 지표분석법은 PEG비율법이다. PEG비율은 한 기업의 PER을 그 기업의 예상 이익증가율로 나눈 것이다. PEG비율법 및 그 변형 지표들에 대해서는 6장에서 살펴볼 것이다.

기대수익률법(가격비율법)을 통한 내재가치 계산법

주식에서 가치란 내재가치와 가격의 조합으로 볼 수 있다. 일반적으로 한 주식의 가치는 먼저 그 주식의 내재가치를 구하고 이를 가격과 비교하는 과정을 거쳐 평가된다(내재가치→가격→가치, 이 마지막 가치를 실질가치라고 한다). 반면 기대수익률법은 내재가치, 가격, 가치를 처음부터 한꺼번에 계산에 포함시킨다. 이익과 배당금증가율 예상치와 PER, EPS를 한꺼번에 계산에 포함시켜 향후 5년의 기대수익률을 계산한다. 여기서 한 주식의 가치는 주가가 내재가치보다 높은지 혹은 낮은지를 비교함으로써가 아니라 그 주식을 매수했을 때 기대수익률은 얼마인가로 평가된다. 기대수익률법은 "주식의 내재가치는 얼마인가?"가 아니라 "주식을 매수했을 때 내가 확실히 기대할 수 있는 수익률은 얼마인가?"에 답하는 방법이다. 그리고 기대수익률법에서는 특정 기대수익률을 달성해 주는 주가가 해당 주식의 내재가치가 된다.

기대수익률법은 할인모형에서 사용하는 무한급수의 예상치를 구할 필요가 없기 때문에 보다 실용적이다. 또한 이 방법은 주가가 주가와 독립적인 내재가치로 수렴된다는 굳건한 토대 이론에 의존하지 않는다는 점에서 다른 가치평가법과도 다르다. 기대수익률법에 대해서는 7장에서 살펴볼 것이다.

기타 내재가치 계산법

이 외에도 다양한 내재가치 계산법들이 있다. 벤저민 그레이엄은 현재 EPS와 예상 EPS증가율을 가지고 내재가치를 계산하는 간단한 두 가지 공식을 개발했다. 그의 두 번째 공식은 첫 번째 공식을 보완하기 위해 회사채 수익률을 계산에 포함시킨 것이다. 그 외 내재가치 계산법들은 내재가치를 계산하는 것이 아니라 ROE, PER 같은 일련의 지표들을 분석해 주식을 고르는 법을 제안한 것들이다. 옵션을 사용해 기업 가치를 평가하는 법도 있다. 이런 여러 방법들은 8장에서 정리했다.

〈그림 1-1〉은 여러 가치평가법을 범주별로 나타낸 것이다. 모든 가치평가법이 모든 상황에 똑같이 적용될 수 있는 것은 아니다. 상황에 따라 보다 효과적인 방법이 있고, 그렇지 않은 방법도 있다. 그러나 시대나 시기는 그 효과에 영향을 미치지 않았다. 특정 상황에 효과

〈그림 1-1〉 가치평가법의 분류

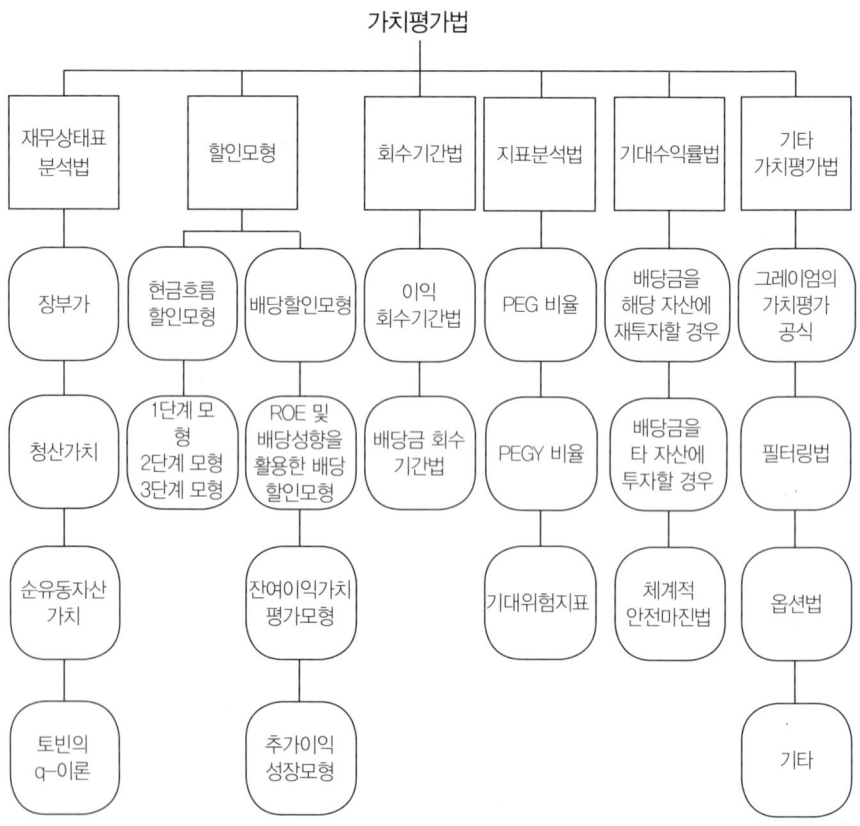

적인 가치평가법은 수십 년이 흘러도 같은 상황에 여전히 효과적인 가치평가법으로 존재한다. 예를 들어 부채 상환에 시달리고 있는 기업(특정 상황)의 경우는 (시기와 관계없이) 2장에서 소개한 재무상태표 분석법 중 하나가 가장 효과적인 가치평가법이 될 수 있다. 또 매출액과 이익이 꾸준히 증가하는 안정된 기업의 경우는 3장과 4장에서 소개한 현금흐름할인법이나 6장에서 소개한 지표분석법들이 가장 적절할 것이다. 가치를 대충이라도 신속히 확인할 필요가 있다면, PEG비율법을 이용할 수 있을 것이다. 그리고 배당금으로 주식 투자 자금 회수에 걸리는 시간을 계산할 필요가 있으면 5장에서 소개한 회수기간

> **【 주의!! 】 내재가치가 필요없다고 보는 사람도 많다.**
>
> 주식투자자 중에는 내재가치를 계산하는 것이 필요하지도, 유용하지도 않다고 믿는 사람도 많다. 이들은 내재가치를 고려하지 않고 가격에서 바로 가치를 보는 사람들이다. 이들 중 일부는 주가 수준과 움직임에 일정한 패턴과 규칙성이 있기 때문에 이를 적절히 이해하기만 하면 그 패턴과 규칙성을 통해 주가의 상승, 횡보, 하락 여부를 미리 알 수 있다고 믿는다. 이와 정반대로 주가는 무작위로 혹은 거의 무작위로 움직이기 때문에 주가 움직임만 보고는 올바른 매매 전략을 수립할 수 없다고 보는 사람도 있다. 이와 달리 주가는 투자자들의 집단적인 분위기가 반영된 결과라고 보는 사람도 있다. 우리가 택한 입장은 이 세 가지 견해와 전혀 다른 것으로, 이해하기 쉽고 편하게 사용할 수 있는 가치평가법으로 내재가치를 계산하는 것이 성공 투자자가 되는 데 필수적이라는 것이다.

법이 가장 좋은 도구가 될 수 있다. 만약 해당 기업이 업력이 짧은 창업기업이라면, 가치평가법은 별로 중요하지 않고, 그 대신 관대한 안전마진을 적용해야 할 것이다. 이에 대해서는 9장에서 살펴볼 것이다. 상황에 맞는 최적의 가치평가법을 사용하기 위해서는 각 장에 정리해 놓은 해당 가치평가법의 장단점을 확인하는 것이 좋다.

간단 정리

1. 내재가치가 주식의 진정한 가치로 생각되는 경우가 많기는 하지만, 투입변수에 따라 그 결과가 크게 달라지는 수십 개의 내재가치 계산법(가치평가법)이 존재한다. 이 책의 목적상, 우리는 특정 투입변수를 이용해 특정 계산법에 따라 주식가치를 계산하는 모든 계산법의 계산 결과를 내재가치로 볼 것이다.

2. 내재가치 계산법의 가장 기본적인 가정은 시간이 가면 주가는 내재가치로 수렴된다는 것이고, 두 번째 가정은 저평가된 주식일수록 더 빨리 주가가 상승한다는 것이다.

3. 주식의 가치를 결정하는 것은 내재가치와 가격의 관계이다. 가장 수익성 있는 투자를 하기 위해 내재가치와 주가를 비교할 책임은 투자자 개개인에게 있다.

주식 매수를 고려할 때 가장 먼저 따져야 할 것은 ……
그 기업을 판다면 과연 얼마에 팔릴 것이냐는 것이다.
— 벤저민 그레이엄과 데이비드 도드

재무상태표는 놀라운 발명품이다.
— 마틴 프리드슨과 페르난도 알바레즈

2
CHAPTER

· · ·

재무상태표 분석과 가치평가 : 그레이엄 스타일

벤저민 그레이엄은 1932년〈포브스〉에 "미국의 기업가치 정말 최악인가?"라는 제목의 3부작 시리즈 기고문을 게재한 바 있다. 이 논문에서 그는 수많은 미국 기업의 재무상태표를 신중히 분석한 결과, 모든 부채를 차감한 후 남은 현금과 유동자산 가치가 시가총액(주가)보다 높은 기업이 많다고 주장했다. 이 분석법은 당시로는 혁명적인 것이었고, 이 글이 크게 히트하면서 그레이엄은 투자의 고전이 된 그 유명한 『증권분석Security Analysis』을 집필하게 되었다. 이번 장에서 우리는 저평가된 주식을 찾기 위해 재무상태표를 분석하는 방법들을 살펴볼 것이다.

재무상태표는 자산과 부채라는 두 가지 범주를 통해 특정 시점에 한 기업의 가치를 그대로 보여주는 일종의 스냅사진과 같다. 이런 재무상태표 분석에서 현재에 이르러 그레이엄의 시대보다 훨씬 심각해진 문제는 지적재산권 같은 무형자산을 어떻게 평가하느냐 하는 것이다. 이 문제는 크게 둘로 나눠 볼 수 있다. 첫째는 무형자산이 기업가치의 많은 부분을 차지하고 있지만 재무상태표에 반영되지 않은 경우가 많다는 것이다. 둘째는 무형자산을 재무상태표에 포함시킨다 해도 재무상태표에 계상되는 무형자산의 가치가 그 적정가치와 상당히 다를 수도 있다는 것이다. 그럼에도 불구하고 재무상태표 항목을 수정함으로써 혹은 해당 항목 전체를 무시함으로써, 최소한 해당 기업을 보다 심도 있게 분석할 가치가 있는지는 평가할 수 있다. 이런 점을 염두에 두면서 장부가book value, 청산가치liquidation value, 순유동자산가치net current asset value 그리고 대체가치replacement value 등 재무상태표 분석에 기초한 가치평가법들을 살펴보도록 하자.

이번 장에서 소개할 가치평가법과 그 다음에 소개할 가치평가법의 차이는 전자는 재무상태표 분석에 기초한 반면 후자는 그렇지 않고, 전자는 예상치를 사용하지 않는데 비해 후자는 예상치를 사용한다는 것이다. 엄격한 의미에서 모든 투자에는 이런저런 예상이 수반되게 마련이다. 예를 들어 은행에서 예탁증서를 사거나 특정 금리를 지급하는 지방채에 투자할 때도, 투자자는 약정금액 전액을 제때에 받게 될 것이라고 암묵적으로 예상한다. 재무상태표의 항목들도 마찬가지이다. 예를 들어 재무상태표 재고자산 항목에 어떤 가치가 부여되어 있다면, 그 재고자산을 팔았을 때 재무상태표에 기록된 가치만큼의 돈을 받게 될 것이라는 예상을 하고 있는 것이다.

3장 이후 소개할 가치평가법들은 이익, 현금흐름, 배당금 같은 계량적 재무 항목의 장기 성장률에 대한 직접적인 예상치를 포함해 많은 예상치를 필요로 한다. 그런데 그런 예상치를 구하는 것이 쉽지 않기 때문에, 이런 가치평가법이 내놓는 결과에 큰 오류가 있는 경우가 적지 않다. 반면 이번 장에서 살펴볼 재무상태표 분석에 기초한 가치평가법은 위에서 설명한 식의 예상만 필요하다. 따라서 재무상태표 분석에 기초한 가치평가법의 계산 결과에 대해서는 투자자와 애널리스트들 사이에 합의 수준이 높다. 다만 그 계산 결과를 투자 매력도를 측정하는 지표로 얼마나 중시해야 하는지에 대해서는 합의가 다소 부족한 실정이다. 그러나 재무상태표 분석에 기초한 가치평가법은 적어도 해당 기업을 추가로 보다 심도 있게 분석해야 할지 말지를 알려주는 역할 정도는 할 수 있다.

장부가를 통한 가치평가

재무상태표를 이용한 가장 간단한 가치평가는 장부가를 구하는 것이다. 장부가는 장부(재무상태표)에 계상된 기업가치를 주당 기준으로 계산한 것으로 '자본총계(자기자본) / 발행주식 수'로 구한다. 이런 의미에서 장부가는 기업가치의 경제적 지표가 아니라 회계지표에 속한다. 재무상태표 각 항목의 가치가 진정한 가치를 나타낸다면, 장부가는 자산총계에서 부채를 상환한 후 남은 자산의 가치(자본, 자기자본)를 발행주식 수로 나눈 것이 된다.

앞에서 언급한 것처럼 특허권, 상표권, 면허권, 브랜드 가치, 판권, 저작권 등의 무형자산 항목은 반드시 재무상태표에 포함되는 것은 아니다. 또한 이런 항목이 재무상태표에 포함된다고 해서 재무상태표에 계상된 가치가 그들의 시장가격과 일치하는 것도 아니며, 시장가격과 크게 다른 경우도 많다. 따라서 무형자산의 비중이 적을수록 한 기업의 시장가격(주가, 시가총액)은 장부가에 보다 가깝게 된다. 바로 이런 이유로 전통 제조업 기업의 시장가격은 첨단기술 기업보다 장부가에 더 근접한 경향을 보인다.

장부가 대비 주가비율price-to-book ratio, PBR은 증권사나 주식 사이트에서 가장 많이 제공되는 지표 중 하나이지만, 우리도 PBR을 계산할 수 있다. 이 책에서 가장 대표적인 사례로 등장하는 월마트를 가지고 PBR을 계산해 보자. 월마트의 재무상태표에 따르면 2010 회계연도 월마트의 자본총계는 707억 4,900만 달러였고, 손익계산서에 따르면 (희석) 발행주식 수는 38억 7,700만 주였다. 이에 따라 장부가를 구하면, '707억 4,900만 달러 / 38억 7,700만 주 = 18.25달러'이다. 당시 월마트의 주가는 약 55.00달러였으므로 PBR은 3.01이다(주가 55.00달러 / 장부가 18.25달러 = 3.01).

다른 회사의 PBR은 이와 매우 다르다. 예를 들어 2010년 3월 구글의 장부가는 133.30달러였다. 당시 구글의 주가가 549.00달러였으므로, PBR은 4.12가 된다. 이보다 PBR이 훨씬 높은 완전히 다른 유형의 회사는 송금 및 결제를 전문으로 하는 웨스턴유니언Western Union이다. 2010년 3월 웨스턴유니언의 장부가와 주가는 각각 0.51달러와 17.06달러였고, 따라서 PBR은 33.45였다. 반면 온라인 증권사 이트레이드 파이낸셜E*Trade Financial의 장부가와 주가는 각각 1.98달러와 1.62달러였고, 따라서 PBR은 0.82에 불과했다.

> **● 장부가 추세를 확인하라.**
>
> 장부가 혹은 주당 자기자본은 그 자체로는 기업가치를 제대로 보여주는 지표는 아니다. 그러나 역대 추세를 확인하거나 비슷한 기업의 장부가와 비교하면 해당 기업의 가치가 상대적으로 어떤 수준에 있는지 파악하는 데 유용한 지표로 활용할 수 있다.

이런 사례는 PBR 자체는 가치를 제대로 보여주지 못한다는 것을 의미한다. 그러나 PBR 추세를 확인하면 한 기업의 가치가 어떻게 변해왔는지 확인할 수 있다는 점에서 유용하다. 또 같은 업종에 속한 기업들의 PBR을 비교해 경쟁기업보다 PBR이 낮은 기업에 다소 가산점을 주는 식으로 한 업종 내에서 투자 대상을 고르는 데도 도움이 된다. 그러나 앞서 지적한 것처럼 이런 식으로 PBR을 활용할 때는 무형자산 가치가 어떻게 계상되어 있는지 그리고 이런 무형자산이 회사 내부에서 개발된 것인지 아니면 외부에서 구입한 것인지 등을 신중히 고려해야 한다.

버크셔 해서웨이의 사례

버크셔 해서웨이(버크셔)는 워런 버핏이 경영하는 지주사이다. 시가총액은 약 1,800억 달러이고, 100개 이상의 상장기업에 투자하고 있으며, 그 외에도 80개 이상의 자회사를 보유하고 있다. 연차보고서에 따르면, 버크셔의 주요 투자 종목은 코카콜라(보유 지분 평가액 : 114억 달러)와 웰스파고(보유 지분 평가액 : 92억 달러) 등이며, 주요 자회사

● 워런 버핏, 버크셔 해서웨이, 장부가

1997년 버크셔 해서웨이 연차보고서에서 워런 버핏은 다음과 같이 말했다.

우리는 용도가 제한적이기는 하지만 계산하기 쉬운 주당 장부가를 정기적으로 보고하고 있습니다. 시가로 장부에 계상된 유가증권은 우리의 장부가를 왜곡시키지 않습니다. 그러나 자회사의 경우, 우리 장부에 계상된 그들의 가치와 그들의 내재가치가 매우 다를 수 있으며, 따라서 우리 장부가를 왜곡시킬 수 있습니다.

이런 왜곡은 두 방향으로 진행될 수 있습니다. 예를 들어 1964년 버크셔의 주당 장부가는 19.46달러로 보고되었습니다. 그러나 그 수치는 회사의 내재가치를 상당히 과대 평가한 것이었습니다. 왜냐하면 당시 회사의 모든 자원이 수익성이 약한 섬유사업에 묶여 있었기 때문입니다. 우리의 섬유자산은 장부가만큼의 계속기업가치$_{going\text{-}concern\ value}$(해당 영업활동을 계속할 경우 창출될 수익가치)나 청산가치를 전혀 가지고 있지 않았습니다.

그러나 오늘날 버크셔의 상황은 정반대가 되었습니다. 현재 우리의 장부가는 버크셔의 내재가치보다 훨씬 저평가되어 있습니다. 여러 자회사들의 내재가치가 그들의 장부가보다 크기 때문입니다.

모든 것을 다 설명해 주는 지표는 아니지만 현재 우리의 장부가는—비록 상당히 저평가된 상태이긴 하지만—버크셔의 대체적인 내재가치 추세를 보여주고 있기 때문에 여러분에게 장부가를 보고하는 것입니다. 요컨대 특정 연도 장부가의 증감 비율은 그해 회사의 내재가치 증감 정도를 비교적 적절히 보여준다 하겠습니다.

로는 프룻 오브 더 룸Fruit of the Loom(의류회사, 직원 2만 4,500명)과 쇼 인더스트리Shaw Industries(카펫제조사, 직원 3만 명) 등이 있다.

버크셔는 매년 연차보고서에서 장부가의 변화를 가지고 그해 회사의 성장과 S&P 500지수의 실적을 비교하고 있다(그 이유에 대해서는 '워런 버핏, 버크셔 해서웨이, 장부가' 참고. 버크셔의 회계연도는 1월 1일부터 12월 31일까지로 달력연도와 같다). 버크셔의 장부가는 2006년 말에 7만 282.83달러에서 2007년 말에는 7만 8,011.04달러로 11.0% 상승했다.[1] 같은 기간 S&P 500지수는 1,418.30에서 1,468.36으로 3.5% 상승했다. 버크셔의 2009년 연차보고서는 버크셔의 장부가가 지난 40년 이상 연평균 20.3% 상승해 같은 기간 연평균 9.3% 상승한 S&P 500지수의 상승률을 훨씬 상회했다고 적고 있다.[2]

버크셔의 역대 장부가와 주가 추세를 함께 보면 더욱 흥미로운 사실을 발견할 수 있다. 〈그림 2-1〉은 매년 말 버크셔 장부가와 A주식 주가를 비교한 것이다. 그림을 보면 1998년에서 2007년까지는 장부가와 주가가 매우 유사한 추세를 보였다. 예를 들어 1999년에서 2007년 말까지 A주식의 연평균 주가상승률은 8.1%였고, 같은 기간 장부가의 연평균 상승률도 8.4%로 거의 동일했다.

---

[1] 버크셔 해서웨이의 주식은 A주식과 B주식 두 종류가 있다. 2010년 전까지 버크셔 해서웨이는 B주식을 A주식의 1/30로 보고(즉 B주식 30주를 A주식 1주로 보고), A주식을 기준으로 주당 비율을 계산했다. 그러다 2010년 초 B주식은 50대 1로 주식 분할되었다.

[2] 2018년 말 기준 버크셔 해서웨이는 연평균 18.7% 상승했고, S&P 500지수는 연평균 9.7%의 상승률을 기록하고 있다—편집자.

〈그림 2-1〉 버크셔 해서웨이의 장부가와 주가 비교

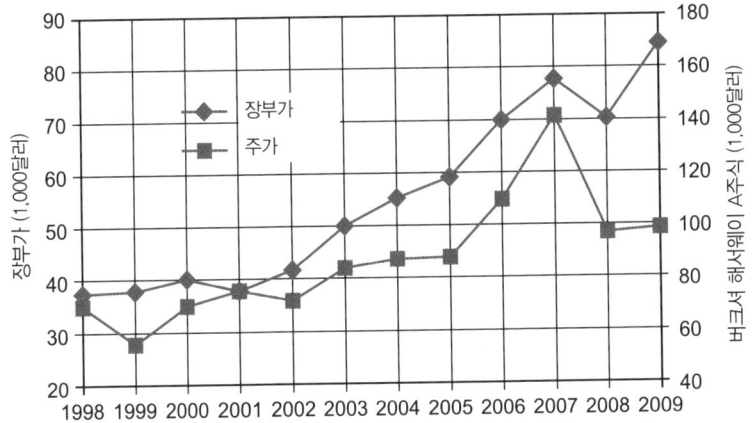

* 버크셔 해서웨이의 장부가와 A주식 추세를 비교한 것이다. 장부가 수준은 왼쪽 축, 주가 수준은 오른쪽 축이 기준이다. 자료는 각 연도 말 자료이며, 버크셔 해서웨이의 회계연도는 달력연도(1월 1일부터 12월 31일까지)와 같다. 그림을 보면 1999년, 2005년, 2008년, 2009년에 PBR이 가장 낮고, 2001년에 가장 높았음을 알 수 있다.

그러나 1999년과 2005년처럼 주가가 장부가를 따라잡지 못한 때도 있었다. 구체적으로 보면 1999년에서 2005년까지 평균 PBR은 1.69였는데, 1999년은 1.48, 2005년은 1.49로 매우 낮았다. 그리고 2008년 장부가가 하락했을 때 주가는 훨씬 큰 폭으로 하락했다. 장부가와 주가의 차이는 2009년 말 현재 훨씬 더 벌어졌다. 장기적으로 이 두 수치가 비슷한 성장률을 보인다고 가정할 때, 장부가에 비해 주가가 특히 낮았던 1999년, 2005년, 2008년, 2009년이 보다 큰 수익률이 가능한 버크셔 주식의 매수 시점이었다고 할 수 있다.

1999년과 2005년을 보면 이런 결론을 보다 분명히 확인할 수 있다. 요컨대 1999년 이후 2년간 버크셔 주식의 연평균 수익률은 16.1%였고, 2005년 이후 2년 동안은 이보다 훨씬 높은 26.4%였다.

2008년 이후의 수익률은 어땠을까? 2009년 버크셔의 장부가는 크게 상승했지만 주가는 소폭 상승에 그쳤다. 따라서 장부가만 보면 보다 높은 수익률을 기대할 수 있었지만 2009년에는 결과적으로 그런 수익률이 실현되지 않았다. 오히려 장부가와 주가의 차이는 더 벌어졌다.

여기서 버크셔에 투자해 가장 높은 수익을 올릴 수 있는 때와 그럴 수 없는 때를 알 수 있는 방법은 없을까? 한 방법은 버크셔의 PBR이 역대 최저 수준으로 떨어질 때까지 기다리는 것이다. 예를 들면 2007년까지는 1999년과 2005년이 버크셔의 PBR이 역대 최저인 1.55 밑으로 떨어진 해였다. 이는 버크셔의 PBR이 1.55 밑으로 떨어질 때 매수하면 보다 높은 수익률을 올릴 수 있음을 의미한다. 그런데 2008년 말 버크셔의 PBR은 이보다 훨씬 낮은 1.37로 떨어졌고, 2009년에는 이보다 낮은 1.17로 떨어졌다. 흥미로운 것은 2010년 첫 두 달 동안 버크셔의 주가가 20.8% 상승했다는 것이다.[3] 이는 버크셔의 주가와 장부가가 계속 같은 추세를 보이고 있음을 말해 준다. 그러나 장부가의 변화가 주가에 반영되는 데 걸리는 시간은 평소보다 조금 더 길어졌다.

브랜드와 기업가치

무형자산 가치가 장부가에 포함되어 있든 아니든 간에 이들의 가

---

3) 2019년 3월 현재 버크셔의 주가는 30만 6,300달러 수준에서 거래되고 있다.—편집자

치를 추산할 수 있는 방법은 있다. 그중 하나가 브랜드 가치를 추산하는 법이다. 뉴욕의 브랜드컨설팅사인 인터브랜드Interbrand Corporation는 〈뉴스위크Newsweek〉와 공동으로 매년 세계적인 기업과 여러 국가의 브랜드 가치를 발표한다. 인터브랜드는 해당 브랜드의 예상 이익 할인가치를 활용한 독자적인 방법을 사용해 이 브랜드 가치를 계산한다. 또 인터브랜드는 공개된 정보와 여러 애널리스트들의 보고서에 기초한 합의된 이익 예상치를 사용해 브랜드 가치를 계산한다고 강조한다.

2009년 인터브랜드는 코카콜라의 브랜드 가치가 세계 최고이며, 그 가치는 687억 3,000만 달러에 이른다고 발표했다. 그 다음은 각각 602억 1,000만 달러와 566억 5,000만 달러의 브랜드 가치를 가진 IBM과 마이크로소프트였다. 이런 브랜드 가치는 기업가치에서 차지하는 비중이 큼에도 불구하고, 장부가에는 거의 반영되지 않는 경우가 많다. 예를 들어 마이크로소프트의 경우에 제품을 생산, 관리하는데 사용되는 모든 보유 재산과 장비의 장부상 가치는 492억 8,000만 달러인데, 이는 브랜드 가치보다도 적은 금액이다.

연구 목적상, 브랜드 가치가 주가에 얼마나 반영되어 있는지 알아보는 것도 유용하다. 이는 회사 스스로 브랜드를 키워 재무상태표에 브랜드 가치(예를 들어 브랜드 취득원가)가 포함되지 않은 코카콜라, IBM, 마이크로소프트 같은 거대 브랜드의 경우 특히 더 유용하다. 브랜드 가치의 주가 반영 비율은 인터브랜드가 발표한 자료를 가지고 주당 기준으로 브랜드 가치를 계산한 후 이를 주가와 비교해 보면 알 수 있다. 코카콜라의 경우, 2009년 말 현재 브랜드 가치는 687억 3,000만 달러, 발행주식 수는 23억 2,000만 주이므로 주당 브랜드 가치는 29.63달러이다. 그리고 주가는 57.48달러이므로 주당 브랜드 가치가 주가에 반영되었다면 그 비중은 51.54%나 된다.

바로 이 때문에 코카콜라가 강력한 브랜드를 유지하기 위해 그렇게 많은 돈을 쏟아붓고 있는 것이다. 코카콜라의 강력한 브랜드는 회사 시가총액의 50% 이상을 차지하는 코카콜라의 최대 자산인 셈이다. 다시 말해 코카콜라라는 브랜드가 없었다면, 코카콜라는 시럽 향을 가미한 설탕음료를 파는 그저 그런 회사에 불과했을 것이다. 그러나 그 브랜드 때문에 전 세계에서 하루 평균 16억 개의 코카콜라 캔과 병이 팔려 나가고 있는 중이다.

〈표 2-1〉은 2009년 인터브랜드에 의해 세계 최고 수준의 브랜드를 가진 것으로 평가된 회사들의 주가 대비 브랜드가치비율과 주가 대비 장부가비율book-to-price ratio, BPR을 나타낸 것이다. (일상적으로는 장부가 대비 주가비율 즉 PBR을 계산하지만, 〈표 2-1〉에서는 주가에서 장부가가 차지하는 비중과 주가에서 브랜드 가치가 차지하는 비중을 비교하기 위해 PBR의 역인 BPR을 사용했다.) 맨 오른쪽 칸은 주가에서 장부가와 브랜드 가치가 차지하는 비율을 합한 것이다. 노키아나 GE 같은 일부 기업은 브랜드 가치가 장부가에 포함된 탓에 합계 비율이 부풀려졌을 수도 있다.

〈표 2-1〉 주가 대비 브랜드 가치와 장부가의 비율

(1) 기업	(2) 종목기호	(3) 주가 대비 브랜드가치비율 (%)	(4) 주가 대비 장부가비율 (%)	(5) (3)+(4)
코카콜라	KO	51.54	18.01	69.55
IBM	IBM	36.48	11.03	47.51
마이크로소프트	MSFT	21.49	15.63	37.12
GE	GE	28.91	70.81	99.73
노키아	NOK	70.68	36.46	107.14
맥도날드	MCD	46.72	19.10	65.83
구글	GOOG	17.53	18.67	36.20
도요타	TM	25.44	93.06	118.50
인텔	INTC	28.95	36.75	65.70
디즈니	DIS	50.43	61.81	112.24

장부가를 이용한 가치평가의 장단점

투자자들은 오랫동안 장부가의 용도가 제한적이라고 생각해 왔다. 예를 들어 1934년 그레이엄은 재무상태표에 계상된 자산의 가치는 "실질적으로 모든 의미를 상실했다"고 했다. 과거에 장부가가 얼마나 중시되었건(혹은 무시되었건) 오늘날 장부가는 과거보다 훨씬 덜 중요시되고 있다. 컴퓨터와 인터넷의 도래로 자산 중 더 많은 부분이 재무상태표에 기록되지 않게 되었기 때문이다. 그럼에도 불구하고 장부가는 그 나름대로 의미 있는 역할을 한다. 장부가의 가장 큰 장점은 특정 시점에 한 기업의 가치를 직접 보여줄 뿐만 아니라 가치의 변화 추세도 보여준다는 것이다. 유사한 기업과 비교해 상대적인 가치가 어느 정도 되는지 보여주는 지표도 된다. 장부가를 이용한 가치평가의 장점을 정리하면 다음과 같다.

장점 1 : 쉽게 자료를 구할 수 있다. 장부가를 계산하는 데 필요한 자료는 재무상태표에서 쉽게 구할 수 있다. (단 발행주식 수는 손익계산서나 다른 곳에서 찾아야 한다.)

장점 2 : 계산이 간단하다. 장부가는 계산이 간단하고, 회사가 발표하는 보고서에 직접 기재되어 있는 경우도 있다.

장점 3 : 장부가에 대한 합의 수준이 높다. 장부가를 계산하는 데 사용하는 항목들에 대한 합의 수준이 높고, 따라서 최종 계산 결과에 대한 합의 수준도 높다.

장점 4 : 일관성 있는 비교가 가능하다. PBR을 계산하면 해당 주식의 분명한 양적 가치를 알 수 있다. 또 해당 기업의 장기 PBR 추세를 살펴봄으로써 해당 기업의 현재 PBR이 어떤 수준인지(역대 추세와 비교해 높은지 낮은지) 확인할 수 있다. 또 다른 기업의 PBR이나 시장 및 업종 평균 PBR과도 비교할 수 있다. 이런 식으로 장부가는 해당 기업이 보다 심도 있게 분석할 가치가 있는 기업인지를 알려 주는 지표 역할을 한다.

장점 5 : PBR 자료는 쉽게 구할 수 있다. 증권사와 대부분의 금융사이트는 모든 상장기업의 PBR을 발표하고 있다.

장점 6 : 예상을 하지 않는다. 장부가를 계산함에 있어 이익, 잉여현금흐름, 배당금 같은 항목의 미래 예상치를 사용하지 않는다.

한편, 장부가를 통한 가치평가의 주요 약점은 다음과 같다.

약점 1 : 제한된 정보만 반영한 지표이다. 재무상태표만 사용해 장부가를 구하기 때문에 장부가는 해당 기업에 대한 제한된 정보(회계 정보)만 반영한 지표이다.

약점 2 : 너무 단순하다. 장부가는 기업의 가치를 너무 단순화한 것이다.

약점 3 : 진정한 기업가치를 보여주지는 못한다. 브랜드 가치 같은 한 기업이 보유·통제하고 있는 많은 중요한 자산들이 재무상태표에 포함되지 않는 경우가 많다. 설혹 포함되어 있다 해도 그 장부가가 적정시가를 반영하지 않는 경우도 많다. 따라서 장부가만으로는 한 기업의 진정한 가치를 파악하기가 어렵다.

청산가치를 통한 가치평가

상점이나 백화점 앞을 지나다 '청산 세일, 정리 세일, 점포 정리, 땡처리'라는 광고판이나 문구를 보게 되는 경우가 많을 것이다. 청산 세일이란 현금을 확보하기 위해 특정 제품들을 공개 매각한다는 뜻이다. 정리 세일이나 땡처리라는 광고에는 제품을 신속하게 그것도 매우 싼값에 매각한다는 의미가 내포되어 있다.

그러나 기업에 청산가치liquidation value라는 말을 적용한다고 해서 그 기업이 보유 자산이나 상품에 대해 곧 청산 세일에 나선다는 의미는 아니다. 이때의 청산가치란 기업이 체계적으로 모든 자산을 매각하고 부채를 상환한 후 남는 돈을 말한다. 대부분의 정상적인 기업의 주당 청산가치는 주가보다 훨씬 낮은 것이 보통이다. 그러나 매출이나 이익에 문제가 있는 기업은 청산가치가 주가보다 높을 수도 있다. 이 경우 보통은 해당 기업이 사업을 접어야 할 형편에 있는 것이다. 채권자들이 기존 계약 조건으로는 채무기업으로부터 제때에 채권을 회수하기 어렵다고 판단할 경우 채무기업에 대해 청산을 강제하기도 한다. 기업 경영진이 자체 분석에 따라 청산을 결정한 경우에는 청산 과정이 보다 질서 있게 진행될 수 있다. 채권자에 의해서건 기업 경영진에 의해서건 간에, 청산이 결정되면 외부의 다른 기업이 해당 기업을 인수하기도 한다. 이때 인수기업은 피인수기업을 쪼개어 부분별로 매각하는 경우가 많다.

재고자산의 경우 장부가(액면가)와 청산가치가 매우 다를 수 있다. 기업은 회계 규정에 따라 감가상각비, 고객 선호도의 변화, 시장의 공급 상황 같은 요인을 고려해 계산한 재고자산의 가치를 재무상태표에 계상해야 한다. 수익성 있는 업종에 속한 '영업활동 중인 기업'은 이런 식으로 재고자산 가치를 추산하는 것이 어렵지 않다. 그러나 정리세일(청산)을 통해 어쩔 수 없이 재고자산을 매각하는 경우는 재무상태표에 계상한 값을 다 못 받을 수 있으며, 대개의 경우 그보다 훨씬 적은 값만 받는다.

의류 체인점을 생각해 보자. 의류 체인점이 재고 의류를 적절한 가격에 판매하는 중이라면, 재무상태표에 계상된 재고자산(재고 의류)의 장부가는 대체로 시장가를 반영하게 될 것이다. 그러나 그 재고 의류를 도매업자나 땡처리업자에게 넘기는 식으로 신속하게 정리(청산)해야 한다면, 그 재고 의류의 청산가치는 장부가보다 크게 낮아지게 된다. 장비와 기계류도 마찬가지이다. 재무상태표에 계상된 장비와 기계류의 장부가는 청산가치보다 상당히 높은 것이 보통이다. 해당 기업이나 그 기업이 속한 업종의 사정이 안 좋을 때는 특히 그렇다.

버크셔 해서웨이의 사례를 살펴보자. 워런 버핏이 대표로 있던 투자회사 버핏파트너십Buffett-Partnership이 1959년 버크셔 해서웨이를 인수했을 당시, 이 회사는 섬유회사였다. 1967년 초 버핏은 버크셔의 보유 자금으로 손해보험사 내셔널 인뎀니티National Indemnity Company를 인수해 버크셔를 보험지주사로 탈바꿈시켰다. 이때 동원한 자금은 버크셔가 섬유사업을 통해 벌어두었던 이익잉여금과 버크셔의 재고자산, 매출채권, 고정자산에 대한 투자를 줄여 확보한 현금으로 구성되어 있었다.

그 후 버크셔의 섬유사업 부문의 효율성과 생존력을 제고하기 위한 다양한 노력이 있었지만, 버핏과 이사회가 도달한 결론은 섬유사업에서 발생하는 끝도 없는 손실을 종식시키자는 것이었다. 그런데 1980년 당시에는 버크셔의 섬유사업을 인수할 업체가 없었기 때문에, 버핏과 이사회는 섬유사업을 청산하기로 결정했다. 그러나 불행히도 버크셔의 섬유기계와 장비를 사겠다는 사람은 거의 없었다. 대당

5,000달러에 취득했던 직조기들은 1981년에는 50달러에도 팔리지 않았다. 이 직조기들은 결국 대당 26달러라는 헐값에 고철로 팔렸다.

투자자라면 관심 대상 기업의 청산가치가 얼마인지는 대략적이라도 알아두는 것이 좋다. 그러나 무형자산과 영업권 항목이 너무 많아서 재무상태표에 계상된 장부가만으로는 청산가치를 정확히 계산하기가 어렵다. 그렇다 해도 대체적인 청산가치 추정치 혹은 장부가보다 상당히 낮은 청산가치 추정치 정도는 구할 수 있다. 그리고 그렇게 구한 추정치(주당 청산가치 추정치)가 주가보다 높으면, 그 주식은 수익성 있는 투자로 판단할 수 있다.

그레이엄의 청산가치 투자 전략

벤저민 그레이엄은 기업의 청산가치 추정이 투자 대상을 찾는 유용한 방법이라는 사실을 잘 알고 있었다.『증권분석』에서 그레이엄은 부채는 재무상태표에 계상된 장부가를 전부 반영하되 자산의 장부가는 의문의 여지가 있다는 생각에 따라 이런 자산을 청산할 경우 실현 가능한 청산가치를 계산하는 체계적인 방법을 고안했다. 이는 재무상태표상에 계상된 자산의 가치, 즉 장부가(액면가)를 그 종류에 따라 일정률 할인해서 청산가치를 구하는 것이었다. 이런 견지에서 그레이엄이 제안한 자산별 할인율 범위와 그 평균 할인율을 나타낸 것이 〈표 2-2〉이다. 이런 할인율을 적용해 재무상태표에 계상된 자산의 할인가치를 구한 후 여기서 부채를 차감한 것이 그레이엄이 제안한 청산가치가 된다.

〈표 2-2〉 그레이엄의 청산가치 추정치

자산의 종류	액면가 반영 비율(가중치)	
	정상 범위 (%)	대체적인 평균 (%)
현금자산	100	100.0
매출채권	75~90	80.0
재고자산	50~75	66.7
고정자산(비유동자산)	1~50	15.0

* '정상 범위'는 청산가치 계산 시 각 자산별로 적용할 수 있는 액면가 반영 비율의 범위이다. 그리고 '대체적인 평균'은 청산가치 계산 시 각 자산별로 적용할 수 있는 액면가의 평균 반영 비율이다.

이렇게 자산 범주를 크게 분류하는 대신, 재무상태표의 모든 자산 항목에 대해 각각의 성격에 따라 각기 다른 가중치(장부가 반영 비율, 할인율)를 부여해 보다 정확한 청산가치를 구할 수도 있다. 다음은 자산의 성격에 따라 각기 다른 가중치를 부여해 청산가치를 구하는 방법을 정리한 것이다.

자산의 유동성 : 그레이엄은 현금에 100% 가중치를 부여했다. 현금은 완전한 유동성이 있기 때문에 장부가를 100% 반영한 것이다. 미 재무성국채와 은행예탁증서 같은 현금등가물도 마찬가지이다. 회사채와 지방채 같은 기타 현금등가물은 무디스와 S&P 같은 신용평가사가 평가한 등급에 따라 가중치를 달리할 수 있다.

자산의 특수성 : 자산이 원자재 상품이라면 장부가와 청산가치 사

이에 큰 차이가 없을 것이다. 결국, 한 통의 석유와 한 상자의 목면은 그걸 누가 가지고 있든 가치에 별 차이가 없다. 그러나 그 목면을 가지고 핑크색 원피스를 만들었다면, 그 원피스에 부여할 가중치는 원피스에 대한 수요에 따라 달라진다. 만약 핑크색 원피스가 유행이라면, 유행이 아닐 때와는 전혀 다른 가중치를 부여해야 한다.

앞서 소개한 버크셔의 섬유사업 부문 사례에서, 직조기는 그 특수성 때문에 청산가치가 취득가의 0.5%에 불과했다(이것도 아주 나쁜 것은 아니다. 감가상각 때문에 직조기의 청산가치가 취득가보다 훨씬 낮은 것은 당연하다. 그럼에도 불구하고 여기에서 전하고자 하는 메시지는, 청산을 전제로 할 경우에 모든 자산의 가치는 상당히 할인해서 재평가해야 한다는 것이다).

업종 상황: 해당 기업이 속한 업종의 상황도 중요하다. 해당 업종이 호황이라면, 문제가 있는 기업이라도 보유한 자산에 대한 수요가 높을 수 있다. 그러나 해당 업종이 불황이라면, 재고자산을 팔기가 매우 어렵다(자동차가 등장했을 때 마차 채찍 제조사들이 이런 상황을 겪었다).

그레이엄은 이런 식으로 청산가치를 구하는 것은 한 기업의 정확한 청산가치를 계산하려는 것이 아니라 해당 기업의 주가가 청산가치와 비교해 어느 수준에 있는지를 대략적으로 파악하기 위한 것이라고 했다. 만약 주가가 청산가치보다 낮으면, 그 기업은 좋은 투

> **● 그레이엄의 청산가치 투자 전략**
>
> 벤저민 그레이엄은 재무상태표에 계상된 자산들의 가치를 수정해 청산가치를 구한 후, 이 청산가치를 주가와 비교해 주가가 청산가치보다 낮은 저평가된 기업을 찾으라고 했다.

자 대상이 될 수 있다.

그레이엄의 청산가치 평가법의 장단점

외부에서 한 기업의 청산가치를 계산하기란 쉽지 않다. 따라서 청산가치를 통한 가치평가법은 지속적으로 활용할 수 있는 방법은 아니다. 그러나 〈표 2-2〉의 '대체적인 평균' 반영 비율을 활용하여 장부가를 체계적으로 수정해 청산가치 추정치를 구하는 것은 가능하다. 우리는 이런 방법을 '그레이엄의 기업 청산가치'라고 한다. 다음은 그레이엄의 청산가치 평가법의 장단점을 요약한 것이다.

장점 1 : 쉽게 자료를 구할 수 있다. 그레이엄의 청산가치 계산에 필요한 자료는 재무상태표에서 쉽게 구할 수 있다. (단 발행주식 수는 손익계산서나 다른 곳에서 찾아야 한다.)

장점 2 : 계산이 간단하다.

장점 3 : 계산 결과에 대한 합의 수준이 높다. 청산가치 계산에 사용되는 항목에 대해서는 합의 수준이 높다(그러나 〈표 2-2〉에서 제시된 가중치, 즉 장부에 계상된 액면가 반영 비율에 대해서는 그렇지 않은 것 같다).

장점 4 : 일관성 있는 비교가 가능하다. 청산가치의 장기 변화 추세를 살펴봄으로써 해당 기업의 현재 청산가치가 어떤 수준인지(역대 추세와 비교해 낮은지, 높은지) 확인할 수 있다. 또 다른 기업의 청산가치나 시장 및 업종 평균 청산가치와도 비교할 수 있다. 이런 식으로 청산가치는 해당 기업이 보다 심도 있게 분석할 가치가 있는 기업인지를 알려주는 지표 역할을 한다.

장점 5 : 예상치를 사용하지 않는다. 청산가치를 계산함에 있어 이익, 잉여현금흐름, 배당금 같은 재무 항목의 미래 예상치를 사용하지 않는다.

다음은 그레이엄의 청산가치 평가법의 주요 약점을 정리해 놓은 것이다.

약점 1 : 제한된 정보만 반영한 지표이다. 재무상태표만 사용해 청산가치를 구하기 때문에 그레이엄의 청산가치는 해당 기업에 대한 제한된 정보(회계 정보)만 반영한 지표이다.

약점 2 : 너무 단순하다. 청산가치는 기업가치를 너무 단순화했다.

약점 3 : 진정한 기업가치를 보여주지는 못한다. 브랜드 가치 같은 한 기업이 보유·통제하고 있는 많은 주요 자산이 재무상태표에 계상되지 않는 경우가 많다. 설혹 계상되어 있다 해도 계상된 장부가가 적정시가를 반영하지 못하는 경우도 많다. 따라서 자산의 장부가를 수정했다 해도 청산가치가 한 기업의 진정한 가치를 제대로 보여주고 있다고 보기는 어렵다.

순유동자산가치를 통한 가치평가

〈증권분석〉을 출간하고 15년 후, 벤저민 그레이엄은 『현명한 투자자The Intelligent Investor』를 저술했다.[4] 이 책은 전체 투자자를 대상으로 한 것으로, 워런 버핏이 '투자에 관한 역대 최고의 책'이라고 평한 바 있다. 이 책에서 그레이엄은 청산가치법을 더욱 단순화해 모든 비유동자산은 0으로 하고 그 외 자산은 장부가를 그대로 반영하는 가치평가법을 제안했다. 앞서 소개한 〈표 2-2〉에서 처음 세 가지 자산(현금자산, 매출채권, 재고자산)은 100% 반영하고, 비유동자산(고정자산)은 0% 반영하는 새로운 가치평가법을 제안한 것이다. 이렇게 계산한 새로운 수정 장부가에서 모든 부채를 차감하고 남은 것이 순유동자산가치net current asset value, NCAV이다. 결국 순유동자산가치는 '유동자산총계-부채총계'이다.

이 책에서는 순유동사산가치를 주당 기준으로 말한 것이다. 순유동자산가치는 마이너스가 되는 것이 보통이고, 플러스가 되는 경우는 많지 않다. 그리고 순유동자산가치가 주가보다 높은 기업은 매우 드문데, 그레이엄은 바로 이런 기업을 찾았다. 그는 "(이런 기준을 만족하

---

4) 초판은 1949년에 출간되었으며, 그 후 여러 판과 개정판이 출간되었다. 이 책에서 내가 말하는 『현명한 투자자』는 2003년 뉴욕의 하퍼비즈니스 에센셜(HarperBusiness Essentials)이 출간한 1973년 개정판이며, 이 개정판에는 제이슨 츠바이크(Jason Zweig)의 논평도 수록되어 있다.

는) 다양한 종목의 주식을 획득할 수 있다면, 그 결과는 꽤 만족스러울 것이다"라고 했다. 주가가 순유동자산가치보다 낮은 주식을 발견하면 부자가 될 수 있다는 말이다.

우리는 순유동자산가치가 주가를 초과할 경우 순유동자산 기준을 만족하는 것으로 볼 것이다. 방금 말한 것처럼 벤저민 그레이엄은 순유동자산 기준을 만족하는 주식을 원했다. 특히 주가가 순유동자산가치 대비 2/3 미만인 주식(이를 순-순주식net-nets이라 한다)을 가장 좋아했다. 이때 그레이엄은 해당 기업의 질에는 거의 관심을 두지 않았다. 그 대신 (개별 순-순주식들에서 발생할 수 있는) 과도한 변동성을 완화하기 위해 가능한 많은 종목의 순-순주식을 매수했다. 순-순주식으로 투자 분산을 한 것이다. 그레이엄의 투자회사는 항상 적어도 100개 이상의 순-순주식 종목을 보유하려고 했다. 순-순주식 포트폴리오에서 나타나는 변동성 중 많은 부분은 포트폴리오에 포함된 기업이 완전히 망해 사라지거나, 아니면 극적으로 재기에 성공하거나 둘 중 한 경로를 갔기 때문에 발생한다. 워런 버핏은 이런 순-순주식투자를 '담배꽁초투자법'이라고 했다.

버핏은 이런 식의 투자에 주저하기는 했다. 그러나 자세히 연구해보면 이런 식의 투자로 매우 높은 수익을 올릴 수 있음을 확인할 수 있다. 헨리 오펜하이머Henry Oppenheimer는 1970년에서 1983년까지를 대상으로 그에 관한 연구를 수행하고, 그 결과를 1986년 〈파이낸셜 애널리스트 저널Financial Analysts Journal〉에 보고한 바 있다. 그는 연구 대상 기간에 매년 주가가 순유동자산가치의 2/3 이하인 기업들로 가상

● 워런 버핏과 '담배꽁초' 주식 전략

1989년 버크셔 해서웨이 연차보고서에서 워런 버핏은 다음과 같이 말했다.

아주 싼 가격에 주식을 사면, 장기적으로 해당 기업의 실적이 형편없을 지라도 상당한 수익을 내고 팔 기회가 오게 마련입니다. 나는 이런 식의 기회를 노리는 투자를 '담배꽁초투자법'이라고 부릅니다. 길거리에 떨어진 담배꽁초는 한두 모금밖에 피울 수 없겠지만, 그 한두 모금이 온전한 수익이 되는 것입니다.

그러나 여러분이 청산 투자자가 아니라면 그런 식의 매수 전략은 어리석은 것입니다.

첫째, 애당초 저가의 매수가란 것이 그렇게 저가가 아니었던 것으로 밝혀질 수 있습니다. 어려운 상황에 처한 기업은 한 가지 문제를 해결하자마자 또 다른 문제가 터지게 마련입니다. 부엌에서 바퀴벌레 한 마리를 잡았다고 해서 그게 결코 끝은 아닙니다.

둘째, 처음에 확보한 저가 매수의 이점은 그 기업의 낮은 이익으로 순식간에 사라질 수 있습니다. 예를 들어 1,000만 달러에 팔거나 청산할 수 있는 기업을 800만 달러에 사서 즉시 되팔거나 청산한다고 하면, 높은 수익을 올릴 수 있습니다. 그러나 800만 달러에 산 기업을 똑같은 1,000만 달러를 받고 10년 후에 판다고 하면 그리고 그 사이에 기업이 매수대금의 불과 몇 %밖에 안 되는 돈을 벌거나 배당금으로 준다면, 그 투자는 실패한 투자입니다. 시간은 훌륭한 기업에게는 친구가 되지만 별 볼일 없는 기업에게는 적이 됩니다.

의 포트폴리오를 만들어 보았다. 그리고 1년 후 이 포트폴리오를 청산하고 동일한 기준으로 새로운 포트폴리오를 만들었다.

그 결과는 놀라웠다. 첫해에 이 포트폴리오에 투자한 1만 달러가 1983년 말 25만 4,973달러로 불어난 것이다. 같은 금액을 뉴욕증권거래소와 아메리카증권거래소의 상장종목으로 구성한 벤치마크 포트폴리오에 투자했다면, 1983년 말 투자자산은 총 3만 7,296달러에 그쳤을 것이다. 같은 금액을 소형주지수에 투자했다면 투자자산은 10만 1,992달러로 늘었을 것이다. 수익률로 보면 순-순주식 포트폴리오는 연평균 28.3%, 벤치마크 포트폴리오는 10.7%, 소형주지수는 19.6%였다. 조셉 뷰Joseph Vu도 밸류라인의 주식들을 가지고 1977년에서 1984년까지를 대상으로 하여 비슷한 연구를 수행해 비슷한 결과를 얻었다.

순-순주식투자법으로 고른 기업 중에는 재고자산은 많지만 극심한 매출 부진으로 이익을 거의 혹은 전혀 내지 못하는 기업도 많았다. 그런 기업이 문제를 극복하는 데 성공하면, 이익은 급증하고 따라서

● 순유동자산가치

벤저민 그레이엄의 재무상태표 분석을 통한 또 다른 가치평가법인 순유동자산가치법은 모든 비유동자산의 가치를 0으로 보고 장부가를 다시 계산한다. 주가가 이렇게 계산한 순유동자산가치보다 낮을 때, 그 주식은 파산할 위험이 있다. 관련 연구에 따르면, 그럼에도 불구하고 이런 주식들로 구성된 포트폴리오의 수익률은 시장보다 상당히 높았다.

주가도 급등한다. 그러나 문제를 극복하지 못하면, 결국 파산하고 재고자산은 헐값에 팔리고 만다.

주가가 순유동자산가치보다 낮은 주식을 쉽게 찾을 수 있을까? 오펜하이머는 연구 대상 기간 중 매년 그에 해당하는 주식 약 50개를 찾았으며, 그레이엄이 이런 주식으로 언급한 것은 수백 개가 되지 않았다. 최근에 와서는 주가가 순유동자산가치보다 낮은 주식을 찾기란 더욱 힘들어졌다.[5]

주택건설업체들은 2007년과 2008년의 금융 위기로 인해 토지, 건축 중인 주택, 완공된 주택 등의 엄청난 재고자산을 보유하게 되었고, 이 때문에 주가가 순유동자산가치보다 낮은 기업이 많이 등장했다. 그러나 그 후 재고자산을 상각 혹은 매각하는 바람에 지금은 이들도 순유동자산가치 기준을 통과하지 못하고 있다. 2006년 36억 달러이던 비저 홈즈 USA Beazer Homes USA의 재고자산은 3년 후 13억 달러로 줄었다.

순유동자산가치 평가법의 장단점

순유동자산가치로 기업가치를 평가하는 것은 그레이엄의 청산가치법을 보다 단순화한 것이다. 이 때문에 순유동자산가치 평가법의

---

[5] 이런 기준을 만족시키는 기업을 찾기 위해 1993년 밸류라인 데이터베이스를 분석한 적이 있다. 당시 순유동자산가치 기준을 만족시키는 기업으로 내가 찾아낸 기업은 인터탠(Intertan) 단 하나에 불과했다. 그런데 인터탠은 미국 주식시장에 상장되어 있었지만, 실제로는 캐나다, 호주, 영국에서 영업을 하고 있는 온라인쇼핑몰 탠디(Tandy)의 지주회사였다.

장단점은 기본적으로 청산가치법의 장단점과 같다. 순유동자산가치법은 자료를 쉽게 구할 수 있고, 계산이 간단하며, 계산 결과에 대한 합의 수준이 높고, 양적인 비교와 일관성 있는 비교가 가능하고, 예상치를 사용할 필요가 없다는 장점이 있다. 그리고 순유동자산가치법은 제한된 정보만 반영한 지표이며, 가치 개념을 너무 단순화했고, 진정한 가치를 보여주는 데 한계가 있다는 약점이 있다.

그러나 장부가나 청산가치법처럼 순유동자산가치법도 개별 기업에 대한 투자를 결정하기 위해서가 아니라 추가로 심도 있게 분석할 주식을 고르는 도구로 사용할 때 가장 효과적이다. 이는 앞서 소개한 오펜하이머와 뷰의 연구를 통해서도 확인할 수 있다. 그레이엄도 이런 용도로 순유동자산가치법을 사용했다. 그는 순유동자산가치 기준을 통과하는 주식을 고르는 법(순유동자산가치법)은 "투자 분산된 하나의 포트폴리오를 만들 수 있을 정도로 그런 주식들을 충분히 많이 찾아낼 수 있다면, 그리고 그런 주식들을 매수한 직후 주가가 상승하지 않더라도 인내심을 잃지 않으면" 효과적이라고 했다. 다음은 위에서 소개한 장단점 외에 순유동자산가치법의 장단점을 정리한 것이다.

장점 1 : 널리 검증된 방법이다. 순유동자산가치법은 광범위한 검증을 받았으며, 그 결과도 훌륭한 것으로 나왔다. 검증 당시 순유동자산가치 기준을 만족시키는 적절한 수의 기업을 찾을 수 있었기 때문에 이들을 대상으로 검증이 가능했다.

다음은 순유동자산가치법의 주요 약점들이다.

약점 1 : 현재 이 기준을 만족하는 주식이 매우 적다. 순유동자산가치 기준을 통과한 주식이 많아야 이런 주식들로 투자 분산된 실전 포트폴리오를 구성할 수 있다. 벤저민 그레이엄도 이 점을 밝힌 바 있다. 그러나 주식시장에 그런 주식이 항상 많이 있는 것은 아니다. 그리고 그런 주식을 많이 찾을 수 없어 어쩔 수 없이 소수의 주식으로만 구성한 포트폴리오(즉 투자 분산되지 않은 포트폴리오)는 극단적인 변동성을 보일 가능성이 크다.

약점 2 : 상당한 절제력이 필요하다. 순유동자산가치 기준에 부합하는 기업들은 어려운 상황에서 많은 재고자산을 보유한 채 손실을 내고 있을 가능성이 높다. 이런 기업 중에는 워런 버핏이 말한 이른바 '담배꽁초'기업이 많다. 이들은 턴어라운드 가능성이 있는 기업과는 다르며, 외부에서 볼 때 회생 가능성이 매우 적다. 회생 가능성이 있었다면, 이들은 순유동자산가치라는 엄격한 기준을 통과하지 못했을 것이다. 이들 기업에 대한 분석 보고서는 매우 비관적인 경우가 많고, 따라서 이런 기업을 사서 일정 기간(일반적으로 24개월) 보유하기 위해서는 상당한 뚝심과 절제력이 필요하다.

방어투자를 위한 주식 선정 기준

청산가치나 순유동자산가치평가법 말고도, 벤저민 그레이엄은 종목을 분석할 때 재무상태표를 자주 언급했다. 『현명한 투자자』에서 그레이엄은 '방어적 투자자'를 위한 7개 종목 선정 기준을 소개했는데, 그중 여러 개가 재무상태표 분석에 기초한 기준이었다. 그 7개 기준은 다음과 같다.

1. 기업 규모가 적절할 것
2. 재무 구조가 매우 탄탄할 것
3. 최소한 20년 이상 지속적으로 배당금을 지급했을 것
4. 지난 10년간 적자를 기록한 해가 없을 것
5. EPS가 지난 10년간 최소 1/3 증가했을 것.
6. 주가가 순자산가치net asset value, NAV의 1.5배를 넘지 않을 것
7. 주가가 지난 3년 평균 이익의 15배를 넘지 않을 것

기준 1에 관해 그레이엄은, "이 기준을 제시한 것은 평균 이상으로 심한 부침을 겪을 수 있는 소형주를 제외하기 위해서"라고 했다. (소형주 중에도 전망이 좋은 회사들이 꽤 있기는 하지만, 우리는 소형주가 방어적 투자자에는 맞지 않는다고 본다.) 그의 기준은 매출액 1억 달러 이상인 기업이었다. 그가 35년 전에 『현명한 투자자』를 썼다는 것을 감안하면 그리고 그 이후 지금까지 평균 인플레이션이 연 4.5% 정도였음을 감안하면, 당시의 1억 달러는 지금 가치로 8억 5,000만 달러에 해당한다. 따라서 현재 시점에서 8억 5,000만 달러의 매출액 기준을 적용하면 기준 1을 통과하는 미국 기업은 약 1,200개의 대기업으로 국

한된다.

이번 장의 논의와 가장 관련된 기준은 재무상태표와 관련된 기준 2이다. 그레이엄에 의하면, 재무 구조가 매우 탄탄하기 위해서는 두 가지 조건을 갖춰야 한다. 첫째, 유동자산이 유동부채의 2배 이상이어야 한다. 요컨대 유동비율이 200%(2.0) 이상이어야 한다. 그런데 유동비율 200%를 달성하기란 쉽지 않으며, 대형 유통업체의 경우에는 특히나 어렵다. 둘째, 운전자본working capital이 장기부채보다 많아야 한다. 여기서 '운전자본=유동자산-유동부채'이므로, 결국 기준 2는 유동자산이 유동부채와 장기부채를 합한 것보다 많아야 한다는 것이다. 따라서 기준 2는 '모든 비유동부채'라는 말을 장기부채라는 용어로 바꾼 것을 제외하고는 순유동자산가치법에서 순유동자산가치가 플러스일 것을 요구하는 것과 같다. 그런데 일반기업이 아닌 공공사업체의 경우 그레이엄은 자기자본 대비 부채비율이 50%를 넘어서는 안 된다고 했다.

나머지 5개 기준은 그 자체로 이해할 수 있을 것이다. 여기서 이익 안정성(기준 4)과 이익 성장성(기준 5)은 7장과 9장에서 소개할 기대수익률법에서 중요하게 다뤄질 항목이라는 점만 기억하자.

대체가치와 토빈의 q이론

여러분이 20년 된 자동차를 한 대 가지고 있다고 해보자. 사용연한과 주행거리 때문에, 여러분은 이 차를 헐값에 중고차업자에게 넘길 수밖에 없을 것이다. 이때 여러분이 받는 가격이 청산가치이다. 그런데 대체가치replacement value라고 하는 또 다른 유형의 가치가 있다. 대체가치란 여러분이 계속 차를 사용하기 위해 20년 된 차를 다른 차로 바꿀 때 드는 비용을 말한다. 20년 된 차가 사용은 가능하지만 다른 차로 바꾸고 싶어 한다고 해보자. 이때 다른 차로 바꾸는 비용(대체가치)은 20년 된 차를 팔아서 받을 수 있는 돈(청산가치)보다 훨씬 비쌀 가능성이 높다. 이처럼 대체가치는 일반적으로 청산가치보다 크다.

중고차의 대체비용 혹은 대체가치 개념을 기업에도 적용할 수 있다. 그렇게 할 때 얻을 수 있는 한 가지 결론은 한 기업의 적정가치는 대체가치와 비슷해야 한다는 것이다. 볼트 생산기업이 하나 있다고 해보자. 그런데 이 기업의 시가총액이 새로운 볼트 생산기업을 하나 설립하는 데 드는 비용보다 훨씬 크다고 해보자. 그러면 도전적인 금융가들은 주식시장에 상장해 상당한 수익을 낼 요량으로 볼트가 공급 과잉이 될 때까지 이런 볼트 생산기업을 계속 설립할 것이다. 반대로 이 기업의 시가총액이 새로운 볼트 생산기업을 설립하는 데 드는 비용보다 크게 낮으면, 누구도 새로운 볼트 생산기업을 설립하지 않을 것이다. 그러면 기존 기업의 수익성―그리고 주가(시가총액)―은 상승한다. 결국 새로운 볼트 생산기업의 설립을 결정하는 것은 수익을 낼 수 있느냐 없느냐 하는 것이다. 1,000억 달러 이상의 자산을 운용하는 세계적 자산운용사 GMO의 설립자 중 한 명인 제러미 그랜섬Jeremy Grantham은 대체가치를 '가치의 기초bedrock of value'라고 했다.

경제학의 다른 많은 부분과 마찬가지로 이런 개념 역시 케인스John

Maynard Keynes에 의해 처음 제시되었다. 케인스는 1936년 『고용, 이자, 화폐에 관한 일반이론』에서 다음과 같이 말했다.

> 매일 진행되는 주식시장의 재평가 과정은, 비록 기본적으로는 기존 투자자산의 개인간 이전을 촉진할 목적으로 이뤄지지만 새로운 투자에도 결정적인 영향을 미친다. 왜냐하면 이미 존재하고 있는 기업을 매수하는 데 드는 비용보다 훨씬 많은 비용을 들여 비슷한 새로운 기업을 설립하는 것은 바보 같은 짓이기 때문이다. 반면 새로운 기업을 설립해 주식시장에 상장하는 즉시 수익을 올릴 수 있다면 거금을 투입해서라도 새로운 기업을 설립할 것이다.

시장가치와 대체비용(대체가치)의 관계는 노벨경제학 수상자 제임스 토빈James Tobin의 이른바 '토빈의 q'에서 공식화되었다. 토빈에 의하면 q란 다음과 같다.

> q는 동일한 물리적 자산에 대한 두 가치의 비율을 말한다. 여기서 분자는 시장가치, 즉 물리적 자산을 시장에서 구입할 때 지불하는 가격이고, 분모는 대체가치 혹은 재생산비용reproduction cost, 즉 동일한 물리적 자산을 새로 생산할 때 드는 비용이다.

상장기업의 경우, q는 동일한 기업에 대한 두 가치의 비율로 정의된다. 분자는 그 기업의 시가총액이고 분모는 그 기업과 동일한 기업을 새로 설립할 때 드는 대체비용이다. q이론에 따르면 시장가격은 q 비율이 1.0이 되는 방향으로 움직이는 경향이 있다. 따라서 q비율이 1.0보다 훨씬 크면(시장가치가 대체가치보다 훨씬 크면), q는 다시 1.0으로 떨어지는 경향을 보이고 어떤 때는 그 밑으로까지 떨어진다. 반대로 q비율이 1.0보다 훨씬 작으면(시장가치가 대체가치보다 훨씬 작으면), q비율은 1.0으로 상승하고 어떤 때는 그 이상 상승한다. q비율은 계속해서 1.0으로 회귀하려 한다. 손으로 당긴 고무줄 한쪽 끝에 q가 있고 다른 쪽 끝에 1.0이 있어서 손을 놓으면 q가 1.0으로 심지어는 1.0을 지나쳐 튕겨나가는 것과 같다. 기술적으로 q비율의 이런 움직임을 평균회귀mean reversion라 한다.

이런 이론이 직관에는 부합하는 것 같지만, 실제로도 그런지는 살펴볼 필요가 있다. 이때 한 가지 문제는 한 기업을 대체하는 비용, 즉 비슷한 기업을 새로 설립하는 비용이 얼마인지를 외부에서 분석·판단하기가 매우 어렵다는 것이다. 장부가를 대체비용으로 사용할 수도 있지만, 이 경우 장부가를 기업의 적정가치를 나타내는 지표로 사용할 때 발생하는 모든 문제가 다시 발생한다. 이런 문제를 피하기 위한 방법은 기본적으로 세 단계로 이루어져 있다.

1. 첫 단계는 제조업체만 대상으로 하는 것이다. 금융회사의 부채 처리 방법은 결과를 왜곡할 수 있기 때문이다.
2. 두 번째 단계는 개별 기업의 q비율을 분석하지 않는 것이다. 시장가격과 장부가의 관계가 업종별로 심지어는 같은 업종에 속한

기업별로 매우 다를 수 있기 때문이다. 따라서 분석에 적합한 모든 기업의 시가총액을 더한 후, 이를 그들의 자기자본의 합과 비교하는 것이 좋다. 미 연방준비은행이 1945년 이후 발표하고 있는 '자금흐름계정Flow of Funds Accounts' 자료를 이용하면 다양한 범주의 기업에 대해 이런 식의 계산을 할 수 있다. 앤드류 스미더스Andrew Smithers와 스티븐 라이트Stephen Wright의 연구에서 단서를 얻어, 우리는 자금흐름계정의 비농업 및 비금융 부문 기업에 관한 자료를 사용했다. 이 자료를 사용해 1945년부터 매년 이 기업들의 시가총액 합계를 이들의 자기자본의 합계로 나눈 q비율을 계산했다.

3. 세 번째 단계는 이렇게 구한 q비율의 장기 평균을 계산해서 이를 기준선으로 사용하는 것이다. 이 장기 평균과 각 연도의 q비율을 비교함으로써 각 연도별로 시장이 어느 정도 고평가 혹은 저평가 되었는지 평가할 수 있다. 1945년 이후 장기 평균 q비율은 0.72이다. 장기 평균이 1.0과 같기나 그에 근접하지 않은 이유에 대해서는 다양한 설명이 있다. 그중 하나는 기업의 장기 자기자본이익률(ROE)이 장기 시장수익률보다 낮기 때문이라는 것이다. 이런 상황에서 장기적으로 차익거래를 피하기 위해서는 q비율이 평균적으로 1.0보다 낮아야 한다는 것이다.

이런 계산 결과를 나타낸 것이 〈그림 2-2〉이다. 차트에서 0.6과 0.8 사이 굵은 가로선은 장기 평균 q비율 0.72를 표시한 선이다. 차

〈그림 2-2〉 연간 q비율의 변화 : 1945~2009년

* 1945년에서 2009년 사이 각 연도 말 현재 q비율을 나타낸 것이다. 그리고 이를 0.72의 장기 평균과 비교했다. q비율은 1990년에서 1999년 사이 빠른 속도로 상승했고(시장이 빠른 속도로 과대 평가되었고), 그 후 역시 빠른 속도로 하락해 2008년에는 장기 평균을 약간 하회하는 수준까지 떨어졌다. 2009년 말 q비율은 다시 장기 평균을 상회하는 수준으로 반등했다.

자료 : U.S. Federal Reserve

트의 사각점을 이은 선은 1945년에서 2009년까지 해당 연도의 q비율을 이은 선이다. 그림을 통해 q비율이 지속적인 상승이나 하락 추세를 보이는 것이 아니라 장기 평균을 중심으로 상승과 하락을 되풀이하는 것을 알 수 있다. 이 기간 q비율은 기술주 거품이 절정에 이르던 1999년 1.76으로 최고를 기록했다. q비율이 이렇게 극단적인 수준으로 상승하기 시작한 것은 q비율이 장기 평균 근처에 있었던 1990년부터였다. 그러나 1999년 최고점을 기록한 q비율은 그 후 급격히 하락해 2008년에는 장기 평균을 약간 하회하는 수준까지 떨어졌다. q비율은 2009년 약간 반등해 그해 말 장기 평균을 다소 상회하는 수준까지 상승했다. 1945년 이후 q비율이 가장 낮았던 때는 0.33을 기록한 1974년이었다. 당시 다우지수는 그 이전 18개월 동안 40% 이상 하락한 상태였다. 수치상 당시 q비율은 1972년 말 0.90에서 1974년 말 0.33으로 하락했다.

2008년의 금융 위기는 20세기 말 q비율이 아찔할 정도로 높이 상승했던 여파로 보인다. 그리고 2009년 말 q비율이 장기 평균을 상회하는 수준으로 회복된 것은 부분적으로는 시장이 상승하기 시작했고, 또 한편으로는 자산가치가 하락했기 때문이다. 여기에서 문제는 앞으로는 어떻게 될 것이냐 하는 것이다. 시장이 또 다른 거품을 향해 나아갈 것인가? 아니면 펀더멘털을 반영하는 수준에서 안정될 것인가? 미국 연방준비은행과 다른 규제당국은 어떤 조치를 계획 중인가? 그리고 그런 조치가 전체 시장가격과 q비율에는 어떤 영향을 미칠까?

q이론을 활용한 가치평가의 장단점

이미 설명한 대로 q이론은 전체 자기자본 대비 전체 시가총액의 비율(q비율)은 평균으로 회귀한다는 하나의 가설이다. 다음은 이런 q이론의 장단점을 정리한 것이다.

> 장점 1 : 전체 시장 수준을 평가하는 데 유용하다. 개별 기업에는 적용할 수 없지만, q이론은 전체 시장이 저평가되었는지 혹은

고평가되었는지 판단하는 데 유용하다. q비율을 활용하면 현금과 주식 포트폴리오의 비중을 조정하는 데 도움이 된다. 시장의 q비율이 높으면 현금 비중을 늘리는 것이 좋다. 이 책의 주제 중 하나는 (지수펀드에 투자하는 것이 아니면) 시장에 투자하기보다는 개별 기업에 투자하라는 것이다. 그럼에도 불구하고 q비율을 보고 시장이 고평가되었다고 판단되면 개별 종목 선정에도 훨씬 더 주의를 기울일 수 있다. 또한 시장이 고평가되었다고 판단되면 우수한 종목을 찾기가 힘들다는 것을 예상할 수 있다. 반대로 q비율이 낮으면, 현금 비중을 줄이고 주식 비중을 늘리는 것이 좋다.

다음은 q비율을 활용한 가치평가의 주요 약점들이다.

약점 1 : 개별 기업에 적용할 수 없다. 앞서 말한 대로 q이론은 개별 기업에는 적용할 수 없다. 전체적인 기업군(群)에 적용할 때도, 금융회사와 상당한 토지자산을 가지고 있는 농업회사에는 적용하지 않는 것이 좋다.

약점 2 : q비율에 대한 정의가 다양하다. q비율은 기본적인 가치평가법으로 확립된 모형이 아니므로, 관련 정보를 찾기가 쉽지 않다. 더욱이 학자들마다 q비율에 대한 정의가 서로 다르다.

간단 정리

1. 장부가, 청산가치, 순유동자산가치, 대체가치 같은 재무상태표 분석을 통한 가치평가법은 가치를 평가하기 위해 재무상태표 항목을 사용한다.

2. 가치를 절대금액으로 표시하는 재무상태표 분석법은 제한된 용도(추가로 심도 있게 분석할 기업을 고르는 용도)로만 사용된다. 그것은 회사의 많은 중요한 자산이 재무상태표에 포함되어 있지 않거나, 포함되어 있더라도 시장가격을 적절히 반영하지 않고 있기 때문이다.

3. 재무상태표 분석법들은 해당 기업의 장부가 추세 등을 살펴보거나 이를 다른 기업이나 기업군(群)과 비교해 봄으로써 그 기업을 보다 자세히 분석할 가치가 있는지 판단하는 데 도움이 된다.

손에 쥔 새 한 마리가 숲 속의 두 마리보다 낫다.

— 이솝

주식이든 채권이든, 모든 증권의 적절한 가격은
미래에 발생할 모든 수입의 합을 현재의 금리로 할인한 가치이다.

— 로버트 비제

3
CHAPTER

...

내재가치를 구하는 가장 기본적인 방법:
현금흐름할인법

19세기에 T. B. 스프라그T. B. Sprague는 혁명적인 주식가치 평가법을 제안했다. 〈계리와 보험연구소 매거진 저널Journal of Institute of Actuaries and Assurance Magazine〉의 편집자였던 스프라그는 W. M. 메이크햄W. M, Makeham의 1869년 논문에 대한 주석을 잡지에 게재했는데, 이 주석에서 스프라그는 일정한 비율로 증가하는 '(미래의) 지속적인 연간 수입'을 할인해 현재가치를 구하는 공식을 제안했다.

당시의 일반적인 가치평가지표였던 배당수익률과 장부가를 사용하는 대신, 스프라그는 이 공식을 통해 미래의 배당금을 할인해 주식의 이른바 진정한 가치를 구할 것을 제안했다. 그리고 이렇게 구한 주식의 진정한 가치를 그 주식의 실제 시장가격과 비교해 투자 매력도를 판단했다.

그러나 스프라그의 가치평가법은 1930년 로버트 비제Robert Wiese가 〈배론즈Barron's〉에 게재한 글을 통해 널리 알리기 전에는 거의 사용되지 않았다. 〈배론즈〉의 글에서 비제는 미래의 모든 수입을 현재가치로 할인해 주식과 채권의 가치를 평가할 수 있다고 했다. 여기서 그가 말한 가장 중요한 논점은 우리가 초점을 맞출 것은 배당수익률만이 아니라 미래의 수입이라는 것이다. 그리고 두 번째로 중요한 논점은 우리가 주로 주식에 대해 이야기하고 있지만 채권 가치를 평가할 때도 현재가치 계산법을 사용할 수 있다는 것이다.

그리고 1938년 존 버 윌리엄스가 비제의 연구를 발전시켜 『투자가치 이론The Theory of Investment Value』이라는 역작을 저술했다. 윌리엄스는 이 연구로 1940년 하버드대에서 박사학위를 받았다. 이 책은 다음과 같은 말로 시작된다. "사려 깊은 투자자라면 모두 알고 있겠지만, 실제 가치와 시장가격은 분명히 다르며 혼동해서는 안 된다." 다시 말해 실제 가치를 시장가격과 혼동하지 말라는 것이다. 윌리엄스의 책은 미래에 받게 될 배당금의 합을 현재가치로 할인해 주식가치를 평가한 것이었다. 이런 방법을 배당할인모형dividend discount valuation method이라고 한다.

그러나 모든 기업이 배당금을 지급하는 것은 아니다. 이런 문제의식에서 배당금을 계산에 포함시키지 않고 현재가치를 계산하는 제2의 할인모형인 현금할인모형discounted cash flow method이 나왔다. 그리고 지금은 이 현금흐름할인모형 혹은 현금흐름할인법이 윌리엄스의 배당할인모형을 사실상 대체했다. 현금흐름할인법은 이익 전망 혹은 수익력earning power에 기초해 그 기업의 가치를 평가한다. 배당할인모형이 현금흐름할인법보다 먼저 등장했지만, 현금흐름할인법이 더 많이 사용되고 있기 때문에 이번 장에서는 할인모형의 대표로 현금흐름할인법을 살펴보도록 하겠다. 배당할인모형에 대해서는 다른 두 변형 모형과 함께 4장에서 살펴보겠다.

현금흐름할인법

현금흐름할인법은 다음 세 단계로 이루어져 있다.

1. 이익, 잉여현금흐름 혹은 배당금 같은 다양한 재무 항목의 미래가치를 추산한다.
2. 이런 각각의 재무 항목의 미래가치를 현재가치로 할인한다.
3. 각각의 재무 항목의 현재가치를 모두 더한다.

특히 현금흐름할인법에서는 각각의 재무 항목의 미래가치를 연 단위로 추산해 계산하는 것이 좋다.

예를 들어 여러분이 1년 후에는 5달러를, 2년 후에는 5.25달러의 수입을 올릴 것으로 기대할 수 있다고 해보자. 그리고 여러분이 수입을 올리지 못할 위험과 인플레이션을 감안한 적절한 할인율은 10%로 본다고 해보자. 그러면 1년 후 5달러의 현재가치는 '5달러/(1+10%)=4.55달러'이다. 즉 1년 후의 5달러(미래가치)는 지금의 4.55달러(현재가치)와 같다. (이솝에게는 미안하지만, 우리는 손 안의 4.55달러가 숲속의 5달러와 같다고 말하고 있다. 이는 10%의 할인율로 1년 동안의 모든 불확실성을 상쇄해 버렸다는 것을 의미한다.) 같은 식으로 2년 후에 받

● 현금흐름할인법에 의한 내재가치 계산

현금흐름할인법에 따르면, 내재가치란 잔여 사업 기간 동안 한 기업으로부터 취할 수 있는 모든 현금을 현재가치로 할인한 가치이다.

게 될 수입 5.25달러의 현재가치는 '5.25달러 / $(1+10\%)^2$=4.34달러'이다. 그렇다면 여러분이 미래에 벌어들일 수입을 항목별로 모두 알고 있다고 해보자. 그래서 항목별로 이 모든 수입을 같은 식으로 할인해 각각의 현재가치를 구한 후 모두 더하면, 여러분은 현금흐름할인법에 따라 주식의 내재가치 혹은 실제 가치를 구한 것이 된다.

윌리엄스처럼 배당금에 초점을 맞추는 대신, 이번 장에서 우리는 기업의 생존과 수익성에는 영향을 미치지 않으면서도 주주들에게 배분될 수 있는 현금에 초점을 맞출 것이다. 이는 한 주식의 내재가치는 "잔여 사업 기간 동안 한 기업으로부터 취할 수 있는 모든 현금을 현재가치로 할인한 가치"라는 워런 버핏의 말에 따른 것이다.[1]

현금흐름할인법을 사용할 때, 잔여 사업 기간은 영속적 혹은 무한 연수(年數)로 상정한다. 우리가 살펴 볼 현금흐름할인법의 주요 문제 중 하나가 바로 여기에서 파생된다. 그러나 이 문제를 살펴보기 전에 현금흐름할인법을 수학적으로 정리해 보자. 현금흐름할인법의 핵심 공식은 다음과 같다.

---

[1] 내재가치에 대한 워런 버핏의 이런 정의는 버크셔 해서웨이 연차보고서의 '투자 원칙(Owner-Related Business Principles)' 부분에서 주기적으로 등장하고 있다. 이 투자 원칙은 워런 버핏의 『투자지침서(An Owner's Manual)』라는 작은 책자에 기초한 것이다.

$$V = c_1/(1+r) + c_2/(1+r)^2 + c_3/(1+r)^3 + \cdots\cdots$$

V : 내재가치, r : 할인율, c_1 : 1년 후 현금, c_2 : 2년 후 현금 ……

이 책에서는 앞으로 이 공식을 '현금흐름할인공식(DCF공식)'이라고 할 것이다. 이 공식에서 첫째 항은 1년 후 현금 c_1을 할인율 r로 할인한 현재가치이다. c_1이 10달러이고 할인율이 12%라면, 첫 번째 항의 현재가치는 '10/(1+12%)=8.93달러'이다. 마찬가지로 둘째 항은 2년 후 현금 c_2를 할인율 r로 할인한 현재가치이다. 이 공식은 한 기업의 내재가치를 파악할 때도 적용되며, 이때 V는 그 기업의 총 내재가치를 의미하게 된다. 그런데 보다 일반적인 의미에서 c_1은 1년 후의 주당 현금을 의미하고, 따라서 V는 주당 내재가치를 의미한다. 이 책에서는 일일이 이런 식의 구분을 하지는 않을 것이다. 따라서 이 책의 논의를 주당 가치 관점에서 보거나 전체 기업가치 관점에서 보는 것 모두 가능하다.

주의 : 공식의 맨 뒤에 '……'로 표기된 항은 무한을 의미한다.[2] 무

---

[2] 믿거나 말거나이지만 일반적인 현금흐름할인법은 무한 기간을 상정한다. 이는 해당 기업의 '존속 기간 동안'이나 '장기적으로'라는 말로 위장되어 표현되기도 한다. 그러나 애널리스트들과 투자서 저자들은 계산을 할 때 갑자기 무한급수를 더한다. 그렇게 하기가 어렵다고 느껴도 별 걱정할 필요는 없다. 무한을 더하는 것은 아이작 뉴턴도 힘들어 하던 문제이기 때문이다. 무한을 더하는 방법을 찾기 위해 수세기에 걸쳐 여러 천재 수학자들이 많은 노력을 해왔다. 보다 단순한 공식을 제시하기 위해, 대부분의 금융 사례들은 기하급수적인 기본 결과의 변형까지만 허용한다. 이에 대한 자세한 내용은 〈부록 B〉 참고. 무한계산의 견지에서 내재가치를 계산할 필요가 있다는 것에 대한 실제적이면서도 철학적인 문제에 대해서는 이번 장 뒷부분 현금흐름할인법의 약점을 정리한 부분에서 간략히 소개했다.

한급수를 더하라는 조건은 수학과 금융에서 많은 중요한 의미를 가지고 있다. 예를 들어 무한급수를 더하는 것이 수학적으로는 어떤 의미인지 그리고 금융의 견지에서는 잉여현금흐름의 허용값에 어떤 제한을 가하는지 살펴볼 필요가 있다. 이 문제 및 관련 문제는 〈부록 B〉에서 살펴보았다.

현금흐름할인법을 사용하기 위해서는 기본적으로 다음 세 질문에 답해야 한다.

1. 한 기업으로부터 취할 수 있는 현금이란 어떤 것인가?
2. 이런 현금이 얼마나 빨리 그리고 얼마나 오래 증가할 것인가?
3. 어떤 할인율을 사용해야 하는가?

이 질문과 그에 대한 여러 답변을 살펴보자.

잉여현금흐름

첫 번째 질문은 한 기업으로부터 취할 수 있는 현금의 의미에 관한 질문이다. 현금의 의미를 묻는 이유는 현금흐름할인 공식에서는 현금이 그 기업의 내재가치를 나타내는 매우 중요한 개념으로 사용되기 때문이다. 우리는 이 현금을 기업의 순이익으로 볼 수도 있다. 그러나 순이익에는 매출채권, 매입채무, 감가상각비 같은 비현금성 발생주의 회계 항목이 포함되며, 이런 비현금성 항목은 항상 그 기업으로부터 취할 수 있는 현금은 아니다. 우리가 찾는 것은 한 기업이 성장을 위해 투자하고 남은 현금을 나타내는 지표인데, 우리는 그런 지표를 잉여현금흐름이라고 한다.

잉여현금흐름을 파악하는 가장 단순한 방법은 현금흐름표에 모든 현금이 계상되어 있으며 비현금성 항목도 현금으로 조정되어 계상되어 있다는 시각에서 출발한다. 이런 시각에서는 '한 회계연도에 영업활동으로 창출한 순현금 − 동 회계연도에 자산 및 장비 비용으로 지출한 현금 = 그 회계연도의 잉여현금흐름'이 된다. 〈표 3−1〉은 월마트의 현금흐름표 자료를 사용해 2008~2010년 월마트의 잉여현금흐름을 계산한 것이다. 주당 현금흐름도 계산했는데, 이를 위해서는 월마트의 발행주식 수를 알아야 한다. 〈표 3−1〉에 따르면, 월마트의 주당 현금흐름은 2008년 1.40달러에서 2010년 3.63달러로 크게 증가했다. 월마트는 그 이유를 영업 실적 호전과 재고 관리 개선 때문이라고 주장했다.

그러나 월마트는 한 가지 주의사항을 밝혔는데, 이는 특정 방법이

〈표 3−1〉 월마트의 잉여현금흐름 계산 (단위 : 100만 달러, 100만 주, *주당 잉여현금흐름은 달러)

기입 항목	2010	2009	2008
영업활동에서 발생한 순현금	26,249	23,147	20,642
자산 및 장비 비용	12,184	11,499	14,937
총 잉여현금흐름	14,065	11,648	5,705
희석 발행주식 수	3,877	3,951	4,072
주당 잉여현금흐름	3.63	2.95	1.40

* 각 회계연도 종료일은 각 연도 1월 31일.

나 지표에 과도하게 의존하지 않는 것이 좋다는 점을 다시 한 번 일깨워 주었다. 월마트가 밝힌 주의사항이란 다음과 같다.

> 증권선물위원회는 잉여현금흐름을 일반회계원칙(GAAP)상의 재무지표로 보지 않고 있다. 그러나 우리 경영진은 '사업을 통한 현금 창출 능력'을 나타내는 지표인 잉여현금흐름을 회사의 재무 실적 평가에 사용할 수 있는 중요한 재무지표의 하나로 보고 있다. 잉여현금흐름은 회사 실적을 나타내는 지표인 '사업을 통한 수입'이나 회사의 유동성을 나타내는 지표인 '영업활동으로 창출한 순현금'을 대체하는 지표로서가 아니라 이런 지표들과 함께 고려해야 하는 또 다른 독자적인 지표로 간주되어야 한다.

잉여현금흐름에 대한 형식적 정의 : 잉여현금흐름에 대한 기존의 정의는 현금흐름표에 기초한 것이다. 즉 현금흐름표를 가지고 계산했다. 그러나 잉여현금흐름에 대한 형식적 정의는 손익계산서에 기초하고 있다. 손익계산서를 가지고 잉여현금흐름을 구하는 방법은 세 단계로 이루어져 있다. 첫 단계는 순이익에 감가상각과 상각 같은 비현금성 항목을 다시 더하는 것이다. 두 번째 단계는 여기에서 실제 자본적 지출을 차감하는 것이다. 예를 들어 특정 연도의 순이익이 10만 달러이고, 그해 자본적 지출은 차량 한 대 구입비용인 2만 달러이며, 이 차량의 감가상각비가 연간 5,000달러라고 해보자. 그러면 처음 두 단계 계산은 다음과 같다.

(순이익 100,000＋감가상각비 5,000)－자본적 지출 20,000 ＝ 85,000

(단위 : 달러)

　마지막 세 번째 단계는 한 기업이 일상적으로 이용할 수 있는 유동자금인 운전자본의 증감을 고려하는 것이다. 운전자본은 '유동자산－유동부채'로 계산된다. 일반적인 관념은 한 기업이 운전자본을 늘릴 경우, 그 운전자본 증가분은 더 이상 잉여현금흐름이 아니라는 것이다. 운전자본은 설비와 장비 같은 고정자산과 함께 경영자본으로 간주된다. 여기에 세금충당금 같은 다른 비현금성 항목을 조정할 필요도 있다.

　앞의 예를 가지고 이어서 계산해 보자. 여기서 그해 운전자본은 5,500달러이고, 1년 전 운전자본은 4,000달러였다고 해보자. 이는 즉각 사용할 수 있는 돈(잉여현금) 1,500달러가 줄었다는 것을 의미하기 때문에 잉여현금흐름을 계산할 때에는 이 금액을 빼야 한다. 따라서 이러한 운전자본 증가분(혹은 감소분)을 고려한 잉여현금흐름은 다음과 같다.

{(100,000＋5,000)－20,000}－1,500 ＝ 83,500　　(단위 : 달러)

　이 세 단계를 요약하면, '잉여현금흐름 ＝ 순이익＋감가상각 및 상각 비용－자본적 지출－운전자본 증감분'이 된다(여기서 운전자본 증가분은 빼고, 감소분은 더한다). 구한 금액을 발행주식 수로 나누면 주당 잉여현금흐름이 된다.

워런 버핏이 즐겨 말하는 이른바 '오너의 이익owner earings'이라는 것도 약간의 차이는 있지만, 결국은 잉여현금흐름을 의미한다. 오너의 이익은 운전자본 증가분이 아니라 "기업이 장기적인 경쟁우위와 가격 경쟁력을 온전히 유지하는 데 필요한 설비와 장비 등에 지출하는 연평균 자본적 지출비용"을 차감하는 것만 빼고는 잉여현금흐름과 같다. 워런 버핏이 말하는 자본적 지출과 잉여현금흐름의 형식적 정의에서 말하는 자본적 지출은 두 가지 면에서 차이가 있다. 오너의 이익을 계산할 때 워런 버핏이 사용하는 자본적 지출은 그해의 자본적 지출이 아니라 연평균 자본적 지출이며, 성장과 관련된 자본적 지출이 아니라 유지 관리와 관련된 자본적 지출이라는 것이다. 물론 이런 해석은 실제로 그가 그렇게 말한 것이 아니라, 오너의 이익에 대한 개념 정의에서 유추한 것이다.

아무튼 이와 같은 것이 가장 단순하게 소개한 잉여현금흐름이다. 이 외에도 부채의 증감, 이자비용 등을 고려한 잉여현금흐름 계산법도 있다. 애스워드 다모다란Aswath Damodaran은 『투자 가치평가 : 자산 평가의 도구와 기법Investment Valuation : Tools and Techniques for Valuing Any Asset』에서 다양한 잉여현금흐름 개념들을 심도 있게 분석·비교하고 있다. 어떤 잉여현금흐름 계산법을 사용하건 할인모형으로 내재가치를 계산하는 것은 동일하다. 중요한 것은 잉여현금흐름을 주주에게 귀속되는 주주의 돈, 워런 버핏의 용어로는 '오너'의 돈으로 생각하는 것이다. 이 돈 중 일부는 배당금으로 주주에게 직접 지급되며, 일부는

【 주의!! 】 잉여현금흐름과 순이익을 비교하라.

　안정된 대기업의 경우, 잉여현금흐름과 순이익이 수년간 비슷할 수 있다. 예를 들어 자본 항목이 매년 바뀔 수 있고, 그러면 자본의 구입비용이 감가상각비용과 대체로 비슷해질 수 있다. 이것이 의미하는 바는 현재와 과거의 잉여현금흐름이 순이익보다 훨씬 적을 경우 문제가 될 수 있다는 것이다. 기업의 일반회계원칙상 지표(순이익)가 기업의 재무 상황을 실제보다 좋아 보이게 할 수도 있기 때문이다. 3개 회계연도 월마트의 순이익은 각각 143억 3,500만 달러(2010년 1월 31일), 134억 달러(2009년 1월 31일), 127억 3,100만 달러(2008년 1월 31일)였다. 또한 〈표 3-1〉에 따르면 각 회계연도의 월마트의 잉여현금흐름은 순이익보다 적었다. 특히 2008년의 경우 그 차이가 컸다.

◑ 잉여현금흐름으로 계산한 내재가치와 순이익으로 계산한 내재가치를 비교하라.

　우리는 곧 구체적으로 내재가치를 계산해 볼 것이다. 이때 잉여현금흐름을 사용할 때와 순이익을 사용할 때의 내재가치를 모두 계산할 수 있다. 만약 두 경우의 내재가치가 크게 다르면, 해당 기업의 재무 상황 및 관련 전망에 대해 보다 자세히 검토해 볼 필요가 있다. 4장에서는 잉여현금흐름이나 순이익 대신 배당금을 사용해 내재가치를 계산해 볼 것이다.

경영을 통해 회사 성장에 사용함으로써 발생하는 자본이득capital gains의 형태로 주주에게 돌아간다.

잉여현금흐름증가율

현금흐름할인공식을 활용하기 전에 해결해야 할 두 번째 문제는 해당 기업이 존속하는 동안 창출하게 될 현금(잉여현금흐름)을 어떻게 예측하느냐는 것이다. 문제는 내재가치 계산을 위한 현금흐름할인공식에 사용되는 연수(年數)가 무한하다는 것이다. 이 공식을 적용하기 위해서는 1년차에서 무한연차까지 모든 현금($c_1, c_2, c_3, \cdots\cdots$)을 예상해야 한다. 이를 위한 가장 기본적인 방법은 매년 현금이 특정 비율로 증가한다고 가정하는 것이다. 이렇게 하면 각 연차의 실제 현금액을 일일이 예측하지 않고 현금증가율만 예측하면 된다. 이런 현금증가율 예측 방법으로는 보통 세 가지 방법이 사용되고 있다. 정률성장모형 constant growth model, 2단계 모형 two-stage model, 3단계 모형 three-stage model이 그것이다.

정률성장모형 : 안정성장모형 stable growth model이라고도 하는 정률성장모형은 잉여현금흐름이 영구적으로 일정 비율로 증가한다고 가정한다. 이 경우 내재가치 V를 구하는 공식을 수학자들은 기하급수의 합을 구하는 공식이라고 하는데, 그런 합을 계산하는 기본적인 공식이 있다.

최초의 잉여현금흐름을 c라 하고, 이 c가 g의 비율로 증가한다고 해보자. 그러면 현금흐름할인공식에서 잉여현금흐름은 다음과 같이 된다.

$$c_1 = c \times (1+g)$$

$$c_2 = c \times (1+g)^2$$

$$c_3 = c \times (1+g)^3$$

......

이 경우, 기본적인 수학적 계산에 따라 내재가치 V를 구하는 공식은 다음과 같다.[3]

$$V = c \times (1+g)/(r-g)$$

2단계 모형 : 정률성장모형의 가정보다 더 일반적인 가정은 잉여현금흐름이 일정 기간, 보통 10년은 일정 비율로 증가하다가 그 후에는 증가율이 낮아진다는 가정이다. 이 두 기간을 각각 초기 성장기initial growth period(초기 단계라고도 한다), 안정 혹은 후기 성장기stable or terminal growth period(후기 단계라고도 한다)라고 하면, 이 두 기간 각각의 잉여현금흐름의 합을 구한 후 이를 더해 내재가치를 구할 수 있다. 그래서 이를 2단계 모형이라고 한다. 2단계 모형에 입각한 계산 사례는 〈표 3-2〉에 소개했다.

---

[3] 계산 결과의 타당성을 확보하기 위해 r과 g에 대해 여러 가정을 한다. 예를 들어 'r, g 〉 -100%'이면(특히, 'r, g 〉 0'이면), 'g 〈 r'일 경우에만 계산 결과가 타당하다. 그러나 우리는 이런 공식들이 타당하게 될 조건들을 일일이 살펴보지는 않을 것이다. 일부 예외적인 환경만 제외하고는, 가장 일반적으로 발생하는 투입변수들을 사용하면 그 공식이 타당하기 때문이다.

3단계 모형 : 현금 증가 기간을 3단계로 나누는 것이 합리적일 때도 있는데, 그런 가정에 입각해 내재가치를 계산하는 것이 3단계 모형이다. 3단계 모형에서는 첫 단계를 초기 성장기, 두 번째 단계를 전환기 transition period, 세 번째 단계를 후기 성장기로 나눈다. 여기서 1단계와 3단계는 각각 특정 현금증가율을 부여하고, 2단계 초기는 1단계 증가율을 2단계 후기는 3단계 증가율을 부여한다.

이런 모형들에서처럼 현금증가율을 사용하건 혹은 다른 잉여현금흐름 예측법을 사용하건 간에, 우리는 살얼음판을 걷고 있는 셈이나 마찬가지이다. 무한연차까지 예측해야 하기 때문이다. 여기서 많은 문제가 파생된다. 그러나 그런 문제를 살펴보기 전에 현금흐름할인법

> ● **현금흐름할인법**
>
> 현금흐름할인법은 잉여현금흐름의 증가율을 어떻게 가정하느냐에 따라 세 가지로 나뉜다.
>
> 1. **정률성장모형** : 해당 기업 존속 기간 내내 잉여현금흐름이 일정 비율로 증가한다고 가정한다.
> 2. **2단계 모형** : 일정 기간, 보통은 10년은 잉여현금흐름이 일정 비율로 증가한 후, 그 후에는 그와 다른 비율로 증가한다고 가정한다. 애널리스트들이 가장 많이 사용하는 모형이다.
> 3. **3단계 모형** : 잉여현금흐름이 1단계와 3단계에는 일정 비율로 증가하지만, 2단계(전환 단계)에서는 2단계 초기는 1단계 증가율을, 2단계 후기는 3단계의 증가율을 보인다고 가정한다.

의 계산 방법부터 살펴보자.

할인율

현금흐름할인법을 활용하기 위해 답해야 할 세 번째 질문은 할인 공식에 사용할 할인율에 관한 것이다. 할인율이란 미래의 금액과 현재의 금액이 그 금액은 틀려도 가치는 동일하게 만들기 위한 것이다. 앞서 말한 것처럼 현금흐름할인법에서의 금액이란 잉여현금흐름액을 말한다.

많은 금융 영역에서, 이른바 무위험이자율risk-free rate이 다양한 할인 계산에 사용된다. 물론 절대적으로 위험하지 않은 것은 없지만, 할인 계산에 사용되는 무위험이자율은 한 국가의 이자율이며, 일반적으로 이런 이자율은 가장 덜 위험한 것으로 간주된다. 미국의 경우 무위험이자율이란 보통 단기, 중기, 장기 재무성국채의 금리를 말한다. 미 재무성과 기타 기관은 이런 채권에 대해 길게는 30년까지 채권 만기 기간별로 상이한 금리를 붙인다. 은행간금리를 무위험이자율로 사용하는 나라도 있는데, 은행간금리란 해당국의 대형 은행들이 서로 돈을 빌리고 빌려줄 때 적용하는 이자율을 말한다.[4]

그러나 주식시장의 경우, 잉여현금흐름과 배당금은 무위험이자율 수준으로 안전한 것은 아니다. 그렇다면 주식에 투자할 때 부담하

---

4) 은행간금리 중 가장 대표적인 것이 런던 은행간금리(London Interbank Offered Rate, LIBOR)이다. 런던 은행간금리는 일부 특정 은행들이 서로 돈을 빌리고 빌려줄 때 적용되는 이자율에 기초해 산정된다.

게 되는 위험을 보충하기 위해 리스크 프리미엄으로 어느 정도나 높은 수익률을 요구해야 할까? 보다 구체적으로 10년 무위험이자율이 3.5%라고 할 때, 잉여현금흐름 계산에 기초해 한 기업에 투자하기 위해서는 어느 정도의 추가 프리미엄 수익률을 요구해야 할까? 바로 이런 요구수익률required rate of return이 현금흐름할인법에서 사용하는 할인율이고, 대개의 경우 요구수익률은 무위험이자율에 리스크 프리미엄을 더한 것이다.

할인율(요구수익률)을 결정하는 형식적인 방법은 자본자산가격결정모형(CAPM)을 이용하는 것이다. 할인율은 자본자산가격결정모형을 사용해 계산한 연간 기대수익률로 설정된다. 그러나 이 방법을 사용하기 위해서는 역대 주가 변동에 대한 통계분석이 필요하고, 실제 기업의 다른 장점은 전혀 고려하지 않는다. 다시 말해 주식들마다 서로 다른 위험도에 따라 서로 다른 수익률을 요구하는 것이 합리적이다. 만약 투자 대상회사가 안전하고 확실한 이익 구조를 가진 매우 안정된 회사라면, 10~11% 정도의 수익률에 만족할 수도 있다. 월마트나 존슨&존슨 같은 회사가 이런 회사에 속한다. 반면 투자 대상 회사가 경쟁이 치열한 업종에 있는 회사거나 통신회사 같이 위험이 큰 회사라면, 이보다 높은 14~15% 정도의 수익률을 요구해야 할 것이다. 유전 탐사 회사나 자원 채굴 회사라면 이보다 훨씬 높은 수익률을 요구해야 한다.

이렇게 해서 일단 요구수익률을 정했다면, 그 요구수익률(연간 12%라고 하자)과 동일한 할인율 변수 r을 가지고 현금흐름할인 공식을 사용해 해당 주식의 내재가치 V를 구할 수 있다. 그리고 그렇게 구한 내재가치를 현재 주가와 비교할 수 있다. 현재 주가가 내재가치보다 크면, 여러분이 정한 요구수익률과 비교해 투자자들이 그 회사의 현금흐름에 과도한 비용을 지불하고 있는 것이고(과대평가된 것이고), 그 반대이면 적은 비용을 지불하고 있는 것이다(과소평가된 것이다). 그래서 내재가치가 현재 주가 미만이면, 내재가치는 그 주식의 매수 목표가가 될 수 있고, 이때의 전략은 주가가 내재가치 수준으로 떨어질 때까지 기다리는 것이다. 주가가 내재가치 수준으로 떨어지지 않으면, 그 주식을 매수할 일은 없어진다. 반대로 내재가치가 현재 주가를 상회하면, 그 주식을 매수할 때가 되었음을 의미한다. 물론 실제의 경우, 우리는 주가가 내재가치 훨씬 아래로 떨어져야 매수에 나설 것이다. 바로 이런 것이 안전마진margin of safety을 적용하는 것인데, 이에 대해서는 9장에서 자세히 살펴볼 것이다.

한편 현금흐름할인 공식의 계산 결과인 내재가치 V와 현재가가 같도록 할인율 r을 조정할 수도 있다. 현금흐름할인모형에서 내재가치 V는 요구수익률 r을 올리기 위해 지불해야 할 적정 가격을 나타낸다. 그런데 내재가치 V와 현재가가 같도록 조정한 요구수익률 r이 실제 투자 위험을 부담하기에 적절한 수준인지 여부는 전적으로 투자자가 판단해야 한다.

마지막으로 현금흐름할인법을 사용한 일부 분석보고서들은 가중평균자본비용weighted average cost of capital, WACC을 할인율로 보고 있다. 그 이름에서 알 수 있듯이, 가중평균자본비용은 한 회사가 사업에 사용되는 자산의 구입 및 유지에 필요한 자금을 지원해 주는 주주와 채권자들에게 지급할 것으로 기대되는 평균 이자율을 말한다. 주주와 채권자들을 만족시키기 위해 회사는 보유자산을 가지고 최소한 가중평균자본비용 정도는 벌 수 있어야 한다. 그렇지 못하면 주주와 채권자들은 주식을 팔거나 채권을 회수하는 식으로 회사에 대한 지원을 철회할 수도 있다. 가중평균자본비용을 추산하는 것은 어려운 일이고 보통은 전문 애널리스트만 할 수 있는 일이다. 그 공식적인 이름에도 불구하고, 가중평균자본비용 계산에 사용되는 여러 가정들 때문에 가중평균자본비용 역시 모든 행태적 편향에 노출되어 있다.

현금흐름할인법의 가정들

현금흐름할인법으로 무한급수의 합을 계산하기 위해서는 매우 엄격한 가정들이 필요하다. 이런 가정들은 앞서 소개한 현금흐름할인법의 3대 기본모형(정률성장모형, 2단계 모형, 3단계 모형) 안에 통합되어 있다. 가장 일반적인 현금흐름할인법인 2단계 모형은 다음 세 가지 가정에 기초하고 있다.

1. 할인율 r은 영구적으로 일정하다.
2. 일반적으로 10년인 초기 단계의 잉여현금흐름증가율은 일정하다.
3. 초기 단계 이후 후기 단계의 잉여현금흐름증가율도 일정하다.

현금흐름할인법을 사용하는 금융분석기관 중 일부는 그들이 사용하는 투입변수의 상세 내역 중 일부를 공개하고 있다. S&P가 그런 회사이다. 2010년 3월 13일 마이크로소프트에 대한 분석보고서에서 S&P는 "우리의 현금흐름할인모형은 가중평균자본비용은 11.1%로, 후기 단계 잉여현금흐름증가율은 3%로 가정했다. 그 결과 내재가치는 주당 36달러였다"고 했다. 이는 마이크로소프트의 (무한한) 존속 기간 동안의 할인율을 11.1%로, 초기 단계 이후 회사의 연간 성장률을 3%로 가정한 것이다. 요컨대 마이크로소프트가 영구적으로 연간 3% 성장할 것으로 가정한 것이다. 그리고 36달러는 이런 가정에 입각해 계산된 마이크로소프트의 주당 내재가치이다. 이 보고서가 공개될 당시에 마이크로소프트의 주가는 27.84달러로, S&P가 계산한 내재가치에 약간 못 미치는 가격이었다.

현금흐름할인법의 내재가치 계산 사례

한 회사에 대한 분석 결과, 현재의 잉여현금흐름 1달러가 향후 10년은 연간 12% 증가하고 그 후에는 연간 3% 증가할 것으로 전망된다고 해보자. 그리고 가중평균자본비용은 10%라고 해보자. 이 경우 〈부록 B〉의 2단계 모형 공식에 따르면 내재가치는 28.68달러가 된다. 그러나 이 공식에 사용된 변수들의 내용을 보다 분명히 이해하기 위해서는 연간 잉여현금흐름 자료들을 표로 정리해 보는 것이 좋다. 이런 작업을 몇 번 해보면 여러 변수들의 역할을 이해하기 쉽고, 내재가치 계산 결과의 정확성을 확보하려면 몇 년의 자료가 필요한지도 알 수 있다. 예를 들어 위의 사례를 사용할 경우, 〈표 3-2〉는 10년 후 이 회사의 잉여현금흐름 총액은 주당 11.06달러에 불과하며, 28.68달러의 내재가치에 도달하기 위해서는 그 이후 잉여현금흐름 총액이 두 배 이상 되어야 함을 보여준다. 25년 후 이 회사의 잉여현금흐름 총액은 22.10달러가 되지만, 내재가치에서 여전히 5달러 이상 부족하다. 50년 후에도 이 회사의 잉여현금흐름 총액은 내재가치에서 4% 이상 부족한 수준이다.

물론 이 표처럼 각 연도의 자료를 일일이 다 계산해 최종 결과를 구할 필요는 없다. 위에서 말한 대로 최종 내재가치를 구하는 수학공식들이 있고, 그중 일부를 〈부록 B〉에 소개했다. 여기서 말하고자 하는 요점은 내재가치를 계산할 목적으로 어떤 공식을 사용하든 간에, 미래 수십 년 심지어는 수세기 동안의 잉여현금흐름증가율과 할인율을 비교적 정확히 예상해야 한다는 것이다. 따라서 현금흐름법으로 내재가치를 계산하는 방법은 크게 두 가지이다. 첫째는 향후 수십 년, 혹은 수세기를 정확히 예싱할 수 있다는 비현실적인 가정에 입각한 수학공식을 사용하는 것이고, 둘째는 미래로 갈수록 근사오차가 커질 가능성이 있으므로 보다 현실적인 기간만 대상으로 잉여현금흐름을 예측해 표를 만들어 보는 것이다. 물론 이 두 방법 중 어느 것도 매력적이지는 않다.

〈표 3-2〉 잉여현금흐름의 증가 : 2단계 모형

(단위 : 달러)

(1) 연차	(2) 잉여현금흐름	(3) 잉여현금흐름의 현재가치	(4) 누적 잉여현금흐름 (현재가치)
1	1.12	1.02	1.02
2	1.25	1.04	2.05
3	1.40	1.06	3.11
4	1.57	1.07	4.19
5	1.76	1.09	5.28
6	1.97	1.11	6.39
7	2.21	1.13	7.53
8	2.48	1.16	8.68
9	2.77	1.18	9.86
10	3.11	1.20	11.06
11	3.20	1.12	12.18
12	3.29	1.05	13.23
…	…	…	…
25	4.84	0.45	22.10
…	…	…	…
50	10.13	0.09	27.41

* 최초 잉여현금흐름은 1.00달러, 잉여현금흐름증가율은 최초 10년 동안은 12%, 그 후는 3%로 가정. 가중평균자본비용은 10%로 가정. (1)은 현재를 기준으로 한 연차. (2)는 해당 연차의 잉여현금흐름. 처음 10년 동안은 매년 12%, 그 후는 매년 3% 증가하는 것으로 봄. (3)은 가중평균자본비용 10%를 할인율로 해서 (2)의 잉여현금흐름을 현재가치로 환산한 것. (4)는 (3)의 잉여현금흐름 현재가치의 누적분. 이 누적 잉여현금흐름이 해당 주식의 내재가치로 접근하게 된다. 25년차와 50년차의 자료는 먼 미래의 잉여현금흐름은 어떻게 되는지 보여주기 위해 포함시킨 것이다. 더 먼 미래로 이 표를 계속 만들어 나가면, 누적 잉여현금흐름은 내재가치로 수렴하게 된다.

곰 세 마리의 가치평가

지금까지 우리는 현금흐름할인법의 이론적 측면을 살펴보았다. 이제는 현금흐름할인법을 실용적인 관점에서 평가해 보자. 투자의 가장 기본적인 질문은 주어진 환경 하에서 해당 주식이 저평가되었느냐, 적절히 평가되었느냐, 아니면 고평가되었느냐 하는 것이다. 불행히도 현금흐름할인법으로는 이 질문에 제대로 답할 수 없다는 것이 밝혀졌다. 마치 골디락스가 찾아간 곰 세 마리 집에 있던 죽의 온도가 뜨겁기도 하고, 차갑기도 하며, 적당하기도 하다는 것과 같다. 요컨대 현금흐름할인법으로 내재가치를 구한 후 어떤 이는 저평가되었다고 할 수 있고, 어떤 이는 고평가되었다고 할 수 있으며, 또 어떤 이는 적정 가격이라고 할 수도 있다. 적용한 가정에 따라 현금흐름할인 공식에 적용할 예상치가 달라지고, 따라서 내재가치 계산 결과도 달라지기 때문이다.

월마트의 경우를 보자. 2단계 현금흐름할인모형을 적용해 월마트의 주가 수준을 평가하기 위해서는 먼저 현재의 잉여현금흐름을 알아야 하고, 여기에 초기 단계로 설정할 기간, 초기 단계의 현금증가율, 후기 단계의 현금증가율 그리고 할인율의 네 변수를 추산해야 한다.

우리는 앞의 〈표 3-1〉에서 월마트의 잉여현금흐름이 주당 3.63달러라는 것을 알았다. 따라서 나머지 네 변수만 추산하면 된다. 우선 초기 단계를 10년으로 하자. 2001 회계연도에서 2010 회계연도까지 월마트의 주당 순이익은 1.40달러에서 3.70달러로 증가했다. 연평균 증가율로는 11.40%이다. 이와 비슷하게 주당 매출액도 같은 기간 42.80달러에서 107.82달러로 증가했고, 연평균 증가율은 11.08%였다. 그리고 2010년 3월 기준 향후 5년간 월마트의 주당 순이익 연평균 증가율에 대한 시장의 예상치는 11.40%였다. 월마트의 주당 순이익 증가율, 주당 매출액증가율 그리고 향후 5년간 주당 순이익증가율 예상치가 11% 수준으로 비슷하기 때문에, 월마트의 잉여현금흐름증가율도 연간 11% 정도로 추정할 수 있고 또 그렇게 추정하는 것이 합리적이다.

그러나 우리가 이용한 자료는 이익과 매출액에 관한 자료이지 잉여현금흐름에 관한 자료는 아니다. 또한 우리는 잉여현금흐름의 향후 10년간 예상치가 필요하다. 이런 어려움을 고려해 우리는 좀 더 보수적인 입장을 택해 처음 10년간 잉여현금흐름증가율 예상치를 11%보다 좀 낮은 연간 10%로 할 것이다.

장기성장률, 즉 후기 단계 잉여현금흐름증가율은 3%로 하자. 모닝스타의 주식 분석 담당이사 팻 도시Pat Dorsey의 말처럼, 3%는 미국의 평균 GDP성장률에 해당하기 때문에 장기성장률로 사용하기에 대체로 적절하다. 사양산업에 속한 기업은 2%를 장기성장률로 사용할 수 있다.

이제 남은 것은 할인율을 정하는 것이다. 먼저 월마트에 대한 모든 정보를 고려했을 때, 월마트에 대한 투자수익률로는 12%가 적절하다고 판단했다고 해보자. 이것은 우리가 12% 이상의 수익률은 원하지 않는다는 의미는 아니다. 단지 12%의 수익률을 확신할 수 있으면 월마트에 투자할 수 있음을 의미한다.

이 수치들을 가지고 2단계 현금흐름할인모형을 사용해 월마트의 주당 내재가치를 계산하면 67.61달러가 된다(〈표 3-3〉 참고). 그런데 월마트의 주가는 2008년 9월 60.00달러로 고점을 친 후, 2010년 4월 약 55.00달러까지 떨어졌다. 따라서 2010년 4월 기준 월마트의 주가는 저평가된 것으로 볼 수 있다.

그런데 10%로 가정한 월마트의 향후 10년 잉여현금흐름증가율에 의심이 든다면 어떻게 해야 할까? 예를 들어 월마트가 미국에서는 이미 한계에 도달했고 성장도 기존 점포의 매출에만 의존하고 있다는 생각이 들면 어떻게 해야 할까? 또 월마트의 해외 실적이 충분하지 않다고 생각되면 어떻게 해야 할까? 그러면 초기단계의 현금증가율을 10%보다 훨씬 낮은 3%로 가정할 수도 있다. 이 경우 월마트의 주당 내재가치는 49.86달러가 되고, 따라서 월마트의 현재 주가 55.00달러는 고평가된 것으로 볼 수 있다. 반대로 여러분이 월마트의 성장을 확

〈표 3-3〉 월마트의 내재가치평가

(1) 최초의 잉여현금흐름 (달러)	(2) 초기 단계 잉여현금흐름증가율 (%)	(3) 후기 단계 잉여현금흐름증가율 (%)	(4) 할인율 (%)	(5) 내재가치 (달러)
3.63	10	3	12	67.61
3.63	11	4	9	130.73
3.63	9	2	14	48.30

* (1)은 각각의 경우 월마트가 보유하고 있는 최초의 잉여현금흐름. (2)는 초기 단계(10년으로 가정) 월마트의 잉여현금흐름증가율. (3)은 초기 단계 이후 월마트의 잉여현금흐름증가율. (4)는 할인율. (5)는 2단계 현금흐름할인모형에 따른 월마트의 주당 내재가치.

신하고 20년을 초기 단계로 설정하면 어떻게 될까? 그러면 월마트의 주당 내재가치는 89.38달러로 급등하게 된다. 잉여현금흐름증가율은 그대로 두고 초기 단계의 기간만 바꿔도 이런 결과가 나왔다. 변수의 예상치를 조금만 바꿔도 매우 고평가된 주식이 순식간에 매우 저평가된 주식이 될 수 있다.

현금증가율 예상치와 할인율까지 바꿀 수 있다는 것을 감안하면 내재가치는 훨씬 더 불확실해진다. 이런 투입변수의 수치가 조금만 바뀌어도 그 결과는 200% 이상 변할 수 있다. A와 B라고 하는 두 명의 애널리스트 혹은 두 명의 투자자가 만나 월마트를 분석한다고 해보자. 이 둘은 월마트의 일반적인 사항, 즉 국내시장에서 한계에 도달한 성장성, 해외시장이 제공하는 기회의 정도 등에는 모두 동의했다. 그러나 특정 변수에 대한 예상치는 서로 조금씩 달랐다. 예를 들어 초기 단계 잉여현금흐름증가율을 A는 11%로 B는 9%로 계산했고, 후기 단계 잉여현금흐름증가율은 각각 4%와 2%로 예상했다. 그리고 할인율의 경우, A는 9%로 B는 14%로 계산했다. 이 경우 〈표 3-3〉과 같이 A가 계산한 월마트의 내재가치는 130.73달러가 되고, B가 계산한 내재가치는 48.30달러가 된다.

투입변수를 조금만 바꿔도, 내재가치 계산 결과가 최소 48.30달러 최대 130.73달러로 크게 차이 났고, 그 편차는 무려 270%에 달했다. 여기서 초기 단계로 설정한 기간까지 바꾸면, 내재가치 계산 결과는 최소 36달러에서 최대 190달러로 훨씬 큰 차이를 보인다. 할인율과 후기 단계 현금흐름증가율은 무한 기간에 적용되기 때문에 우리는 A

와 B 중 누구의 계산이 더 정확한지 결코 알 수 없다. 이들의 분석 결과를 검증하기 위해서는 무한 기간을 기다려야 하는데, 이는 불가능한 일이다. 이렇게 분석가마다 그 결과가 크게 다를 수 있다는 것은 정박효과와 쏠림 현상 같은 행동편향이 개입됐을 가능성이 매우 높다는 것을 의미한다.

한 가지 긍정적인 점은 각기 다른 투입변수 값을 적용한 결과 내재가치 범위가 매우 광범위해지면, 모든 범위를 만족시킬 수 있는 저평가된 주가 수준이 매우 낮아질 수 있다는 것이다. 월마트의 경우, 다른 투입변수 값을 적용했을 때 나타난 내재가치 범위를 모두 만족시킬 수 있는 저평가된 주가 수준은 40달러 이하가 된다. 그러나 이런 식으로 저평가 여부를 파악한다면, 다른 지표를 가지고도 저평가 여부를 파악할 수 있다. 예를 들어 현재 월마트의 주당 순이익은 3.70달러이기 때문에, PER은 약 10.81이다. 그런데 월마트의 지난 10년 최저 PER은 12.50이었다. 따라서 PER이 10.81이라면 매우 저평가된 상태라고 할 수 있다. 이런 식으로 개별 주식의 저평가 상태를 파악할 수 있다면, 굳이 복잡한 현금흐름할인법을 사용할 필요는 없을 것이다.

사용되는 할인율의 예

일부 금융서비스 기관은 친절하게도 장기 예측에 사용하는 할인율을 공개하고 있다. S&P도 이런 기관 중 하나이다. 일단 마이크로소프트, 구글, 토로컴퍼니(미국의 기계장비 제조업체)를 사례로 살펴보자. 마이크로소프트는 소프트웨어와 관련 컴퓨터 제품을 공급하는 시가총액 2,000억 달러의 회사이고, 구글은 인터넷 검색 엔진에 주력하는 시가총액 1,350억 달러의 회사이며, 토로컴퍼니는 잔디기계 등을 주로 생산하는 시가총액 12억 달러의 회사이다. 부채 수준을 보면, 자기자본 대비 부채비율의 경우 마이크로소프트는 9%, 구글은 부채가 없고, 토로컴퍼니는 62%이다. 서로 매우 다른 회사임에도 불구하고, 2010년 3월 S&P가 발간한 주식보고서에서 이들의 가중평균자본비용은 마이크로소프트 11.1%, 구글 11.0%, 그리고 토로컴퍼니 10.6%로 가정되었다. S&P는 이런 수치를 사용해 세 기업의 내재가치를 계산했다. 요컨대 마이크로소프트, 구글, 토로컴퍼니의 무한한 미래의 내재가치를 계산하는 데 거의 동일한 할인율을 적용한 것이다.

후기 단계 잉여현금흐름증가율(장기성장률, 영구성장률) 예상치의 차이는 이보다도 적었다. S&P의 주식보고서는 이 세 회사의 영구성장률perpetuity growth rate을 똑같이 3%로 예상했다. 그런데 이 3%의 예상치가 미국의 일반적인 GDP성장률을 준거로 한 것이라고 하면, 미국의 모든 상장회사의 향후 20년 평균 성장률도 3%가 될 것이다. 그러나 이런 식으로 추산한 수치는 개별 기업의 가치를 평가하는 데는 거의 쓸모가 없다. 실제 장기성장률은 회사마다 다를 것이 분명한 데도, 이렇게 일률적으로 추산한 예상치를 모든 회사에 적용하면, 내재가치 계산 결과는 실제와 크게 다를 수 있기 때문이다. 이는 미국의 한 해 일평균 최고 온도가 섭씨 17도라는 뉴스에 입각해 뉴욕에서 입을 옷을 고르는 것과 같다. 이 뉴스가 사실이기는 하지만 실제로는 거의 쓸모없는 것이다. 일반적으로 미국의 일간 최고 온도는 지역별로 4도에서 30도까지 다양하기 때문이다.

장기성장률 3%라는 일률적인 수치를 모든 기업에 적용함에 따라 발생하는 또 다른 당혹스러운 문제는, 그것이 실상은 각 회사의 장기성장률에 대해 모르겠다고 실토하는 것과 같다는 것이다. 10년 후 단지 3%의 성장률을 예상하는 것은 그 회사의 제품과 서비스의 매력이나 경영진의 능력에 대해서는 거의 아무런 평가도 하지 않은 것이다. 적절한 시기에 보수적으로 예상하는 것은 바람직한 일이고, 이에 대해서는 9장에서 충분히 살펴볼 것이다. 실제로 현금흐름할인법에서는 장기성장률(후기 단계 잉여현금흐름증가율) 예상치로 3%를 많이 사용하고 있다. 그런데 현금흐름할인법의 가정대로 모든 기업이 실제로 3%의 장기성장률을 보인다면, 우리가 기대할 수 있는 것은 3% 수준의 장기 자본차익에 불과하다. 그렇다면 주식에 장기 투자하는 것은 별 의미 없는 일이 되고 만다.

그러나 불행히도 현금흐름할인법의 전체 구조상 3%말고는 다른 예상치를 사용하기가 어렵다. 3% 이상외 장기성장률 예상치를 사용하면 내재가치가 갑자기 두 배내지 세 배로 뛰기 때문이다. 〈표 3-3〉의 후기 단계 잉여현금흐름증가율을 6%로 바꾸면, 내재가치는 86.48달러로 뛰고, 9%로 바꾸면, 143.06달러로 급증한다. 무한을 예측해야 하다는 조건에서부터 현금흐름할인법의 근본적인 문제가 발생한다. 무한을 예측하려다 보면 여러 문제와 모순이 발생하게 마련이다.

현금흐름할인법의 장단점

앞에서 언급한 로버트 비제의 연구와 존 버 윌리엄스의 저서 이전에는 기업의 가치를 평가하는 법에 대한 체계적인 이해가 없었다. 한 주식을 그 주식의 미래 현금흐름의 현재가치로 평가하게 된 것은 투자와 투기를 분명히 구분하게 만든 획기적인 사건이었다. 그러나 그런 현금흐름할인법에도 장점과 함께 단점이 존재한다. 먼저 현금흐름할인법의 장점을 살펴보자.

　장점 1 : 구체적이고 명료하다. 현금흐름할인법의 투입변수들은 매우 구체적이며, 이 변수를 가지고 하는 계산도 매우 구체적이고 명료하다. 다양한 가정 하에 현금흐름할인법은 쉽게 프로그램화할 수 있고, 계산기나 엑셀 프로그램만으로도 충분히 계산할 수 있다.

　장점 2 : 합리적이다. 일반적인 채권에서 기대할 수 있는 현금은 일련의 배당금(이자)과 만기 시 액면가로 이루어져 있다. 따라서 그 채권의 가치는 배당금의 할인가치와 액면가의 할인가치로 계산된다. 현금흐름할인법을 사용해 한 주식의 가치를 평가하는 것은 이와 같은 일반적인 채권의 가치 계산법을 합리적으로 응용한 것이다.

　장점 3 : 계산 결과를 쉽게 해석할 수 있다. 현금흐름할인법에 따른 내재가치 계산 결과를 한 주식의 진정한 가치로 보고, 이를 시장가격과 비교하여 매수, 보유, 매도 결정을 하기가 쉽다.

장점 4 : 활용 범위가 넓다. 현금흐름할인법은 상장기업뿐 아니라 다른 여러 기업에도 적용할 수 있다. 현금흐름할인법은 신규 투자자를 찾고 있는 소규모 비상장기업의 가치를 평가할 때나, 증권거래소에 상장하려는 기업들의 투자설명서에 해당 기업의 가치를 소개하는 부분에 널리 활용된다.

장점 5 : 각 항(연차)의 잉여현금흐름 계산이 용이하다. 현금흐름할인공식의 내재가치 부분(V)을 현재가(P)로 나눈 가치비율은 해당 기업이 존속 기간 동안 기록할 모든 현금수익률cash yields의 할인가치로 볼 수 있다(가치비율 = V/P = 한 기업이 존속하는 동안 기록할 각 연차 현금수익률의 현재가치의 합 = 한 기업이 존속하는 동안 기록할 모든 현금수익률의 현재가치). 따라서 현재가와 각 연차의 현금수익률을 알면, 각 연차의 잉여현금흐름을 일일이 계산할 필요가 없다. 현재가와 각 연차의 현금수익률을 곱하면 해당 연차의 잉여현금흐름이 되기 때문이다

장점 6 : 일관된 기준을 제공한다. 현금흐름할인법으로 계산한 내재가치는 투자 대안을 비교할 수 있는 일관된 기준을 제공한다. 예를 들어 다양한 기업의 가치비율을 계산한 후, 가치비율이 높은 기업을 투자대상으로 골라낼 수 있다.

장점 7 : 배당금을 고려할 필요가 없다. 현금흐름할인법은 주요 투입변수로 잉여현금흐름을 사용하며 배당금은 전혀 고려하지 않는다. 심지어 해당 기업이 실제로 배당금을 지급하는지에 대

해서도 관심을 갖지 않는다.

장점 8 : 내재가치 평가법으로 널리 사용되고 있다. 현금흐름할인법의 가장 큰 장점은 내재가치 평가법으로 매우 널리 인정되고 있다는 것이다. 대부분의 금융 및 주식평가 교육과정에서는 현금흐름할인법을 가장 기본적인 내재가치 평가법으로 가르치고 있다. 사실 다양한 금융 문헌과 금융업계에서는 현금흐름할인법을 내재가치와 동의어로 보고 있다. 이는 현금흐름할인법으로 가치평가를 하면 대부분은 그 결과를 별 이의 없이 수용한다는 것을 의미한다.

한편 현금흐름할인법에는 10개의 주요 약점이 있는데, 대부분은 무한을 예상하는 것과 관련된 것이다. 그런데 첫 번째 약점은 절대금액으로 내재가치를 계산하는 모든 가치평가법에 공통된 문제로, 한 기업이 매우 저평가되어 있다 해도 우리는 그 기업의 주가가 언제 상승할지 혹은 과연 상승할지 알 수 없다는 것이다. 벤저민 그레이엄은 이를 "가격이 가치로 늦게 수렴될 위험"이라고 했다. 현금흐름할인법의 단점은 다음과 같다.

약점 1 : 수익은 보장할 수 없다. 현금흐름할인법의 첫 번째 약점은 그 모형이 이론적인 공식이란 것이다. 현금흐름할인공식으로 계산된 한 주식의 내재가치가 그 주식의 주가보다 높다고 해서 그 주식이 수익성 있는 투자 대상이라고 단언할 수는 없다. 예를 들어 그 주식이 현재의 주가 수준에 계속 머무를 수도 있다. 투자가치를 판단하는 현금흐름할인법의 가장 일반적인 방법은 공식적으로건 비공식적으로건 간에 'V/P'로 정의한 가치비율을 살펴보는 것이다. 여기서 V는 내재가치를 P는 현재 주가를 의미한다. 그러나 현금흐름할인공식에서 정의한 V의 개념상, 현금흐름할인법의 가치비율은 무한 기간의 각 연차의 잉여현금흐름을 가격으로 나눈 값(현금수익률)을 현재가치로 할인한 값의 합이 된다.

약점 2 : 여러 변형 모형이 존재한다. 현금흐름할인법에는 많은 변형이 존재하고, 각 변형에 따라 다른 계산 결과가 나올 수 있다. 따라서 한 변형 모형에서는 저평가된 주식이 다른 변형 모형에서는 고평가된 주식이 될 수 있다.

약점 3 : 계산 결과가 불안정하다. 모든 현금흐름할인공식은 매우 불안정하다. 투입변수 수치가 조금만 달라도 결과가 매우 달라진다. 〈표 3 3〉에서 현금흐름할인법의 불안정성을 확인할 수 있다.

약점 4 : 조작이 용이하다. 결과의 불안정성으로 초래되는 또 다른 문제는 투입변수를 조금만 바꿔도 내재가치 결과를 쉽게 조작할 수 있다는 것이다. 이때 투입변수를 바꾼 정도가 매우 작기 때문에, 투입변수를 바꾼 이유를 정당화하기가 용이하다. 그 결과 같은 주식에 대해 매우 고평가되어 있다거나 매우 저평가되어 있다는 식의 모든 의견을 정당화할 수 있는 내재가치를 구하기가 용이하다.

약점 5 : 투입변수를 검증할 수 없다. 후기 단계 잉여현금흐름증가율이나 할인율 같은 현금흐름할인 공식의 주요 투입변수의 정확성을 검증할 수 없다. 이들 변수 값은 무한한 미래를 예상한 수치이기 때문이다. 예를 들어 내가 월마트의 장기성장률(후기 단계 잉여현금흐름증가율)을 4%로 예측하고 독자들은 3%로 예측했다면, 우리 중 누가 더 정확한지는 결코 확인할 수 없다. 100년을 기다린 후 예상치와 실제 결과를 비교한다 해도 그 후 여전히 무한 기간이 남아 있기 때문에 다시 그 무한 기간을 기다렸다 예상치와 실제 결과를 비교하는 것은 불가능하다. 따라서 우리는 그 예상치가 옳은지 결코 검증할 수 없다.[5] 더욱이 위에서 본 것처럼, 몇 퍼센트의 차이만으로도 결과가 엄청나게 달라진다.

계산 결과의 불안정성과 투입변수의 검증 불가능성의 문제를 피하기 위해, 일부 분석가들은 2단계 모형을 사용하되 초기 단계를 10년으로 하고 분석 기간을 초기 단계로만 제한해 내재가치를 계산하자고 주장했다. 분석에서 후기 단계를 생략하자는 것이다. 그러면 10년 후면 모든 투입변수의 정확성을 검증할

---

5) 칼 포퍼(Karl Popper)는 그의 역작 『과학적 발견의 논리(The Logic of Scientific Discovery)』에서 한 명제가 과학적이 되려면 그 명제는 반증 가능해야 한다고 주장했다. 포퍼에 의하면, 무한한 미래에 대한 예상치는 논박이나 반증이 불가능하기 때문에 비과학적이다. 따라서 현금흐름할인모형은 무한한 미래에 대한 할인율과 성장률 예상치에 기초하고 있기 때문에 과학적이지 않다.

수는 있다. 그러나 〈표 3-2〉에서 볼 수 있듯이, 후기 단계의 실적이 내재가치에 미치는 영향이 초기 단계보다 훨씬 큰 경우가 있기 때문에 이 모형도 만족스럽지는 않다. 초기 단계의 성장이 상대적으로 저조한 신생기업의 경우에는 특히 그렇다. 따라서 후기 단계를 생략하고 초기 단계만 분석할 경우, 내재가치의 90% 이상을 놓칠 수도 있다.

약점 6 : 정박효과에 취약하다. 정박효과란 이미 획득한 혹은 이미 알고 있는 정보나 수치에만 초점을 맞추는 경향을 말한다. 모든 추산치와 예상치는 이미 알려진 수치에 입각해 제시되기 때문에 정박효과에 취약하다. 그러나 대부분의 경우 어떤 예상치나 추산치든 그 실제 결과는 훨씬 후에야 확인될 수 있다. 한 회계연도에 대한 이익 예상치는 그 회계연도가 끝나야 정확성을 확인할 수 있고, 한 주식의 12개월 주가 예상치는 12개월 후에야 정확성을 확인할 수 있다. 이와 같은 예상치는 결국 옳고 그름이 조만간 검증되고, 따라서 이런 예상을 할 때는 제멋대로 하는 것이 아니라 일정한 통제가 가해진다고 보는 게 합리적이다. 그러나 현금흐름할인법의 할인율과 장기성장률 같은 투입변수는 검증이 불가능하기 때문에 이런 통제를 할 수 없다.

S&P가 마이크로소프트, 구글, 토로컴퍼니에 적용한 할인율과 장기성장률을 생각해 보자. 이들은 전혀 다른 기업임에도 불구하고, 할인율이 10.6%에서 11.1% 사이로 거의 차이가 없었다. 더욱 놀라운 사실은 이들 세 기업의 장기성장률 예상치가 3%

로 모두 같았다는 것이다.

S&P나 다른 금융기관이 이런 예상을 할 때 과연 어떤 생각을 가지고 했는지는 알 수 없다. 그러나 모종의 정박효과가 중요한 역할을 했다는 것은 분명하다. 과거의 예상치는 내재가치 계산에 사용할 수 있는 합리적인 수치로 간주된다. 따라서 새로운 예상치는 개별 회사에 거의 관계없이 이런 과거의 예상치에 기초해 제시된다. 그런데 20년 전에 개별 기업에 제시된 장기 예상치를 확인하고, 이를 실제 결과와 비교한 연구를 나는 전혀 본 적이 없다. 그러나 20년 전 마이크로소프트와 토로컴퍼니의 장기성장률 예상치가 현재의 표준 예상치인 3%로 제시되었다면, 지금까지의 결과로 보건대 20년 전의 예상치는 완전히 틀린 것이 된다(구글은 2004년에 상장되었기 때문에 이 설명에서 제외했다). 잉여현금흐름증가율의 대용지표로 이익증가율을 볼 때, 지난 10년 마이크로소프트는 연평균 11% 성장했고 토로컴퍼니는 연평균 15% 성장했다.[6] 더욱이 많은 애널리스트들은 지금부터 향후 5년간 이 세 기업의 성장률 예상치를 3%로 보는 것도 합리적이지 않다고 보고 있다. 이 기간 이들의 합의된 성장률 예상치는 마이크로소프트 11.4%, 토로컴퍼니 15.0%, 구

---

6) 기업들간의 다양성을 보다 많이 반영하는 보다 합리적인 장기성장률 예상치를 적용하는 한 방법은 3단계 현금흐름할인모형이다. 3단계 모형에서 일반적인 예상치는 처음 10년의 초기 단계에 적용되고, 표준적인 예상치는 20년 후인 후기 단계에 적용된다. 10년 후와 20년 사이의 중간 단계에는 처음에는 초기 단계의 성장률이 나중에는 후기 단계의 성장률이 사용된다.

글 26.6%로 3%보다 훨씬 높기 때문이다.

약점 7 : 무한급수의 합을 구해야 하는 문제. 앞서 살펴본 바와 같이, 현금흐름할인공식은 무한급수이다. 따라서 내재가치를 구하기 위해 무한한 투입변수 값이 필요한데, 이들 투입변수 값을 한 번에 하나씩 구할 수는 없기 때문에 규칙을 적용해 구해야 한다. 이는 투입변수 값을 구하는 데 한계가 있음을 의미한다. 두 번째 한계는 무한급수의 합을 구하는 것은 수학으로만 가능하다는 것이다. 그런데 대부분의 무한급수의 합을 계산하는 공식은 없다. 세 번째 한계는 후기 단계의 잉여현금흐름증가율이 할인율보다 작아야 한다는 것이다. 그렇지 않으면 내재가치는 무한해진다. 이는 내재가치가 무한정 높다고 하는 것이기 때문에 좋은 것처럼 보인다. 그러나 내재가치가 무한이 되면 가치비율도 무한이 되기 때문에 회사들을 비교, 분석할 수 없게 된다. 컴퓨터 프로그램이나 복잡한 스프레드시트를 사용하는 것 같은 다단계 계산에서는 무한한 합을 갖는 급수가 존재할 가능성이 인정되어야 한다. 그렇지 않으면 그 계산은 가짜 결과를 낼 수 있다.

약점 8 : 허위 객관성false objectivity의 문제. 현금흐름할인법은 대부분의 사람이 처음 들어보는 '내재가치' 같은 전문용어를 사용하고 있고 무한급수의 합을 계산하는 대학 수준의 수학을 사용하고 있기 때문에 사뭇 객관적인 것처럼 보인다. 그러나 계산의 불안정성과 핵심 투입변수의 검증 불가능성 때문에 현금흐름할인법은 사실 매우 주관적인 모형이다.

약점 9 : 제한된 연구의 문제. 널리 사용되고 있으며, 그에 관한 많은 문헌이 존재하고, 대학의 투자와 금융 교육과정에 거의 필수적으로 포함되어 있음에도 불구하고, 현금흐름할인법에 대한 학술연구는 실제로 매우 제한되어 있다. 현금흐름할인법을 사용해 계산하는 내재가치가 투입변수에 따라 매우 달라지며, 엄격한 방법론에 입각한 연구가 어렵기 때문이다. 민간 부문에서는 다양한 분석회사들이 비공식적인 연구를 수행하고 있지만, 대중에 공개되는 것은 거의 없다. 그러나 모닝스타는 고맙게도 그 연구 결과를 공개하고 있다.

모닝스타 연구 방법의 핵심은 "주식의 적정가치에 대한 애널리스트의 추산치를 반영한 매우 상세한 현금흐름할인법"을 사용해 주식의 내재가치를 계산하는 것이다. 그런 다음 이 주식들에 일정한 순위를 매긴다. 가장 저평가된 기업에는 별 다섯 개를, 그 다음 저평가된 기업에는 별 네 개를, 가장 고평가된 기업에는 별 한 개를 주는 식이다. 그리고 이런 순위에 입각해 구성한 다양한 포트폴리오의 실적을 주요 시장지수와 비교한다. 예를 들어 별 다섯 개 등급을 받은 가장 저평가된 주식들로만 하나의 포트폴리오를 구성한 후, 각각의 주식의 등급이 모닝스타의 현금흐름할인법으로 계산한 적정가치를 회복하는 수준이 될 때까지 보유한다. 이때 포트폴리오에 있는 주식 모두에 동일한 가중치를 부여하는데, 이는 주식을 살 때 주당 동일한 금액을 투입했음을 의미한다.

2001년 8월 운용을 개시한 후 2009년 7월 말까지, 이 포트폴리오는 연평균 4.07%의 수익률을 기록했다. 이는 동일한 가중치의 S&P 500 종목으로 구성된 포트폴리오가 기록한 2.82%의 수익률보다 높은 실적이었다. 그러나 모닝스타가 등급을 부여한 모든 주식으로 구성된 동일한 가중치의 포트폴리오와 비교하면, 그 결과는 썩 좋지 않았다. 이 모든 등급 주식 포트폴리오의 연평균 수익률은 5.86%로 별 다섯 개 등급 주식 포트폴리오보다 수익률이 더 높았다.[7]

약점 10 : 혼란한 목적의 문제. 현금흐름할인법에는 두 가지 완전히 다른 목적이 있다. 이론가들과 투자자들은 주식시장에서 실제로 수익을 낼 수 있는 실용적인 도구를 원한다. 그러나 불행히도 이들의 목적은 상호배타적이다. 이론적인 시각에서 보면 무한을 예측하는 것이 가능하고, 그 결과의 불안정성에 대해서도 걱정할 필요가 없다. 그러나 투자자 입장에서는 그럴 수 없다. 투자자들은 실용적이면서도 합리적인 기간의 미래만 예측하기를 원하고, 그 계산 결과도 안정적이기를 원한다. 그런데 향후 10년의 미래를 제대로 예측하는 것도 힘들지만, 〈표 3-

---

7) 2010년 1월 기준, 모닝스타 포트폴리오의 연평균 수익률은 6.0%로 동일한 가중치의 S&P 500 포트폴리오의 4.8%보다 높았다. 따라서 모닝스타 포트폴리오와 벤치마크지수 포트폴리오 간의 수익률 차이는 연간 약 1.2%를 유지했다. 모닝스타의 모든 등급 주식 포트폴리오의 수익률은 공개되지 않았다.

2)에서 본 것처럼, 그보다 더 먼 25년의 미래를 예측하라고 하면 내재가치 계산 결과가 매우 다르게 나올 수 있어 별 도움이 되지 않는다.

많은 학자와 시장평론가들은 워런 버핏이 현금흐름할인법을 사용한다고 주장한다. 그러나 이는 사실이 아니다. 예를 들어 엘리스 슈뢰더Alice Schroeder는 워런 버핏의 전기 『스노볼 : 워런 버핏과 인생 경영 The Snowball : Warren Buffett and the Business of Life』을 쓰는 도중에 버핏에 대한 직접 인터뷰는 물론 그의 서재와 글을 마음껏 이용할 수 있었다. 2008년 11월 6일 버지니아대학교 다든 경영대학원Darden School of Business에서 열린 '가치투자 컨퍼런스'에서, 슈뢰더는 "(워런 버핏은) 어떤 식의 현금흐름할인법이나 그와 비슷한 것은 전혀 사용하지 않는다"고 했다. 버핏의 친구이자 동업자인 찰리 멍거도 1997년 버크셔 해서웨이 주주총회에서 버핏이 현금흐름할인법을 사용하는 것을 전혀 본적이 없다고 말하면서 슈뢰더의 주장을 뒷받침했다.

간단 정리

1. 현금흐름할인법은 주식의 내재가치를 계산하는 방법으로 널리 사용된다. 현금흐름할인법의 기본 개념은 내재가치란 한 기업이 존속 기간(사업 기간) 동안 창출할 잉여현금을 현재가치로 할인한 가치이다.

2. 그러나 현금흐름할인법은 잉여현금흐름의 증가 유형에 대한 다양한 가정 때문에 계산 결과에 많은 차이가 발생한다.

3. 금융계에서 가장 많이 사용되고 있으며 금융 교육과정에서도 가장 많이 가르치는 모형이기는 하지만, 특히 결과의 불안정성과 영구적인 미래를 예상해야 한다는 문제 때문에 현금흐름할인법을 사용할 때는 매우 각별한 주의가 필요하다.

암소는 우유, 암탉은 달걀,
그리고 주식에는 …… 제기랄, 그 놈의 배당금이 있다.

— 존 버 윌리엄스

배당금은 회사의 미래에 대한 회사 경영진의 기대치를
주주에게 보여주는 하나의 신호이다.
또 기업은 일정한 유형의 주주들을 유인하기 위해
배당금을 지급하기도 한다.

— 크리쉬나 팔레푸, 폴 힐리, 빅터 버나드

CHAPTER

록펠러의 기쁨 : 배당할인모형

배당금을 받는 것은 사뭇 신나는 일이다. 존 록펠러는 "나를 기쁘게 하는 유일한 일이 뭔지 아는가? 바로 배당금을 받는 것이다"라고 한 바 있다. 배당금은 주가보다 확실하면서 주가보다 변동성이 적기 때문에, 일부 투자자들과 투자 조언자들은 갈수록 많은 배당금을 꾸준히 지급하는 주식에 초점을 맞추는 투자 전략을 추구하기도 한다. 그러나 이런 장점 외에도, 배당금에는 주식의 내재가치를 계산할 때 유용하게 사용할 수 있다는 장점도 있다. 기본적인 개념은 3장에서 살펴본 현금흐름할인법과 같다. 한 가지 차이가 있다면 현금흐름이 아니라 배당금을 계산에 사용한다는 것이다. 여기서 한 기업의 내재가치는 그 기업이 존속 기간 동안 지급할 미래의 모든 배당금의 현재가치가 된다. 이런 방법을 배당할인모형 dividend discount method 이라고 한다.

배당할인모형의 한 가지 장점은 이익 중 배당금으로 지급되는 비율을 나타내는 배당성향을 통해 배당금의 규모와 증가율을 간접적으로 파악할 수 있다는 것이다. 그리고 배당금으로 지급된 이익은 12장에서 소개할 ROE와 순수잉여금 관계clean surplus relationship를 통해 파악할 수 있는데, 이렇게 ROE를 사용해 내재가치를 파악하는 것이 배당할인모형의 한 변형이다. 두 번째 변형 모형은 잔여이익을 사용하는 것인데, 잔여이익이란 이익에서 자기자본비용cost of equity을 차감하고 남은 이익을 말한다. 여기서 해당 기업의 존속 기간 동안에 발생한 잔여이익의 현재가치가 어떻게 되느냐에 따라 내재가치는 장부가(자기자본) 이상이 되거나 이하가 된다. 이 방법은 경영진이 회사의 장부가를 증가시켰는지 혹은 감소시켰는지 살펴봄으로써 경영진의 성과를 평가하는 데 유용하다. 배당할인모형의 세 번째 변형은 초과이익abnormal earnings의 할인가치에 기초한 모형이다. 이 모형은 벤저민 그레이엄이 만든 공식의 연장으로 볼 수 있기 때문에, 8장에서 그레이엄의 공식들을 검토할 때 따로 살펴보도록 하겠다.

배당금, 배당수익률, 배당성향

배당금을 이해하는 데 도움이 되는 비율이 두 가지 있다. 하나는 배당수익률이고, 또 하나는 배당성향이다. 배당수익률은 12개월 동안 지급된 배당금 총액을 12개월 말의 주가로 나눈 비율이다. 배당수익률은 자본차익은 고려하지 않고 배당금의 견지에서 매수가의 수익률을 나타내는 지표이다. 배당성향은 배당금을 당기순이익으로 나눈 비율이다. 배당성향이 0%라는 것은 배당금을 전혀 지급하지 않았다는 뜻이며, 배당성향이 100%라는 것은 그 회사가 벌어들인 이익을 모두 배당금으로 지급하고 있다는 뜻이다. 배당성향이 100%를 넘는 경우도 있는데, 이는 회사의 이익이 감소했지만 이전 수준의 배당금을 계속 지급하는 경우로 회사 경영진이 회사의 미래에 확신을 가지고 있다는 신호이다.

배당금은 회사 이익으로 지급된다. 미국을 포함한 대부분의 국가에서 배당금은 보통 세후이익으로 지급되지만, 배당금 수령자는 지급받은 배당금에 대해 다시 세금을 내야 한다. 이를 배당금의 이중과세라고 한다. 그러나 이와는 다른 제도를 운영하는 나라도 있다. 호주에서는 투자자들에게 지급된 배당금에 대해서는 세금이 공제된다. 이를 이중과세배제tax imputation라고 한다.

이런 이유로 호주 투자자들은 세금공제 혜택을 누리기 위해 많은 배당금을 주는 회사를 선호하는 경향이 있다. 이런 사실을 잘 알고 있는 호주 기업들은 다른 나라 기업보다 높은 수준의 배당금을 주는 것이 보통이다. 예를 들어 2008년 미국의 S&P 500지수에 포함된 모든 기업의 평균 배당수익률은 1.99%이고 평균 배당성향은 24.31%였지만, 이중과세가 없는 호주의 경우 S&P-ASX 200지수에 포함된 기업의 평균 배당수익률은 5.14%, 평균 배당성향은 42.24%로 상당히 높았다. 그러나 추가 분석 없이 단순히 배당수익률이 높다는 이유로 투자대상을 고르는 것은 합리적인 전략이 아니다. 투자자들은 주가 상승으로 꽤 높은 자본차익을 올릴 수 있는 기업은 무시하고, 회사 내용은 그저 그렇지만 배당수익률이 높은 기업에 투자하는 경우가 많다. 그 결과 높은 배당수익률이 매우 열악한 혹은 전무한 자본차익으로 상쇄될 뿐만 아니라, 주가 하락에 따른 자본손실이 배당수익보다 커 손실을 보는 경우도 있다.

이미 말한 것처럼 배당금은 이익으로 지급한다. 기업은 자신이 창출한 이익으로 세 가지 행동을 할 수 있다. 유기적으로(자체 사업 확대) 혹은 비유기적으로(M&A) 사업을 확장하는 데 이익의 일부 또는 전부를 사용하거나, 자사주를 매입하거나, 배당금으로 지급할 수 있다. 기업이 ROE의 견지에서 이익을 수익성 있게 사용할 기회가 있다면, 배당금을 적게 지급하거나 지급하지 않는 것이 현명한 선택이 될 수 있다. 반대로 기업이 그런 기회를 찾지 못했다면, 이익을 배당금으로 지급하는 것이 더 나을 수도 있다. (여기서 말한 이 세 가지 옵션은 해당 기업이 영위하는 핵심 사업과 관련된 것이다. 만약 이 기업이 기존의 핵심 사업 말고 다른 사업을 원한다면, 이익을 가지고 투자 포트폴리오를 운용할 수도 있다. 2장에서 소개한 버크서 해서웨이가 바로 이런 경우이다. 워런 버핏은 버크서 해서웨이의 돈을 다른 기업에 투자해서 결국에는 버크서 해서웨이를 섬유회사에서 투자회사로 바꿔버렸다.)

양질의 투자 대상을 찾는 투자자의 입장에서 볼 때, 기업이 이익을 사용하는 것과 관련해 세 가지를 주의해야 한다. 첫째, 이익을 열악한 사업에 투자하는 기업을 주의해야 한다. 보통 자신의 능력을 과신하는 경영진이 이런 실수를 한다. 기존의 핵심 사업에서 성공한 경영진이 다른 사업을 인수해 그 사업도 성공시킬 수 있다고 믿을 경우 이런 일이 벌어질 수 있다. 기업제국을 건설하려는 경영진, 특히 CEO의 욕

망 때문에 열악한 사업에 투자하는 경우도 있다. 회사의 연차보고서에 회사가 기존의 핵심 사업에 전념하기 위해 어떤 투자자산을 매각했다는 구절이 있는지 찾아볼 필요가 있다. 이런 문장이 계속 발견되면, 과거에 경영진의 오만이 있었고 그 결과 현명하지 못한 자산 매입(열악한 사업 인수)이 있었음을 뜻한다. 만약 경영진이 과거의 자산 매입이 실수였다는 것을 솔직히 인정하지 않으면, 그런 실수는 또 재발할 수 있다.

둘째, 다른 곳에 투자해 더 많은 수익을 올릴 분명한 기회가 있음에도 불구하고 계속해서 많은 배당금을 지급하는 기업도 주의해야 한다. 이것은 그 기업의 ROE로 판단할 수 있다.

셋째, 이익 수준과 관계없이 매년 일정한 배당금을 지급하거나 배당금을 올리는 기업도 주의해야 한다. 이런 기업의 경우, 이익이 하락하기 시작하면 배당성향이 높아져 100%를 넘을 수도 있다. 더 나쁜 것은 이익이 하락해도 일정 수준 이상의 배당금을 지급하기 위해 차입을 늘릴 수도 있다는 것이다.

배당할인모형

3장에서 살펴본 것처럼, 현금흐름할인법으로 계산한 내재가치는 한 기업이 존속 기간 동안 창출하는 모든 잉여현금흐름을 현재가치로 할인한 것이다. 이와 마찬가지로 배당금할인모형의 내재가치는 "한 기업이 존속 기간 동안 지급하는 모든 배당금을 현재가치로 할인한 것"이다. 배당금을 할인하는 것이기 때문에 배당할인모형이라고 한다. 공식적인 학술문헌에서는 배당할인모형을 '예상되는 배당금의 현재가치present value of expected dividends' 즉 'PVED모형'이라고도 한다.

배당할인모형의 공식을 살펴보기 위해 먼저 d_1, d_2, d_3…… 등이 1년차, 2년차, 3년차에 해당하는 한 기업의 배당금 예상치라고 해보자. 이런 배당금은 위험과 인플레이션을 고려해 현재가치로 할인될 필요가 있다. 따라서 여기서 할인율을 r이라고 하자. 그러면 1년차 배당금 d_1을 r로 할인한 것이 d_1의 현재가치가 된다. d_2, d_3 등도 r로 할인하면 각각 해당 연차 배당금의 현재가치가 된다. 이런 각 무한연차의 배당금의 현재가치를 더한 것이 해당 주식의 현재가치 혹은 내재가치(V)이다. 이를 공식으로 나타내면 다음과 같다.

$$V = d_1/(1+r) + d_2/(1+r)^2 + d_3/(1+r)^3 + \cdots$$

이 공식이 배당할인모형의 기본 공식이다. 존 버 윌리엄스는 1938년 그의 저서 『투자가치 이론』에서 처음 이 공식을 소개했다. 이 책에서 그는 "한 주식의 투자가치를 그 주식에 지급되는 모든 배당금의 현재가치"로 정의했다. 그리고 윌리엄스는 배당금의 현재가치를 매우

> ◐ **내재가치의 배당할인 계산법**
>
> 배당할인모형에서 말하는 내재가치란 한 기업이 존속 기간 동안 지급할 모든 예상 배당금을 현재가치로 할인한 가치이다.

상세히 분석하면서, 예상 배당금을 통해 주식의 가치를 평가하는 법을 보급했다.

기업은 결국 배당금을 지급해야 한다

배당할인모형과 관련해 고려해야 할 첫 번째 문제는 기업이 지금까지 배당금을 지급한 적이 없고 가까운 장래에도 지급할 것 같지 않을 때는 어떻게 할 것이냐는 것이다. 이에 관한 가장 분명한 사례는 버크셔 해서웨이(버크셔)이다. 버크셔는 지난 20년간 전혀 배당금을 지급하지 않았다. 더욱이 버크셔의 회장 겸 CEO인 워런 버핏이 쓴 모든 문헌에 따르면, 최소한 그가 회장으로 있는 한 버크셔는 전혀 배당금을 지급할 것 같지도 않다. 이런 회사에 배당할인모형을 적용할 수 있을까? 위에서 설명한 배당할인모형을 기계적으로 적용하면, 배당금을 전혀 지급하지 않는 버크셔의 내재가치는 0으로 나올 것이다. 이런 결과는 매우 모순적으로 보인다. 버크셔의 주가가 내재가치 0달러와는 아주 거리가 먼 주당 15만 달러를 넘을 때도 많기 때문이다. 그러나 우리가 '더 큰 바보이론greater fool theory'을 분석에 사용하면, 이런 모순은 사라진다.

주식시장의 더 큰 바보이론이란 어떤 가격에 주식을 살 때마다 그보다 비싼 가격에 다시 그 주식을 살 사람, 이른바 더 큰 바보가 있다는 이론이다. 이런 주장에는 실제로 수익을 낼 수 있을 가격에 해당 주식을 매수할 수 있으며, 그렇게 주식을 매수한 후 적절한 시간 내에 재매각할 수 있다는 가정이 함축되어 있다. 이런 이론을 받아들인다면, 우리는 주식과 가치 분석에 신경 쓸 필요가 없다. 이 이론에 따르면, 시장에는 항상 더 큰 바보가 존재하기 때문에 굳이 분석을 하지 않아도 언제나 수익을 낼 수 있기 때문이다. 그러나 알다시피 주식시장에 거품이 발생하는 원인 중 하나가 바로 이 더 큰 바보이론에 있다. 상당히 부풀려진 가격에도 불구하고 많은 사람들이 그보다 훨씬 높은 가격에 주식을 살 사람(더 큰 바보)이 있다고 믿고 계속 주식을 산다. 그러나 우리는 이런 더 큰 바보이론을 단호히 거부한다.

배당금 문제로 돌아와서, 모든 사람이 어떤 기업이 절대 배당금을 지급하지 않을 것이라고 믿는다고 해보자. 투자자가 이런 주식을 살 때는 미래의 어떤 시점에 이 주식을 다른 사람에게 팔겠다는 계획이 있는 것이 분명하다. 그것만이 이 주식을 매수해서 수익을 낼 수 있는 유일한 방법이기 때문이다.[1] (자손에게 주식을 물려주는 것도 계획일 수도 있다. 이 경우, 우리는 한 개인이 아니라 그 가족을 하나의 투자자로 볼 수 있다.) 두 번째 투자자도 같은 목적으로 첫 번째 투자자로부터 주식을 매수하고, 그 다음 투자자도 마찬가지이다.

따라서 현재나 미래에 배당금을 지급하지 않는 주식도 자본차익을 목적으로 매수가 이루어질 수 있다. 요컨대 보다 높은 가격에 주식을 매도할 기회는 항상 존재한다. 그러나 지금 우리는 더 큰 바보이론에 사로잡혀 있다. 배당금을 지급하지 않는 주식을 매수하는 사람 중에

---

1) 다른 자산을 매수할 때도 반드시 이런 수익을 노리고 매수하는 것은 아니다. 예를 들어 미술품 수집가는 수익을 낼 목적이 아니라 감상을 목적으로 미술품을 매수할 수도 있다.

그 주식을 보유해서 직접적인 보상을 받을 것이라고 믿는 사람은 아무도 없다. 다만 이들은 더 큰 바보에게 주식을 넘겨 수익을 낼 생각으로 주식을 매수하고 있다. 그러나 이런 일은 지속될 수 없다.

결국 한 주식의 가치는 회사의 청산이나 매각이 이루어질 때 단 한 차례뿐이라 해도 결국에는 배당금이 지급된다는 믿음에 기초해 형성된다. 물론 이익도 중요하다. 그러나 존 버 윌리엄스는 이익보다 배당금이 중요하다고 했다. 그는 "이익은 목적을 위한 수단에 불과하다. 그리고 수단을 목적과 혼동해서는 안 된다. 따라서 우리는 주식의 가치란 이익이 아니라 배당금에서 나온다고 해야 한다. 요컨대 한 주식은 '그 주식으로부터 얻어낼 수 있는 것만큼'의 가치만 가진다"라고 말했다.

이는 현재 그 주식이 배당금을 지급하지 않고 있다 해도, 원칙적으로 그 주식의 가치를 평가하는 데 배당할인모형을 사용할 수 있다는 것을 의미한다. 따라서 우리는 일정 시간이 지난 후에는 배당금이 지급될 것이라거나 회사 청산 시 단 한 차례라도 어쨌든 배당금이 지급될 것이라는 예상을 배당할인공식에 포함시켜야 한다.

콜버그 크라비스 로버츠Kohlberg Kravis Roberts & Co., KKR 같은 사모펀드

● **궁극적인 배당금의 지급**

결국 한 주식의 가치는 회사의 청산이나 매각이 이루어질 때 단 한 차례뿐이라 해도 결국에는 배당금이 지급된다는 믿음에 기초해 형성된다.

는 회사의 청산이나 매각으로 단 한 차례 배당을 받는다는 전제 하에 회사들을 평가하는 경우가 많다. KKR이나 다른 사모펀드들은 회사를 인수해 저수익 부분을 매각한 후 남은 부분은 매각 혹은 상장하는 식으로 신속하게 구조조정할 생각으로 회사를 인수한다. 사모펀드의 시각에서 한 기업의 가치는 결국에는 받게 될 것이라고 믿는 단 한 차례의 최종적인 돈(혹은 몇 차례 연속해서 받을 돈, 회사 매각대금 등)에 기초해 평가된다.

잉여현금흐름과 배당금

사업이 원활하게 진행되면, 잉여현금흐름(혹은 이익)이 안정적으로 증가하고 배당성향도 일정하게 유지될 가능성이 높다. 그러나 어려운 시기에는 배당금에 대한 경영진의 결정이 회사마다 다를 수 있다. 가령 이익이 줄어도 회사는 주주에 대한 의무를 다한다는 것을 보여주기 위해 혹은 회사의 미래를 확신하고 있다는 증거로 기존의 배당금 수준을 유지할 수 있다. 반대로 회사의 자본금을 보존하기 위해 배당금을 줄이거나 지급하지 않을 수도 있다.

신규 회사들은 다른 선택을 할 수도 있다. 신규 회사들은 배당금을 지급하지 않을 뿐만 아니라, 가까운 미래에 배당금을 지급할 의사가 전혀 없다는 배당 정책을 택할 수도 있다. 이는 창출한 현금을 회사 성장에 사용하기 위해서이다. 그럼에도 불구하고 투자자들은 이런 회사의 주식을 산다. 이런 회사가 창출한 현금이 궁극적으로는 보다 많은 배당금으로 돌아올 것이라고 믿기 때문이다.

배당금 수준에 대한 불확실성에도 불구하고 우리가 앞에서 본 것처럼 기업의 가치를 결정하는 것은 결국 주주에 대한 배당금이다. 이는 아무리 많은 잉여현금흐름을 창출한다 해도 결국 그 회사의 가치를 결정하는 것은 배당금 형태로 주주에게 제공되는 미래의 보상이라는 것을 의미한다.

그렇다 해도 대부분의 회사에서 배당금이 잉여현금흐름보다 적다는 문제가 있다. 예를 들어 기업의 주당 현금흐름은 주당 순이익과 대체로 비슷하다. 그런데 평균적으로 기업이 지급하는 배당금은 이익의 약 1/4 수준이다. 그렇다면 현금흐름할인법으로 계산한 내재가치는 배당할인모형으로 계산한 내재가치의 4배가 된다. 이것을 어떻게 해석해야 할까?

이에 대한 가장 기본적인 대답은 해당 기업의 M&A 가능성에 달려 있다. 그 회사가 타인에게 완전히 인수될 경우 회사의 새 주인에 따라 배당 정책이 달라질 수 있기 때문이다. 요컨대 회사의 새 주인이 자신에게 가장 유리한 배당 정책을 택할 수 있다. 이 경우는 현금흐름할인법으로 내재가치를 평가하는 것이 더 낫다. 그러나 그런 M&A 가능성이 전혀 없거나 낮으면, 배당할인모형을 사용하는 것이 더 적절하다. 이에 대해 다모다란은 다음과 같이 말했다.

> 이 두 내재가치 중 주가 수준을 평가하는 데 어떤 것이 더 적절한지는 기업 지배권에 관한 정보가 시장에 알려진 정도에 따라 달라진다. 해당 기업이 타인에 인수되거나 기업 경영진이 교체될 가

능성이 크면, 시장가는 그 가능성을 반영할 것이고 그러면 현금흐름할인법에 따른 내재가치를 사용하는 것이 적절하다. 기업지배구조의 변화가 기업 인수에 대한 법적 혹은 시장 규제나 기업 규모 때문에 힘들면, 배당할인모형에 따른 내재가치가 주가를 평가하는 데 더 적절하다.

배당금 증가가 없는 고정배당금을 지급하는 경우

일부 기업은 매년 동일한 혹은 그와 비슷한 고정배당금constant dividends을 지급하기도 한다. 이 경우, 배당할인모형에 따른 내재가치는 배당금을 할인율로 나눈 값이 된다. 예를 들어 배당금이 2달러이고 할인율이 12%라면, 내재가치는 '2 / 0.12 = 16.67달러'가 된다. 기본적인 배당할인공식에서 내재가치(V)는 다음과 같기 때문이다.

$$V = d/(1+r) + d/(1+r)^2 + d/(1+r)^3 + \cdots\cdots = d/r$$

d : 주당 배당금,

r : 할인율(내재가치가 결국 'd/r'이 되는 자세한 이유는 〈부록 B〉 참고)

많은 기업이 배당금 증가가 거의 없는 고정배당금을 지급하는데, 이는 모든 이익을 배당금으로 지급하기 때문이다. 이렇게 하면 성장에 투자할 이익잉여금이 없고 따라서 이익과 배당금 증가도 없다. 이 경우, 내재가치는 'e / r'로도 볼 수 있다. 주당 순이익과 주당 배당금이 같기 때문이다. 여기에서 재미있는 것은 'e / r'이 8장에서 살펴볼 추가이익성장모형abnormal earnings growth model 공식의 첫 항에 해당한다는 것이다.

상대적으로 고정된 배당금을 지급하는 기업은 대체로 마스터합자회사master limited partnership, MLPs들이다. 마스터합자회사란 법인세를 납부하지 않기 때문에 부동산신탁회사와 비슷하며, 이들의 주식은 일반 주식처럼 증권거래소에서 거래된다. 마스터합자회사의 무한책임 파트너general partner는 합자회사 운영을 책임지고, 개인투자자들은 유닛신탁투자자unit holder라고 불리는 유한책임 파트너limited partner가 된다. (여기서 유닛은 구좌와 같은 투자 단위를 의미한다.) 마스터합자회사의 수입은 개인투자자인 유닛신탁투자자들에게 이전되며, 이들은 이 수입에 대해 (법인세가 아니라 개인소득세로) 세금을 낸다. 감가상각 등의 비용도 유닛신탁투자자들이 부담한다.

석유화학제품의 수송 및 저장사업을 하는 마스터합자회사 버크아이파트너스Buckeye Partners의 경우를 보자. 이 회사의 전신은 스탠더드오일Standard Oil Company의 계열사로 1886년 설립된 버크아이파이프라인Buckeye Pipe Line Company이었으며, 1911년 스탠더드오일이 해체된 후 계열 독립해 증권거래소에 상장되었다. 다음은 버크아이가 자신의 배당 정책을 소개한 내용이다.

우리는 분기마다 가용한 현금 거의 전액을 배당금으로 지급한다. 가용한 현금이란 연결현금유입액consolidated cash receipts에서 운전자본, 예상 현금 지출액, 회사가 적절하다고 판단한 예비비 등의

【 주의!! 】 배당금에만 의존하지 말라.

이번 장에서 배당의 중요성을 말하고 있기는 하지만, 높은 배당금을 지급한다는 이유로 자본차익 가능성 같은 다른 요인들을 검토하지 않고 주식을 매수하는 것은 위험할 수 있다. 일반적으로 배당수익은 주식시장에서 획득할 수 있는 자본차익보다 훨씬 낮기 때문이다.

회사 보유 현금과 연결현금지출액consolidated cash expenditures을 빼고 남은 현금을 말한다. 우리가 유닛신탁투자자들에게 지급하는 현금 배당금은 그 총액이 유닛신탁투자자들이 보유한 유닛의 과세 기준 금액을 초과하는 부분만 과세 대상이 된다.

〈표 4-1〉은 지난 6년간 버크아이파트너스의 유닛당 연간 이익과 배당금을 나타낸 것이다. 2009년의 경우 실제 이익은 유닛당 1.84달러였다. 그러나 이 금액은 상당한 비현금성 및 특별항목을 계산에 넣어 차감한 후의 금액이다. 이런 항목을 그대로 둘 경우, 유닛당 순이익은 표와 같은 3.63달러이다.

기업들은 보다 많은 배당금을 지급하는 것이 일부 투자자, 특히 은

〈표 4-1〉 버크아이파트너스의 이익과 배당금

(단위 : 달러)

유닛당	2004. 12.	2005. 12.	2006. 12.	2007. 12.	2008. 12.	2009. 12.
이익	2.75	2.69	2.64	3.03	3.15	3.63
배당금	2.64	2.83	3.03	3.23	3.43	3.63

퇴자와 은퇴를 앞둔 사람들에게 매력적으로 다가갈 수 있다는 것을 잘 알고 있다. 일부 경영진은 은퇴자와 은퇴를 앞둔 사람들의 이런 경향을 이용해 적극적인 배당 정책을 택해서 후에 회사에 타격을 줄 수도 있는 높은 수준의 배당금을 지급하기도 한다. 기업이 높은 수준의 배당금을 유지하기 위해 혹은 배당금을 올리기 위해 추가 차입을 할 경우 투자자들은 각별히 주의해야 한다. 또한 배당수익률이 높은 주식일수록 자본차익은 낮을 수 있으므로, 배당 수익을 포함해도 순투자수익률이 시장수익률보다 그다지 높지 않을 수도 있다.

자기자본이익률(ROE)을 이용한 배당할인모형

2장에서 말한 것처럼, 주식가치 평가수단으로서의 장부가(자기자본)는 지난 50년 동안 투자자들로부터 외면받았다. 그러나 공식의 항들을 다소 수정하면 장부가를 가지고 배당할인모형에 기초한 가치평가를 할 수 있다. 3장의 현금흐름할인법처럼 배당할인모형에도 상당한 비판이 있다. 그러나 배당할인모형을 장부가에 기초한 할인모형으로 전환하면 여러 이점이 생긴다. 그중 하나는 해당 기업의 사업 활동이 기존 장부가를 증대시키는 활동인지 감소시키는 활동인지를 판단할 수 있는 기준을 제공해 준다는 것이다. 특히 흥미로운 것은 그 기준이 ROE에 기초하고 있다는 것이다. 또 다른 이점은 계산급수들이 훨씬 빨리 수렴되어 적절한 정확성을 확보하는 데 필요한 공식 항이 줄어든다는 점이다.

ROE의 견지에서 배당할인모형을 개조하는 방법은 두 가지가 있다. 첫째는 ROE와 배당성향에 기초해 보정치correction factor를 구한 후, 이를 장부가와 곱해 해당 주식의 가치를 구하는 방법이다. 둘째는 잔여이익 계산에 기초해 보정치를 구한 후, 이를 장부가에 더해 해당 주식의 가치를 구하는 방법이다. 이 방법은 제임스 올슨James Ohlson과 제럴드 펠트햄Gerald Feltham이 제안했다.

이 두 방법은 모두 순수잉여금관계clean surplus relationship에 기초한다. 순수잉여금관계는 주당 기준으로 다음을 의미한다.

$$B' = B - d + e$$

B : 최초의 장부가, d : 주당 배당금, e : 주당 순이익(EPS), B' : 변화된 장부가

다시 말해 총자기자본(직전 연도 자기자본+금년도 이익)에서 총배당금을 뺀 것이 변화된 장부가이다. 그러나 이것이 전부가 아니다. 독자 여러분도 알다시피 배당금과 이익 밀고도 자기자본을 변화시키는 다른 항목들도 존재한다. 그러나 우리는 순수잉여금관계가 타당하다고 가정할 것이다. (또는 이익의 개념을 재정의해 순수잉여금관계가 타당하도록 할 수도 있다.)

ROE는 한 회계연도 동안 창출한 이익을 그해 말 자기자본으로 나눈 것이다. ROE는 해당 회계연도에 경영진이 기록한 실적을 나타내는 지표이고, 배당성향은 이익 중 배당금으로 지급된 비율을 나타낸다. 우리가 한 회계연도 시작시점의 장부가(기초 장부가)와 해당 회계

연도의 ROE 및 배당성향을 알고 있다면, 순수잉여금관계를 가정해 그해의 이익과 배당금 그리고 그해 말 장부가를 계산할 수 있다.

이런 계산을 매년 반복하면 앞서 소개한 배당할인 공식을 대체할 수 있는 또 다른 배당할인모형을 구축할 수 있다. 이 배당할인모형에는 순수잉여금관계 외에도 한 가지 중요한 가정이 있다. 그것은 ROE가 일정하다는 가정이다. ROE가 일정하기 위해서는 한 회계연도에 벌어들인 순이익을 재투자했을 때의 수익률이 직전 연도의 ROE와 같아야 한다. 여기서 순이익net earnings은 배당금을 지급하고 남은 이익을 말한다.

1단계 모형으로 이를 간단히 살펴볼 수 있다. 한 기업의 최초 주당 장부가는 10달러, ROE 예상치는 15%, 배당성향은 50%, 할인율은 10%라고 해보자. 〈표 4-2〉는 이런 수치를 이용해 처음 10년 동안 해당 기업의 각 항목별 수치를 정리한 것이다. 이 표에는 먼 미래의 결과를 보기 위해 100년차와 200년차도 포함시켰다.

100년차와 200년차를 포함시킨 것은 특히 내재가치로의 수렴이 얼마나 느리게 진행되고 있는지 보여주기 위한 것이다. 10년 후 내재가치 추산치는 주당 6.83달러이고, 100년 후에는 35.30달러, 200년 후에

> **◐ 배당금과 ROE**
>
> 순수잉여금관계를 가정함으로써 ROE와 배당성향의 견지에서 배당금을 구할 수 있다. 이는 배당할인모형을 수정해 ROE 예상치와 장부가, 배당성향 그리고 할인율을 가지고 내재가치를 구할 수 있음을 의미한다.

〈표 4-2〉 배당금의 증가 : ROE를 활용한 배당할인모형(1단계 모형)

(단위 : 달러)

(1) 연차	(2) 기초 장부가	(3) EPS	(4) 주당 배당금	(5) 기말 장부가	(5) 주당 배당금의 현재가치	(7) 주당 배당금의 현재가치 누적액
1	10.00	1.62	0.81	10.81	0.74	0.74
2	10.81	1.75	0.88	11.69	0.72	1.46
3	11.69	1.90	0.95	12.63	0.71	2.17
4	12.63	2.05	1.02	13.66	0.70	2.87
5	13.66	2.22	1.11	14.77	0.69	3.56
6	14.77	2.39	1.20	15.96	0.68	4.24
7	15.96	2.59	1.29	17.26	0.66	4.90
8	17.26	2.80	1.40	18.66	0.65	5.55
9	18.66	3.03	1.51	20.17	0.64	6.20
10	20.17	3.27	1.64	21.81	0.63	6.83
…	…	…	…	…	…	…
100	22,488.91	3,646.85	1,823.43	24,312.34	0.13	35.30
…	…	…	…	…	…	…
200	54,675,804	8,866,346	4,433,173	59,108,978	0.02	41.52

* 이 표는 최초 장부가 10.00달러, ROE 15%, 배당성향 50%, 할인율 10%를 가정했을 때, 각 항목의 수치가 매년 어떻게 증가하는지 나타낸 것이다. (2)는 1년차에 10.00달러에서 시작하는 기초 장부가. (3)과 (4)는 각 연차의 주당 순이익(EPS)과 주당 배당금. (5)는 기말 장부가. 배당성향이 50%이므로 (4)의 주당 배당금은 (3)의 주당 순이익의 50%이다. 그리고 ROE가 15%이므로 (3)의 주당 순이익은 (5)의 기말 장부가의 15%이다. (2)의 기초 장부가와 (3)의 EPS를 더한 후 (4)의 주당 배당금을 뺀 것이 (5)의 기말 장부가임을 유념하자. 이로써 순수잉여금관계가 타당해야 한다는 조건이 충족된다. (6)의 주당 배당금의 현재가치는 (4)의 주당 배당금을 10%의 할인율로 할인한 것이다. (7)은 주당 배당금의 현재가치 누적액이다. 이 누적액은 해당 주식의 가치로 수렴된다. 100년차와 200년차를 포함시킨 것은 미래의 결과를 살펴보기 위함이다. 해가 갈수록 주당 배당금 현재가치 누적액은 내재가치로 수렴된다.

는 41.42달러이다. 정확한 내재가치가 얼마인지는 알 수 없지만, 그 최종 결과는 향후 수백 년의 배당금에 달려 있다. 어떤 경우에는 내재가치로의 수렴이 더 빨리 진행되지만, 위의 사례는 이런 식의 할인모형에 존재하는 중대한 문제 즉 투입변수, 특히 장기 예상치에 따라 그 결과가 매우 달라지는 문제를 잘 보여주고 있다. 9장에서 보겠지만, 수십 년이나 수세기는 말할 것도 없고 다음 분기조차 제대로 예측하기가 어렵다. 그러나 이런 할인모형에서는 그런 예측을 요구한다.

할인모형에 존재하는 이런 약점을 보다 노골적으로 드러낼 수 있다. 〈부록 B〉에서 소개한 수학을 사용하면, 위 사례의 최종 결과(내재가치)는 42.86달러가 된다. 〈표 4-2〉에서 10년 후 주당 배당금의 현재가치 누적액은 6.83달러인데, 이는 42.86달러라는 진정한 내재가치에 비해 84%라는 엄청난 오차를 보이고 있다. 또 100년 후 누적액 35.30달러도 18%라는 상당한 오차가 있고, 200년 후의 누적액 41.52달러도 여전히 3%가량의 오차가 있다. 이는 어느 정도 정확한 결과를 얻기 위해서는 수많은 연차를 계산해야 한다는 것을 보여준다.

현금흐름할인법에서도 말한 것처럼, 요점은 내재가치를 계산하기 위해 어떤 공식을 사용한다 해도 실제 계산을 위해서는 미래 수십 년, 심지어는 수세기 동안의 성장률과 할인율에 대한 신뢰할 만한 예상치가 필요하다는 것이다. 이런 신뢰할 만한 예상을 하지 않은 채 계산하면 그 결과는 엄청난 오차를 보이게 된다.

위의 사례는 1단계 배당할인모형을 응용한 것이다. 보통 10년으로 하는 초기 단계 성장률과 나머지 후기 단계 성장률을 둘로 나눈 2단계 배당할인모형을 응용하면 보다 유용하기는 하다. 그러나 이 경우에도 장기 예측을 해야 한다는 문제는 여전하다.

ROE를 활용한 배당할인모형(2단계 모형) 분석 사례 : 월마트

2010년 1월 31일 기준 월마트의 ROE는 20.26%, 장부가는 주당 18.25달러, 배당성향은 29.4%이다. 이 수치들을 사용해 월마트의 향후 10년 이익과 배당금 그리고 내재가치를 구할 수 있다(ROE는 소수점 이하를 절사해 20%라고 하자). 그런데 지금은 어떤가? 월마트가 지금까지의 ROE를 유지할 성장 기회를 찾기가 어려워지고 있기 때문에 향후 월마트의 ROE는 낮아질 가능성이 높다. 그런데 ROE가 하락하는데도 기존의 배당금을 유지하면 배당성향은 상승하게 된다. 이런 점을 고려해 월마트의 후기 단계 ROE는 현재보다 훨씬 낮은 7.5%, 후기 단계 배당성향은 현재보다 높은 50%, 할인율은 10%로 가정해 보자. 이 경우 내재가치는 35.45달러가 된다. 그런데 이런 가정치(예상치)를 조금만 바꿔도 내재가치는 크게 달라진다. 〈표 4-3〉은 이런 투입변수 가정치를 조금만 바꿔도 내재가치 계산 결과가 크게 달라지는 것을 보여준다. 현금흐름할인법의 경우처럼 여기서도 우리는 무한한 미래까지 혹은 적어도 수십 년 미래에 대해 매우 정확한 예상을 해야 한다는 문제에 봉착하게 된다. 그러지 못하면 진정한 가치와는 매우 다른 결과를 얻게 된다.

〈표 4-3〉 월마트의 내재가치 평가(2단계 모형)

(단위 : %, '장부가'와 '내재가치'는 달러)

(1) 장부가	(2) 초기 단계 ROE	(3) 초기 단계 배당성향	(4) 후기 단계 ROE	(5) 후기 단계 배당성향	(6) 할인율	(7) 내재가치
18.25	20.00	29.4	7.50	50	10	35.45
18.25	15.00	29.4	5.00	25	11	11.99
18.25	20.00	29.4	10.00	75	9	57.93
18.25	20.00	29.4	15.00	75	10	76.61

* (1)의 최초의 장부가 18.25달러는 모든 경우에 동일하다. (2)와 (3)은 10년으로 가정한 초기 단계의 ROE와 배당성향. (4)와 (5)는 후기 단계의 ROE와 배당성향. (6)은 할인율. (7)은 ROE와 배당성향에 기초한 2단계 배당할인모형으로 계산된 내재가치이다. 이 내재가치는 투입 변수에 따라 11.99달러에서 76.61달러까지 다양하게 나왔다.

잔여이익가치평가모형

배당할인모형의 두 번째 변형은 장부가에 회사 존속 기간 동안 창출될 잔여이익을 더하는 식으로 가치를 평가하는 것이다. 이 모형은 가치 창출 요인들에 대한 통찰력을 제공해 준다. 또한 이 모형에서는 급수들이 최종 내재가치로 보다 빨리 수렴되기 때문에 적절한 정확성을 확보하는 데 필요한 공식 항(연차)이 앞의 두 모형보다 적다.

외견상 잔여이익가치평가모형residual income valuation method, RIV은 배당금이나 배당성향을 사용하지 않기 때문에 배당할인모형과는 다른 것처럼 보인다. 그러나 잔여이익가치평가 공식은 순수잉여금 관계를 전제로 하는 배당할인모형의 기본 공식과 동일한 구조를 갖고 있다.

잔여이익은 다음과 같이 정의된다.

$$R = e - r \times B$$

e : 한 회계연도의 주당 순이익(EPS)

B : 그 회계연도 시작 시점의 장부가(기초 장부가)

r : 할인율

잔여이익은 이익에서 자기자본비용을 뺀 것이다. 잔여이익이 플러스이면, 선행 ROE 'e / B'가 할인율 'r'보다 크고, 이는 그해 이익을 냈음을 의미한다. (ROE는 한 회계연도의 이익을 그해의 기말 자기자본으로 나눈 것이며, 선행 ROE는 이익을 그 회계연도의 기초 자기자본으로 나눈 것이다.)

기본적인 배당할인모형 공식의 항들을 신중하게 조정하고 순수잉여금관계를 사용해 다음과 같은 내재가치 계산 공식을 만들 수 있다.

$$V = B + R_1/(1+r) + R_2/(1+r)^2 + R_3/(1+r)^3 + \cdots\cdots$$

$B - D_0$, 최초의 장부가

$R_t = e_t - r \times B_{t-1}$

(여기서 e_t는 t년차의 EPS, B_{t-1}은 t−1년차 말의 장부가를 말한다.)

잔여이익이 항상 플러스이면, 즉 R_t가 항상 0 이상이면, 이 회사는 매년 최초의 장부가(B)에 가치를 더하는 것으로 볼 수 있다. 잔여이익이 항상 0이면, 최초의 장부가에 변화가 없고 따라서 내재가치는 최초의 장부가와 같다. 잔여이익이 항상 마이너스이면, 이 회사는 사업을

> **● 내재가치, 장부가, 잔여이익**
>
> 배당할인모형을 수정해 장부가와 해당 기업이 존속 기간 동안 창출할 잔여이익을 가지고 내재가치를 계산할 수 있다.

해서 오히려 최초의 장부가를 써버리고 있는 것이다.

이제 충분히 예상하겠지만 잔여이익가치평가 공식은 장부가에 미래의 잔여이익 할인가치들을 더해 내재가치를 구한다. 이 공식을 실제로 응용하기 위해서는 공식의 각각의 잔여이익 항들을 계산해야 하고, 이를 위해서는 이익과 장부가를 계산해야 한다. 그런데 우리는 ROE를 활용한 배당할인모형에서 이익과 장부가는 ROE와 배당성향을 가지고 계산할 수 있음을 살펴보았다. 따라서 표면상 잔여이익가치평가모형과 ROE를 활용한 배당할인모형은 전혀 다른 것 같지만 본질적으로는 같다고 할 수 있다.

기업의 가치창출 조건 : ROE 〉 할인율

어떤 것을 다른 시각에서 보면, 숨겨져 있거나 모호했던 주요 특징들이 분명해지는 경우가 있다. 잔여이익가치평가모형으로 개조했을 때, 배당할인모형의 주요 특징이 보다 분명해진다. 잔여이익가치평가모형은 어떤 요인이 회사의 장부가를 늘려주는지에 대한 통찰력을 제공한다.

한 기업이 현재의 장부가 이상으로 가치를 높이기 위해서는 잔여이익이 계속 플러스가 되어야 한다. 잔여이익의 정의를 통해 볼 때, 이는 선행 ROE(fROE) e_n/B_{n-1}이 할인율 r 보다 계속 높아야 한다는 것을 의미한다. 이를 기호로 표현하면 다음과 같다.

$$fROE \rangle r$$

순수잉여금관계에 따르면, 선행 ROE와 일반 ROE의 관계는 다음과 같다.

$$fROE = ROE/(1+ROE \times PR - ROE)$$

여기서 PR은 배당성향을 말한다. 이것은 잔여이익이 계속 플러스가 되기 위해서는 다음 조건을 만족시켜야 한다는 것을 의미한다.

잔여이익이 플러스가 되기 위한 기본 조건 :
$$ROE \rangle r/\{(1+r)-(r \times PR)\}$$

예를 들어 해당 기업이 모든 이익을 배당금으로 지급하면(배당성향 PR = 1.0이면), 위 조건은 다음과 같이 된다.

$$ROE \rangle r$$

반대로 기업이 배당금을 전혀 지급하지 않으면(배당성향 PR = 0), 조건은 다음과 같이 된다.

$$ROE 〉 r/(1+r)$$

할인율은 일반적으로 매우 낮기 때문에 조건식의 분모 {(1+r)−(r×PR)}은 거의 1과 같다. 따라서 잔여이익이 계속 플러스가 되기 위한 조건은 본질적으로 ROE가 할인율(r)보다 커야 한다는 것이다.

기업이 기존의 장부가 이상으로 가치를 높이기 위해서는 ROE가 할인율보다 높아야 한다. 워런 버핏이 그토록 ROE를 중시하는 것은 바로 이런 이유 때문이다. 여러 해 동안 워런 버핏은 버크셔 해서웨이의 연차보고서에서 높은 ROE를 포함한 일련의 조건을 만족시키는 기업을 찾고 있다고 밝혔다. 그것이 선행 ROE인지 혹은 일반 ROE인지는 그리 중요하지 않다. ROE가 계속 할인율을 상회하지 않으면, 그 기업은 가치를 파괴하고 있는 것이다. 그리고 할인율이란 특정 기업에 투자할 때 부담하게 되는 위험을 보상하기 위해 투자자가 요구하는 수익률과 같은 것이기 때문에, 결국은 ROE가 요구수익률을 상회하는 투자자산(기업, 주식 등)만이 적절한 투자 대상이 된다.

> ● 가치 창출의 조건
>
> 특정 기업에 투자할 때 부담하게 될 위험을 보상하기 위해서는 적어도 ROE가 요구수익률을 지속적으로 상회하는 기업을 찾아라.

만약 기업이 이익잉여금을 투자해 보다 높은 ROE를 창출할 수 있다면, 일반적으로 배당성향이 낮은 것이 좋다. 만약 그렇지 않다면 이익을 주주들에게 직접 돌려주는 것—즉 높은 배당성향을 유지하거나 자사주를 매입하는 것—이 좋다.

배당할인모형의 장단점

이번 장에서 우리는 기본적인 배당할인모형, ROE를 사용한 변형 모형 그리고 잔여이익을 사용한 변형 모형을 살펴보았다. 여기서는 논의의 단순화를 위해 이 세 모형을 가리지 않고 전체적으로 장단점을 정리했으며, 세 모형을 구별할 필요가 있을 경우에는 구체적으로 적시했다. 이 세 모형은 모두 기본적인 배당할인모형에 기초한 것이고, 배당할인모형은 현금흐름할인모형의 변형이다. 따라서 이 세 모형의 장단점 대부분은 현금흐름할인모형의 장단점과 유사하다. 때문에 이런 유사한 장단점 중 3장에서 살펴본 내용은 여기서는 짧게 설명했다. 먼저 배당할인모형의 장점은 다음 10가지이다.

장점 1 : 분명한 계산법. 투입변수와 이들을 사용해 내재가치를 계산하는 방법이 매우 구체적이다. 다양한 가정에 따라 각 모형을 쉽게 프로그램화할 수 있고, 계산기나 엑셀 프로그램만으로도 충분히 계산할 수 있다.

장점 2 : 합리적이다. 일반적인 채권에서 기대할 수 있는 현금은 일련의 배당금(이자)과 만기 시 액면가로 이루어져 있다. 따라서 그 채권의 가치는 배당금의 할인가치와 액면가의 할인가치로 계산된다. 배당할인모형이나 그 변형 모형 중 하나를 사용해 주식의 가치를 평가하는 것은 이러한 일반적인 채권의 가치 계산법을 적절하게 응용한 것이다.

장점 3 : 계산 결과를 쉽게 이해할 수 있다. 배당할인모형과 두 변형 모형의 계산 결과를 한 주식의 진정한 가치로 보고, 이를 시장가격과 비교하여 매수, 보유, 매도 결정을 하기가 쉽다.

장점 4 : 자료를 쉽게 구할 수 있다. 배당금 자료는 해당 기업의 재무제표에서 쉽게 구할 수 있고, 따라서 자료를 둘러싼 논란은 없다. 반대로 잉여현금흐름 자료를 구하기 위해서는 다양한 계정 항목을 조사해야 하는데, 이런 항목들은 회사마다 기입 방식이 다른 경우가 많다. 또한 잉여현금흐름을 최종적으로 판단할 때 어떤 항목을 포함시키고 뺄지에 대해 의견이 다를 수도 있다.

장점 5 : 각 항(연차)의 배당액 계산이 용이하다. 기본적인 배당할인 공식의 내재가치 부분(V)을 현재가(P)로 나눈 가치비율은 해당 기업이 존속하는 동안 기록할 모든 선행 배당수익률의 할인가치로 볼 수 있다(가치비율 = V/P = 한 기업이 존속하는 동안 기록할 각 연차 배당수익률의 현재가치의 합 = 한 기업이 존속하는 동안 기록할 모든 배당수익률 현재가치). 따라서 현재가와 각 연차의 배당수익률을 알면, 각 연차 배당금을 일일이 계산할 필요가 없다.

현재가와 각 연차의 배당수익률을 곱하면 해당 연차의 배당액을 알 수 있다.

장점 6 : 보다 안전한 가치평가가 가능하다. 한 회사가 1달러의 배당금을 지급하면 투자자는 실제로 그 금액을 받는 것이고 그만큼 혜택을 보는 것이다. 이와 달리 이 회사가 이익을 다시 회사에 투자하면, 그로 인해 투자자가 실제로 얼마나 금전적 혜택을 볼지는 불분명하다. 따라서 현금흐름할인법보다 배당할인모형으로 기업의 가치를 평가하는 것이 더 안전하다.

장점 7 : ROE를 활용한 변형모형은 직관에 부합한다. 본문에서 설명한 대로 각 항(연차)의 배당금을 직접 예상하는 대신, ROE와 배당성향 예상치를 가지고도 각 연차의 예상 배당금을 구할 수 있다. 이런 식의 계산은 배당할인모형에 필요한 미래 예상치를 구하는 방법으로 보다 직관에 부합하기 때문에 최종 내재가치 계산결과의 신뢰성을 높여 준다.

장점 8 : 기업의 가치 창출 요인을 확인할 수 있다. 배당할인모형의 또 다른 장점은 잔여이익가치평가모형으로 개조할 수 있다는 것이다. 잔여이익가치평가모형에서 최종 가치의 계산은 우리에게 익숙한 장부가를 가지고 여기에 그 회사가 창출하는 잔여이익의 현재가치를 더하는 식으로 진행된다. 잔여이익은 플러스가 될 수도 있고 마이너스가 될 수도 있으며, 그에 따라 장부가가 늘거나 줄게 된다. 이는 어떤 유형의 사업이 회사의 가치를 높이는지 혹은 파괴하는지 파악하는 데 중요한 통찰을 제공해 준다.

장점 9 : 내재가치를 빨리 도출할 수 있다. 표를 사용해 각 연차의 결과를 구할 경우, 배당할인모형으로 어느 정도 정확한 결과를 얻기 위해서는 매우 많은 항(연차)을 계산해야 한다. 이는 무한 항을 가진 공식을 사용해 무한연차를 예상해야 한다는 것을 의미한다. 그러나 잔여이익가치평가모형의 경우 최초의 장부가가 주어진 탓에 상당히 일찍 내재가치에 수렴되는 계산 결과를

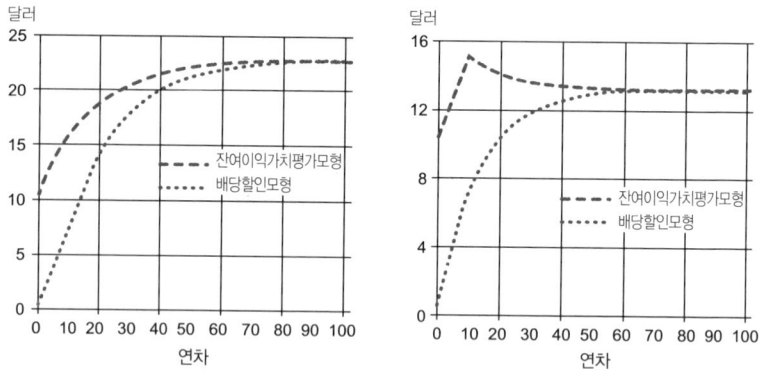

〈그림 4-1〉 배당할인모형과 잔여이익가치평가모형의 내재가치 수렴 속도

* 이 두 그림은 배당할인모형과 잔여이익가치평가모형의 계산 결과가 내재가치로 수렴되는 속도를 비교한 사례이다. 두 사례 모두 최초 장부가는 10달러, 할인율은 10%, 처음 10년 동안 ROE와 배당성향은 각각 15%와 50%로 가정했다. 왼쪽 사례의 경우 10년 후 ROE는 15%, 배당성향은 75%로 했다. 이 왼쪽 사례에서 장기 내재가치는 약 23달러임을 알 수 있다(정확히는 22.92달러이다). 잔여이익가치평가모형의 급수들은 10달러의 장부가로 시작되기 때문에 배당할인모형의 급수들보다 장기 가치로 더 빨리 수렴되고 있다. 오른쪽 사례의 투입 변수 값은 10년 이후 후기 단계의 ROE가 8%인 것만 빼고는 왼쪽 사례와 같다. 후기 단계의 ROE(8%)가 할인율(10%)보다 낮은데, 이는 이 회사가 10년 후부터 가치를 잃어간다는 것을 의미한다. 10년 후부터 각 연차의 잔여이익이 마이너스가 되기 때문이다. 오른쪽 사례에서는 배당할인모형과 잔여이익가치평가모형이 모두 13.29달러의 장기 내재가치로 수렴되고 있다.

얻을 수 있다. 따라서 뒷부분을 계산하지 않아도 일찌감치 적절한 내재가치를 구할 수 있다. 요컨대 훨씬 짧은(유한한) 기간의 수치만 예상해도 된다. 〈그림 4-1〉은 잔여이익가치평가모형과 배당할인모형의 내재가치 수렴 속도를 비교한 것이다.

장점 10 : 내재가치 평가법으로 널리 사용되고 있다. 현금흐름할인법 정도는 아니지만 배당할인모형과 그 변형 모형도 널리 사용되고 있다.

다음은 배당할인모형과 그 변형모형의 약점들이다. 배당할인모형과 그 변형모형은 기본적으로 일반적인 할인모형의 변형이기 때문에, 그 약점도 3장에서 소개한 잉여현금흐름할인법의 약점과 유사하다.

약점 1 : 수익은 보장할 수 없다. 첫 번째 약점은 배당할인모형과 그 변형 모형이 이론적인 공식이라는 것이다. 이들 모형으로 계산된 한 주식의 내재가치기 그 주식의 주가보다 높다고 해서 그 주식이 수익성 있는 투자 대상이라고 할 수는 없다.

약점 2 : 여러 변형이 존재한다. 기본적인 배당할인모형에는 여러 변형이 존재하고 여기에 이번 장에서 소개한 두 가지 변형 모형도 추가로 존재한다. 각 변형에 따라 서로 다른 내재가치 계산 결과가 나올 수 있고, 따라서 한 변형 모형에서는 저평가된 주식이 다른 변형 모형에서는 고평가된 주식이 될 수 있다.

약점 3 : 계산 결과가 불안정하다. 현금흐름할인법과 마찬가지로 배당할인모형의 모든 변형도 그 계산 결과가 불안정하다. 투입변수 수치를 조금만 바꿔도 결과가 크게 달라진다. 월마트의 사례를 나타낸 〈표 4-3〉에서 투입변수에 따라 내재가치 계산 결과가 매우 다른 것을 확인할 수 있다.

약점 4 : 조작이 용이하다. 결과의 불안정으로 초래되는 또 다른 문제는 투입변수를 약간만 변화시켜도 내재가치 결과를 쉽게 조작할 수 있다는 것이다. 이때 투입변수의 변화 정도가 매우 적기 때문에, 투입변수를 바꾼 이유를 정당화하기가 용이하다.

약점 5 : 투입변수를 검증할 수 없다. 후기 단계의 배당금증가율이나 할인율 같은 주요 투입변수의 정확성을 검증하는 것이 불가능하다. 이들 투입변수 값이 무한한 미래를 예상한 것이기 때문이다. 어느 정도라도 합리적인 정확성을 얻기 위해서는 수십 년, 심지어는 수 세기에 걸친 미래를 정확히 예상해야 한다.

약점 6 : 정박효과에 취약하다. 배당할인모형도 먼 미래를 예상해야 하기 때문에 정박효과에 취약하다. 3장에서 설명한 것처럼, 무한한 미래를 예상할 때는 항상 이런 문제가 발생한다.

약점 7 : 무한급수의 합을 구해야 하는 문제. 모든 배당할인모형과 그 변형 모형은 무한급수의 합을 구하는 공식이다. 따라서 내재가치를 구하기 위해 무한한 투입변수 값이 필요한데, 투입변수 값을 한 번에 하나씩 구할 수는 없기 때문에 규칙을 적용해 구해야 한다. 이는 투입변수 값을 구하는 데 한계가 있음을 의미한다. 두 번째 한계는 무한급수의 합을 구하는 것은 수학으로만 가능하다는 것이다. 그런데 대부분의 무한급수의 합을 계산하는 공식은 없다. 세 번째 한계는 후기 단계의 잉여현금흐름증가율이 할인율보다 작아야 한다는 것이다. 그렇지 않으면 내재가치는 무한해진다. 이는 내재가치가 무한정 높다고 하는 것이기 때문에 좋은 것처럼 보인다. 그러나 내재가치가 무한이 되면 가치비율도 무한이 되기 때문에 회사들을 비교, 분석할 수 없게 된다.[2]

약점 8 : 허위 객관성 false objectivity의 문제. 배당할인모형은 대부분의 사람이 처음 들어보는 내재가치 같은 전문용어를 사용하고 있고 무한급수의 합을 계산하는 대학 수준의 수학을 사용하고 있기 때문에 사뭇 객관적인 것처럼 보인다. 그러나 계산의 불안정성과 핵심 투입변수의 검증 불가능성 때문에 배당할인모형은 사실 매우 주관적인 모형이다.

약점 9 : 예상이 어렵다. 배당금은 회사 이사회와 최고 경영진이 자의적으로 결정할 수 있기 때문에 예상이 더 어렵다. 비슷한 사업 및 재무적 특징을 가진 두 회사라 해도 배당 정책은 무배당과 100% 이상 배당처럼 완전히 다를 수 있다. 또 배당 정책은 사업 환경에 따라 혹은 이사 및 경영진의 교체에 따라 달라질 수 있다. 따라서 배당금과 관련된 예상이 매우 어렵다. 이사회

---

2) 현금흐름할인모형을 설명할 때 지적한 것처럼, 컴퓨터 프로그램이나 복잡한 스프레드시트를 사용하는 것 같은 다단계 계산에서는 무한한 합을 갖는 급수가 존재할 가능성이 인정되어야 한다. 그렇지 않으면 그 계산은 가짜 결과를 낼 수 있다.

및 경영진의 예상 임기보다 긴 기간을 예측해야 할 때는 특히 그렇다. 반면에 잉여현금흐름을 예상할 때는 기업들이 항상 잉여현금흐름을 최대화하기 위해 노력한다는 합리적인 가정에서 출발할 수 있다. 따라서 기업의 사업 성공 여부에 기초해 비교적 합리적으로 잉여현금흐름을 예상할 수 있다.

배당금 예측의 어려움은 기업이 수년간 배당금을 지급하지 않았을 때 더 가중된다. 이 경우 배당할인모형을 적용하기 위해서는 (1) 그 회사가 미래에 배당금을 지급하기 시작할 것이고 여러분은 그 시점이 언제인지 알 수 있으며, (2) 배당금이 어떤 비율로 지급될지도 알 수 있다는 가정이 필요하다.

ROE를 활용한 배당할인모형과 잔여이익가치평가모형을 사용하면 배당금을 예상하는 문제를 우회할 수 있다. 그러나 ROE를 이용한 배당할인모형은 순수잉여금관계와 이익 예상치를 사용한다. 따라서 이 두 변형 모형 모두 간접적으로 배당금 예상치에 의존하고 있다고 할 수 있다.

약점 10 : 제한된 연구의 문제. 3장에서 살펴본 것처럼 현금흐름할인모형에 대한 연구는 제한적이다. 그런데 배당할인모형은 현금흐름할인모형보다 적게 사용되기 때문에 관련 연구도 훨씬 적다. 배당할인모형에 의한 내재가치 계산 결과는 투입변수에 따라 매우 달라지기 때문에 어떤 연구로도 매수, 매도, 보유의 결론에 도달하기가 쉽지 않다. 그럴듯한 일련의 투입변수 값을 적용했을 때 저평가된 것으로 보이던 주식이 역시 그럴듯한 다른 투입변수 값을 적용했을 때는 고평가된 것으로 나올 수도 있다.

약점 11 : 혼란한 목적의 문제. 현금흐름할인모형과 마찬가지로 배당할인모형에도 서로 완전히 다른 두 가지 목적이 있다. 이론가들과 학자들은 우아하고 종합적인 이론을 원하지만 투자자들은 주식시장에서 실제로 수익을 낼 수 있는 실용적인 도구를 원한다. 〈표 4-2〉는 이런 목적의 차이를 잘 보여준다. 장기 예측은 내재가치를 보다 정확히 계산하는 데 도움이 되지만 실용적이지는 않다. 반대로 단기 예측은 실용적일지는 몰라도 내재가치의 정확성이 떨어진다.

약점 12 : 순수잉여금관계의 타당성을 전제로 하고 있다. ROE를 사용한 배당할인모형과 잔여이익가치평가모형은 모두 순수잉여금관계의 타당함을 전제로 하고 있다. 그러나 순수잉여금관계가 거의 타당할 수도 있지만 정확하지 않은 경우도 많다. 발행주식 수의 변화가 그런 경우 중 하나이다. 월마트의 사례는 순수잉여금관계를 가정했을 때 순수잉여금의 차이가 얼마나 달라지는지를 보여준다. 그러나 순수잉여금관계를 전제하지 않는 흥미로운 변형 모형을 만드는 것도 가능하다. 이 변형 모형 중 하나인 추가이익성장모형에 대해서는 8장에서 살펴볼 것이다.

무수한 변형 모형들

일부 투자 사이트와 금융기관들은 독자적인 할인모형을 개발했는데, 여기서 이 변형 모형들을 다 살펴보기란 불가능하다. 3장과 4장의 논의를 통해 독자 여러분이 이런 변형 모형을 스스로 평가할 수 있기를 바랄 뿐이다.

다만 한 가지 사례를 소개하자면, 호주의 경우 합의된 이익 예상치는 향후 2년의 예상치로만 제한된다. 이런 제한에 따라 (지금은 모닝스타의 일원이 된) 애스펙트 헌틀리Aspect Huntley는 잔여이익가치평가모형을 개조한 변형 모형을 제공하고 있다. 이 모형에서 사용하는 투입변수는 현재(초기 단계)의 주당 장부가, 현재의 배당성향, 향후 2년의 합의된 이익 예상치, 장기(후기 단계) 이익증가율, 장기 산업평균 ROE 그리고 할인율이다. 장기 이익증가율은 (최대 10년의) 과거 이익과 향후 2년의 합의된 이익 예상치로 조정한 지수곡선exponential curve의 증가율로 구한다. 장기 산업평균 ROE는 해당 산업의 평균 ROE를 사용한다. 한 산업의 평균 ROE를 사용하는 이유는 시간이 가면서 개별 기업의 ROE가 이 평균으로 회귀할 것이라고 보기 때문이다. 할인율은 자본자산가격결정모형(CAPM)을 사용해 계산한다.

애스펙트 헌틀리의 변형 모형은 이런 투입변수들과 순수잉여금관계를 사용해 1~2년차, 3~8년차, 9~15년차 그리고 16년차 이후 네 시기의 ROE와 장부가를 계산한다. 잔여이익은 '이익−(장부가 × 할인율)'이기 때문에 '{(선행 ROE−할인율) × 장부가}'라고도 할 수 있다. 이 정보를 사용해 각 연차의 잔여이익을 계산하고, 다시 이 잔여이익

각각의 할인가치를 더해서 내재가치를 구하는 것이 애스펙트 헌틀리의 잔여이익가치평가 변형 모형이다.

> ### 간단 정리
>
> 1. 배당할인모형의 기본 개념은 내재기치란 한 기업이 존속 기간 동안 지급할 배당금의 할인가치라는 것이다.
>
> 2. 배당할인모형은 ROE나 잔여이익 등을 사용해 변형시킬 수 있으며, 이런 변형 모형은 내재가치를 계산하기 위해 배당금을 직접 사용하지는 않는다.
>
> 3. 현금흐름할인법과 마찬가지로, 특히 결과의 불안정성과 장기적인 미래를 예상해야 한다는 문제 때문에 배당할인모형을 사용할 때도 매우 각별한 주의가 필요하다.

경영진이 내리는 모든 투자 결정의 기초는 투자 회수 기간에 있다.
부동산 개발업자가 토지를 매입·정리한 후 건축업자에게 매각하는
개발 사업을 할 때는 도로, 하수도, 전기시설에 투자한 돈을
얼마나 빨리 회수할 수 있는지 계산한다.
최초의 투자를 회수할 수 있는 기간이 빠를수록
회수한 수입을 다른 사업에 더 빨리 사용할 수 있다..

— 티모시 빅

보수적으로 판단한 투자 회수 기간이 3년이면 아주 훌륭한 사업이다.

— 밥 울프

5
CHAPTER

· · ·

가치평가법 아닌 가치평가법 :
회수기간계산법

"**우**리 투자금을 회수하는 데 얼마나 걸릴까?" 하는 질문은 경영진이 새로운 프로젝트에 자본을 투입할 때 늘 하는 질문이다. "새로운 IT시스템에 200만 달러를 투자하면, 그 투자를 회수하는 데 몇 년이 걸릴까?" 같은 질문은 사업과 관련된 가장 기본적인 질문에 속한다. 이번 장에서 우리는 주식투자자 입장에서 이런 질문은 어떻게 하고 또 어떻게 답해야 하는지 살펴볼 것이다. 여기서 기본적인 개념은, 기업이 창출하는 이익이나 배당금을 통해 투자자가 투자금을 회수하는데 걸리는 시간으로 주식가치를 평가한다는 것이다. 일반적으로는 투자금이 회수되는 기간이 짧을수록 좋다. 투자 회수 기간의 견지에서 말하는 가치평가는 가치비율을 보고 해당 주식이 얼마나 저평가 혹은 고평가되었는지를 평가하는 것이 아니다. 여기서 말하는 가치평가란 이익이나 배당금이 최초 투자금에 상응하는 수준이 되는 데 걸리는 연수를 기준으로 하는 가치평가이다. 이런 식으로 가치평가를 하면 해당 기업의 이익 창출 및 배당금 지급 능력(요컨대 ROE와 배당성향)을 지속적으로 체크하고 그와 관련된 위험을 확인할 수 있다.

회수 기간의 단순 계산

고정이자를 지급하는 투자자산, 예를 들면 채권의 투자 회수 기간 계산은 아주 간단하다. 여러분이 연리 10%의 채권에 100달러를 투자했다고 해보자. 여기서 원금과 동일한 100달러의 이자, 즉 100달러의 순이익이 발생하는 데 걸리는 기간은 10년이 된다(논의의 단순화를 위해 복리효과 등을 고려하지 말고 단순히 계산해 보자). 그런데 이자가 연리 5%라면, 100달러의 순이익이 발생하는 데 걸리는 기간은 두 배로 늘어난다. 여기서 이 순이익이 원금과 같은 금액이 되는데 걸리는 연수(年數)를 회수 기간이라고 한다. 일반적으로 회수 기간은 짧을수록 좋다. 그런데 여기에는 한 가지 조건이 있다. 그것은 우리가 그 이자를 받는다는 것을 확신할 수 있어야 한다는 것이다. 계좌에 이자가 들어올지 불확실하다면, 우리는 그 불확실성에 따르는 추가 위험을 보상받기 위해 당연히 더 많은 이자를 요구하게 될 것이다.

앞서 말한 것처럼 민긴 기업이 새로운 사업을 평가할 때는 대부분 회수 기간을 고려한다. 그런데 이번 장에서 우리가 할 일은 방금 살펴본 채권에 대한 논의를 지침삼아 기업의 투자 회수기간계산법을 주식 투자에 응용하는 것이다. 채권의 경우 투자자에게 귀속되는 부(富)는 이자이고, 주식의 경우 투자자에게 귀속되는 부는 이익, 잉여현금흐름, 배당금 등으로 다양하다. 우리는 주식투자자에게 귀속되는 이런 다양한 부를 단순화하여 주당 순이익(EPS)을 사용한 회수기간계산법을 살펴볼 것이다. 그러나 EPS뿐만 아니라 주당 잉여현금흐름, 주당 배당금 같은 지표도 사용할 수 있다. EPS를 사용한 회수기간계산법을 살펴본 후에는 배당금을 사용한 회수기간계산법도 간략히 소개할 것이다.

이익을 기준으로 한 회수 기간은 매수 시점의 주가 수준(실제 주가가 아니라 PER)에 달려 있다. 즉 EPS를 가지고 회수 기간을 계산할 때 회수 기간을 결정하는 것은 PER이다. 이익이 일정하고 위험이 없다고 가정할 때, PER은 결국 'EPS가 주가가 되는데 걸리는 연수'를 말한다. 예를 들어 현재 주가가 60달러이고 EPS가 5달러이면, PER은 12가 된다(60/5 = 12). 여기서 EPS가 연간 5달러로 일정하다고 가정하면, 5달러의 EPS가 현재 주가 60달러가 되는 데 걸리는 연수는 12년이다. 여기서 유념할 것은 회수 기간이 실제 주가가 아니라 PER에 달려 있다는 것이다. 실제 주가를 기준으로 계산하는 회수 기간에 대해서는 뒤에서 살펴볼 것이다.

일반적으로는 시간이 가면서 이익이 증가하기 때문에 회수 기간은 PER보다 짧아지는 것이 보통이다. 그러나 앞서 말한 것처럼 화폐의 시간가치와 회사가 예상대로 이익을 창출할 수 있느냐는 문제와 관련된 위험을 감안하면 회수 기간은 더 길어지게 마련이다. 우리는 이런

> ● 회수 기간과 PER
>
> 이익(EPS)이 일정하고 어떤 위험도 없다고 하면, 회수 기간은 PER과 같다. PER이란 이익이 주가가 되는 데 걸리는 연수이기 때문이다.

위험을 상쇄하기 위해 보다 높은 수익률을 요구한다. 이를 보다 자세히 살펴보자. 우선 100달러를 투자하면 매년 10%의 이자를 주겠다고 하는 투자 기회가 있다고 해보자. 여기서 우리는 다음과 같은 질문을 던져야 한다. 요컨대 이런 이자 수입이 최초의 투자원금 100달러만큼의 가치가 되는 데 몇 년이 걸릴까? 그런데 이자를 못 받을 위험이 적다면, 우리는 5%의 이자에도 만족할 수 있을 것이다. 이 경우 우리는 이자수입 총액이 100달러와 같거나 넘을 때까지 다음 공식의 항(연차)들을 계속 추가해 나가야 한다.

$$10/(1+5\%) + 10/(1+5\%)^2 + 10/(1+5\%)^3 + \cdots\cdots$$

여기서 이자 수입 총액이 100달러와 같거나 초과하게 만드는 항(연차)이 회수 기간이 되고, 이 경우는 15년이다. 즉 15년 동안 총 150달러의 이자를 받아야 최초의 투자원금 100달러와 같은 가치가 된다. 그런데 약속한 이자를 못 받을 위험이 커서 우리가 8%의 이자를 요구한다고 해보자. 그러면 위 공식은 다음과 같이 된다.

$$10/(1+8\%) + 10/(1+8\%)^2 + 10/(1+8\%)^3 + \cdots\cdots$$

이 계산으로 하면 회수 기간은 18년으로 늘어난다. 이 경우 매년 10달러씩 추가로 3년을 더 받아 총 180달러의 이자를 받아야 최초의 투자원금 100달러와 같은 가치가 된다.

결국 이는 매년 받는 이자의 금액이 아니라 이자를 받는 연수를 기준으로 일련의 채권들을 비교·분석하는 것과 같다. 정상적인 경우 우리는 위험이 클수록 더 큰 금액을 원한다. 그러나 회수 기간 시각에서 볼 때 우리는 위험이 클수록 더 오래 지급해 줄 것을 원한다.

주식투자 관점에서 볼 때, 회수 기간이란 '한 회사가 창출할 주당 순이익(EPS)의 할인가치'가 '현재 주가'가 되는 데 걸리는 연수를 말한다. 우리가 이익을 배당금이나 자본차익 등의 형태로 투자자에게 돌아가는 돈이라고 본다면, 회수 기간이 짧은 주식이 회수 기간이 긴 주식보다 좋다고 하겠다. 사용할 할인율에 관해서는 3장에서 살펴본 바 있기 때문에 여기서 이 문제를 다시 살펴볼 필요는 없을 것이다. 한마디로 말하면, 할인율이란 특정 투자와 관련된 위험을 보상받기 위해 투자자가 원하는 수익률로 볼 수 있다.

한 예로 현재 주가가 60달러이며 PER은 12이고 이익증가율은 10%인 기업이 있다고 해보자. 할인율은 11%로 가정하자. 〈표 5-1〉은 연간 이익의 할인가치와 그 합계(누적액)를 나타낸 것이다. 이 표를 보면, 12년 이후와 13년 이전 사이 어느 시점에 가서야 이익의 할인가치 총액이 현재 주가에 도달하는 것을 알 수 있다. 반올림해서 우리는 이

> ● 회수 기간
>
> 주식투자에서 회수 기간이란 한 회사가 창출할 주당 순이익(EPS)의 할인가치가 현재 주가가 되는 데 걸리는 연수이다. 여기서 이익 대신 잉여현금흐름인 배당금 같은 지표를 사용할 수도 있다.

〈표 5-1〉 이익의 할인가치 총액의 증가

(단위 : 달러)

(1) 연차	(2) EPS	(3) EPS 할인가치	(4) EPS 할인가치 총액
1	5.50	4.95	4.95
2	6.05	4.91	9.87
3	6.66	4.87	14.73
4	7.32	4.82	19.55
5	8.05	4.78	24.33
6	8.86	4.74	29.07
7	9.74	4.69	33.76
8	10.72	4.65	38.41
9	11.79	4.61	43.02
10	12.97	4.57	47.59
11	14.27	4.53	52.11
12	15.69	4.49	56.60
13	17.26	4.45	61.05
14	18.99	4.40	65.45
15	20.89	4.37	69.82
16	22.97	4.33	74.14
17	25.27	4.29	78.43
18	27.80	4.25	82.68
19	30.58	4.21	86.89
20	33.64	4.17	91.06

* 최초 주가 = 60달러, PER = 12. 이는 최초의 EPS가 5달러임을 의미한다(60/12 = 5). 최초의 EPS 5달러에서 시작해 (2)의 EPS는 매년 10%씩 증가한다. 따라서 1년차의 EPS는 5.5달러가 된다. 이 EPS를 연간 11%의 할인율을 적용해 할인한 가치가 (3)이다. (4)는 각 연도 EPS 할인 가치들의 누적액이다. 이 표를 만든 목적은 최초의 주가 60달러를 회수하는 데 몇 년이 걸리는지 보기 위한 것이다. (4)를 보면 그 회수기간이 12년과 13년 사이임을 알 수 있다.

Chapter 5 가치평가법 아닌 가치평가법 : 회수기간계산법

주식의 투자 회수 기간을 13년이라고 할 수 있다.

그런데 PER이 낮을수록, 회수 기간은 짧아진다. 이는 다른 지표가 동일하다고 할 때 PER이 낮은 주식이 PER이 높은 주식보다 유리하다는 것을 의미한다. 마찬가지로 이익증가율(EPS증가율)이 높거나 할인율이 낮을수록 회수 기간도 짧아진다. 반대로 PER이 높고 EPS증가율이 낮으며 할인율이 높을수록 회수 기간은 길어진다. 이따금 아무리 오래 기다려도 EPS 할인가치 총액이 원래 주가에 절대로 도달하지 못하는 경우도 있다. 예를 들어 주가 60달러, EPS 6달러, 할인율 15%, 이익증가율 0%인 기업이 있다고 해보자. 이 기업의 EPS 할인가치 총액은 40달러를 넘지 못한다. 요컨대 EPS 할인가치 총액이 절대 60달러에 도달하지 못하기 때문에 회수 기간이 없다.[1]

한 가지 더 주의할 사항은 EPS를 보지 않고 주가만 보고는 회수 기간을 알 수 없다는 것이다. 회수 기간은 주가와 EPS의 비율, 즉 PER에 달려 있다. 이런 논리는 주가를 직접 참고하지 않고 PER만 사용해 회수 기간을 판단한 〈표 5-2〉에서도 확인할 수 있다.

2단계 회수기간계산법

지금까지의 설명은 1단계 회수기간계산법이었다. 회수 기간에 이

---

[1] 이익의 할인가치총액법에 따르면, 'PER × (EPS증가율−할인율)'의 값이 'EPS증가율＋1.0'보다 작을 경우에만 회수 기간이 유한하고, 그렇지 않으면 회수 기간이 없다. 〈부록 B〉에서 이런 총액법이 성립되기 위해 필요한 자세한 조건들을 소개했다.

르기까지 하나의 이익증가율을 가정했기 때문이다. 현금흐름할인모형과 배당할인모형의 경우와 마찬가지로 이익 증가 기간을 두 단계 이상으로 나누는 것이 합리적이다. 일반적으로 첫 단계를 초기 단계 혹은 성장 단계라 하고, 그 후 단계를 후기 단계 혹은 최종 단계라고 한다.

〈표 5-2〉는 2단계 회수기간계산법을 사용해 EPS증가율과 PER에 따라 회수 기간이 어떻게 달라지는가를 나타낸 것이다.[2] 분석을 단순화하기 위해 초기 단계는 10년으로 했고, 후기 단계 EPS증가율은 3%로 동일하다고 가정했다. 할인율은 11%로 했다. 〈표 5-2〉에서 PER은 12, 초기 단계 EPS증가율 예상치는 10%인 경우를 보자. 이 경우 계산된 회수 기간은 14년이다. 즉 EPS 할인가치의 합이 최초의 주가(현재가, 매수가) 수준에 도달하는 데 걸리는 기간은 14년이다. (이런 계산 결과는 새로운 투입변수 값을 가지고 〈표 5-1〉과 유사한 표를 만들어 검증할 수 있다.) 〈표 5-2〉의 결과들은 반올림한 총 연수, 즉 만으로 본 연수이다. 예를 들어 결과가 6이면 만 6년을 의미한다. 일부는 EPS 할인가치의 합이 최초의 주가에 절대 도달하지 못하는 경우도 있다. 즉 매년 추가 이익이 발생해도 EPS증가율이 할인율에 미치지 못해 추가로 발생한 EPS 할인가치의 합이 최초의 주가에 도달하지 못하는 경우이

---

2) 티모시 빅(Timothy Vick)도 〈표 5-2〉와 유사한 표를 제시했다. 〈표 5-2〉와 다른 점은 티모시의 표는 1단계 모형이고 할인율은 적용하지 않았다는 것이다. 다단계 모형과 할인율을 적용한 회수기간계산법은 티모시의 책이 발간되기 전 밸류소프트에서 우리가 이미 발전시킨 바 있다.

〈표 5-2〉 PER과 EPS증가율로만 계산한 회수 기간

(단위 : 년)

		PER								
		4	6	8	10	12	14	16	18	20
EPS 증가율	0.0%	6	11	19	42	NR	NR	NR	NR	NR
	2.5%	6	9	14	22	45	NR	NR	NR	NR
	5.0%	5	8	12	16	23	39	NR	NR	NR
	7.5%	5	7	10	13	17	23	33	NR	NR
	10.0%	5	7	9	11	14	17	21	28	40
	12.5%	4	6	8	10	12	14	16	20	24
	15.0%	4	6	7	9	10	12	14	16	18
	17.5%	4	6	7	8	9	11	12	13	15
	20.0%	4	5	7	8	9	10	11	12	13

* 이 표는 어떤 주식을 매수했을 때 그 주식의 PER과 예상 EPS증가율만 가지고 매수원금에 상응하는 이익의 할인가치가 누적되는 데 걸리는 연수, 즉 회수 기간을 나타낸 것이다. 표에 기재한 EPS증가율은 초기 단계(처음 10년간)의 증가율이며, 그 후의 EPS증가율은 3%로 가정했다. 계산 결과는 총 연수로 나타냈고, 필요한 경우 반올림했다(6의 경우 만 6년을 의미한다). 할인율은 11%로 가정했다. NR은 결과 없음(No Result), 즉 회수 기간 없음을 의미한다.

다. 우리는 이런 경우를 'NR No Result(결과 없음)'로 표기했다. 이 모든 계산을 PER과 EPS증가율만 가지고 했음을 유념하자. 이런 계산을 하는 과정에 실제 주가는 전혀 필요하지 않았다. 또 PER이 낮고 EPS증가율이 높을수록 회수 기간은 짧아진다는 점도 주목하자.

배당금과 ROE를 이용한 회수기간계산법

지금까지의 계산법은 이익을 사용한 것이었다. 그러나 이 계산법

은 배당금에도 쉽게 적용할 수 있다. 계산에서 이익을 사용하는 부분을 배당금으로 바꾸기만 하면 된다. 예를 들어 이익 대비 주가를 나타내는 PER 대신 배당금 대비 주가를 나타내는 비율을 쓰면 된다. PER 대신 쓸 수 있는 '배당금 대비 주가비율'은 배당수익률(주가 대비 배당금비율)의 분모와 분자를 바꾼 것(배당수익률의 역)이다. 그러나 배당금을 기준으로 회수 기간을 판단하기 위해 이익 대신 배당금을 사용할 경우에는 4장의 개념을 사용해 ROE와 배당성향의 견지에서 배당금을 보는 것으로 계산법을 수정하는 것이 좋다. 이런 수정 모형에서는 PER 대신 장부가 대비 주가비율(PBR)이 사용된다.

2단계 모형을 기본으로 해서 이렇게 수정된 회수기간계산법을 사용한 결과가 〈표 5-3〉이다. 〈표 5-2〉와 마찬가지로 계산 결과는 총 연수로 반올림했다. ROE 예상치와 배당성향의 조합에 따라 주당 배당금의 할인가치의 합이 최초의 주가에 도달하지 못하는 경우는 마찬가지로 'NR'로 표기했다.

〈표 5-3〉에서, 배당성향은 초기 단계(처음 10년)는 50%, 후기 단계는 100%로 가정했다. ROE는 두 단계 모두 동일하다고 가정했다. 계산에 사용된 할인율은 11%이다. 예를 들어 최초 PBR이 2.0인 경우를 보자. 만약 ROE가 15%이면 주당 배당금의 할인가치의 합은 결코 최초 주가에 도달하지 못한다. 그런데 ROE가 17.5%이면 회수 기간은 28년, ROE가 20%면 회수 기간은 18년으로 줄어든다. 물론 ROE가 20% 이상이면 매우 특별한 경우이다.

회수기간계산법을 사용할 경우 회수 기간까지의 예상치만 필요하

〈표 5-3〉 ROE와 배당성향으로 계산한 회수 기간

(단위 : 년)

		PBR									
		0.8	1	1.2	1.4	1.6	1.8	2	2.2	2.4	2.6
ROE	10.0%	25	NR	NR	NR	NR	NR	NR	NR	NR	NR
	12.5%	15	21	34	NR	NR	NR	NR	NR	NR	NR
	15.0%	12	14	18	23	33	NR	NR	NR	NR	NR
	17.5%	10	12	14	16	18	22	28	53	NR	NR
	20.0%	8	10	12	13	14	16	18	21	24	30
	12.5%	7	9	10	11	12	13	14	16	17	19
	25.0%	6	8	9	10	11	12	12	13	14	15

* 이 표는 어떤 주식을 매수했을 때 그 주식의 PBR과 최초의 ROE를 가지고 매수원금에 상응하는 배당금의 할인가치가 누적되는 데 걸리는 연수, 즉 회수 기간을 나타낸 것이다. 각각의 ROE는 초기 단계(처음 10년)와 후기 단계 모두 동일한 것으로 가정했다. 배당성향은 초기 단계는 50%, 후기 단계는 100%로 가정했다. 계산 결과는 총 연수로 나타냈고(6의 경우 만 6년을 의미한다), 필요한 경우 반올림했다. 할인율은 11%로 가정했다. NR은 결과 없음, 즉 회수 기간 없음을 의미한다.

다는 것을 알 수 있다. 회수기간계산법에서는 일단 회수 기간을 파악하면 그 후의 예상치는 필요 없다. 요컨대 예상치가 필요한 기간이 유한하다. 무한 기간의 예상치가 필요하다면, 그것은 회수 기간이 없는 것이다. 또한 배당금을 사용하는 회수기간계산법은 주당 배당금의 할인가치의 합이 현재 주가와 일치하는지만 물을 뿐, 주가 상승으로 인한 자본차익은 전혀 고려하지 않는다. 이는 배당할인모형도 마찬가지였다.

회수기간계산법의 장단점

회수기간계산법의 가장 큰 장점은 할인모형에 새로운 시각을 제공해줌과 동시에 할인모형의 여러 약점을 극복할 수 있게 해줬다는 것이다. 다음은 회수기간계산법의 장점들이다.

장점 1 : 논리적이다. 회수기간계산법의 기초는 PER이 낮고 이익증가율이 높으며, 할인율은 낮은 주식이 좋다는 것이다. 이런 투입변수를 가지고 이익(EPS)의 할인가치의 합이 최초의 주가(현재가, 매수가)와 같아지는데 걸리는 연수를 논리적으로 계산할 수 있다.

장점 2 : 유연하다. 본문에서는 이익의 견지에서 주로 설명했지만, 이익 대신 잉여현금흐름, 배당금 등을 사용할 수 있다. 또한 4장에서 소개한 ROE를 사용한 배당할인모형으로도 회수기간계산법을 만들 수 있다.

장점 3 : 계산 결과를 쉽게 해석할 수 있다. 투자 관심 대상인 두 기업을 비교하기가 쉽다. 둘 중 회수 기간이 짧은 기업을 고르면 된다. 더욱이 채권투자 회수 기간은 계산하기 쉽기 때문에, 주식투자 회수 기간과 채권투자 회수 기간을 비교하기도 쉽다.

장점 4 : 현금흐름할인법에 기초하고 있다. 회수기간계산법은 계산 기간이 유한하다는 것만 제외하고 현금흐름할인법과 거의 동일하다. 따라서 회수기간계산법은 널리 사용되는 방법이라는 등의 현금흐름할인법의 장점을 대부분 가지고 있다.

장점 5 : 예측 기간이 유한하다. 현금흐름할인법의 가장 큰 약점 중 하나는 무한 기간의 현금증가율과 할인율을 예측해야 한다는 것이다. 이는 계산 결과의 정확성을 검증 불가능하게 만들었을 뿐만 아니라 계산된 내재가치도 불안정하게 만들었다. 그러나 회수기간계산법에는 이런 약점이 없다.

회수기간계산법의 주요 약점은 기본적으로는 주식가치 평가법이 아니라는 것이다. 다음은 회수기간계산법의 약점들이다.

약점 1 : 가치평가지표가 아니다. 회수기간계산법의 첫 번째 약점은 계산 결과가 금액으로 표현되는 내재가치도, 비율로 표시되는 수익률도 아니라는 것이다. 연수로 표현되기는 하지만, 기본적으로 연수는 금액(내재가치)이나 비율(기대수익률)로 표시되는 가치지표는 아니다.

약점 2 : 수익을 보장할 수 없다. 한 주식이 다른 주식보다 회수 기간이 짧다고 해서 그 주식의 수익성이 더 높다고 할 수는 없다. 회수 기간이 짧은 주식이라 해도 주가가 회수 기간 내내 상승하지 못하거나 심지어는 하락할 수도 있고, 회수 기간이 긴 주식이라도 주가가 상승할 수 있다.

약점 3 : 예측 기간이 길다. 전 회수 기간에 걸쳐 이익증가율과 할인율을 예상해야 한다. 현금흐름할인법처럼 무한 기간을 예측할 필요는 없지만, 회수기간계산법에서 예측해야 할 기간도 짧은 것은 아니다.

약점 4 : 비교 분석이 필요하다. 한 회사만 대상으로 회수 기간을 계산할 경우, 이 회사의 회수 기간만 보고는 매력적인 투자 대상인지 알기 어렵다. 회수기간법을 효과적으로 사용하기 위해서는 둘 이상의 기업을 분석해 그중 회수 기간이 짧은 기업을 택해야 한다. 아니면 여러 기업의 회수 기간을 계산해 회수 기간이 긴 기업부터 차례로 순위를 매길 수 있다. 그래서 하위 10%의 기업(회수 기간이 가장 짧은 10%의 기업)들로만 포트폴리오를 구성할 수 있다.

간단 정리

1. 기업이 여러 대안적인 프로젝트들을 분석하고 비교하기 위해 사용하는 한 가지 기본적인 방법은 프로젝트에 투자된 자금이 회수되는 기간, 즉 투자 회수 기간을 계산하는 것이다.

2. 이번 장에서 소개한 회수기간계산법은 상장기업이 투자자들에게 최초의 투자원금에 상당하는 금액을 돌려주는 데 걸리는 시간을 계산하는 것이다.

3. 회수 기간은 이익, 잉여현금흐름, 배당금을 사용해 계산할 수 있으며, 기본적으로 초기와 후기의 2단계로 나눠 계산하고, 미래의 불확실성을 대비하기 위해 할인율을 사용한다. 그러나 2단계 외에도 1단계나 3단계 모형으로도 설계할 수 있다.

적정주가로 거래되는 기업의 PER은
이익증가율과 같을 것이다.
그러나 PER이 이익증가율보다 낮으면,
그 주식은 저평가된 주식이다.

— 피터 린치

일반적으로 PER은 장기 이익증가율과 같아야 한다.
PER 대비 장기 이익증가율의 비율이
1이면 적정가격이고, 1보다 크면 비싼 주식이다.

— 〈애스펙트 에쿼티 리뷰Aspect Equity Review〉

CHAPTER

피터 린치와 PEG 활용법

6장 부가평가법이나 현금흐름할인법 등에서 우리는 분명히 확인할 수 있는 금액과 비율로 주식가치를 평가했다. 그리고 5장에서는 이익이나 배당금이 최초의 투자원금에 상응하는 금액이 되는데 걸리는 연수를 가지고 간접적으로 주식을 평가했다. 이번 장에서는 보다 불확실한 지표들을 가지고 가치평가를 하는 방법을 살펴볼 것이다. 그런데 여기서 한 가지 규칙은 다른 조건이 동일할 경우, 이 지표들은 "주가가 오르면 주식가치는 떨어지고 주가가 하락하면 주식가치는 올라간다"는 것을 나타내는 지표라는 점이다. 이런 지표 중 이번 장에서 다룰 가장 핵심적인 지표는 PER을 EPS증가율로 나눈 주가이익증가율(PEG = PER / EPS증가율)이다. 일반적으로 PEG가 낮을수록 더 좋은 주식이다. PEG를 살펴본 후에는 배당금을 고려해 PEG를 수정한 PEGY와 기대위험지표 expectations risk index도 살펴볼 것이다.

PEG

주가이익증가율이라고 하는 PEG는 매우 간단한 지표로, PER을 예상 EPS증가율로 나눈 것이다. 많은 투자 사이트들은 보다 자세히 분석할 주식을 고르는 데 사용할 지표로 PEG를 게시하고 있다. 예를 들어 PER이 15이고, 예상 EPS증가율이 10%이면, PEG는 1.5이다(15/10 = 1.5). 또 PER이 10이고 예상 EPS증가율이 15%이면, PEG는 0.67이다 (10/15 = 0.67). PEG는 앞에서 소개한 모형들과는 다른데, 그것은 PEG가 직접 내재가치나 회수 기간을 보여주는 것은 아니기 때문이다. PEG의 기본적인 역할은 해당 주식의 주가 수준이 적정가격에 비해 높은지 낮은지를 보여주는 것이다. PEG에는 (1) 이익증가율은 높을수록 매력적이고, (2) PER은 높을수록 덜 매력적이라는 관념이 함축되어 있다.

PEG가 1.0인 주식은 적정가격에서 거래되는 것으로 간주된다. PEG를 사용하는 목적은 가능한 PEG비율이 낮은 주식, 특히 그 비율이 1.0보다 분명히 낮은 주식을 찾기 위한 것이다. PEG를 처음 사용한 사람이 누구인지는 알려지지 않다. 그러나 이 비율을 널리 알려지게 된 것은 피터 린치Peter Lynch가 『전설로 떠나는 월가의 영웅One Up on Wall Street』에서 "일반적으로 PER이 이익증가율의 1/2에 불과한 주식은 매우 긍정적이지만, PER이 이익증가율의 두 배인 주식은 매우 부정적이다"라고 말한 이후였다. 요컨대 PEG가 0.5인 주식을 찾고 2.0인 주식은 피하라는 것이다. 린치는 계속해서 "뮤추얼펀드 운용 목적으로

> **◐ PEG**
>
> PEG는 EPS증가율 대비 PER의 비율이다. 간단히 사용할 수 있는 지표인 PEG의 목적은 PEG비율이 가능한 낮은 주식, 특히 그 비율이 1.0 미만인 주식을 찾기 위한 것이다.

주식을 분석할 때, 우리는 항상 이 지표를 사용한다"고 했다.

순수잉여금관계가 타당하고 배당금이 없으며 ROE는 일정하다고 가정하면, 이익증가율은 ROE와 거의 같다. 따라서 PEG비율을 보는 또 다른 방법은 PER을 ROE로 나누는 것이다.

마지막으로 PEG를 사용해 한 기업의 적정가치를 계산하는 간단한 공식을 만들 수 있다. 피터 린치는 PEG비율이 1이면 적정가치를 나타낸다고 주장했다. PEG가 1이라는 것은 PER과 EPS증가율이 같은 것이고, 따라서 PER 개념을 사용해 다음과 같은 공식을 만들 수 있다.

$$V = EPS \times g$$

V: 그 기업의 적정가치, EPS: 주당 순이익, g: 예상 이익증가율

여기서 이 공식을 소개하는 것은 이 공식이 8장에서 소개할 벤저민 그레이엄의 가치 공식으로 이어지기 때문이다.

일련의 연구를 통해 데이비드 립슈츠David Lipshutz는 한 미발표 논문에서 PEG가 낮은 주식으로 구성한 포트폴리오가 PEG가 높은 주식으로 구성한 포트폴리오를 이긴다는 결론을 내렸다. 1986년 1월부터

1997년 7월까지 립슈츠는 시가총액 기준 1,000대 주식들을 대상으로 연구를 진행했다. 이 기간 동안 립슈츠는 매달 예상 이익이 낮거나 이익증가율 자료가 없는 주식들을 '자료 없음(No Data)' 포트폴리오에 넣었다. 그 후 향후 12개월의 추정 EPS를 기준으로 계산한 PER(선행 PER이 된다)과 IBES Institutional Brokers' Estimate System의 5년 이익 예상치를 이익증가율로 사용해 나머지 주식들의 PEG를 계산했다. 그리고 이 주식들을 PEG가 가장 낮은 주식부터 가장 높은 주식까지 10분위로 분류해 10개의 포트폴리오를 만들었다. 이런 식으로 립슈츠는 '자료 없음' 포트폴리오를 포함해 매달 11개의 주식 포트폴리오를 만들었다.

연구 기간 동안 최저 PEG 포트폴리오의 연평균 수익률은 21.7%를 기록했다. 같은 기간 벤치마크 시장지수의 연평균 수익률은 14.9%였다. 반면 최고 PEG 포트폴리오의 연평균 수익률은 4.3%에 불과했다. 립슈츠는 연구 방법상 몇 가지 약점은 인정하면서도 PEG 효과가 매우 뚜렷해서 저PEG 주식 포트폴리오가 고PEG 주식 포트폴리오를 이긴다는 결론에는 변함이 없다고 했다. 그런데 이 연구에서 한 가지 놀라운 사실은 '자료 없음' 포트폴리오가 15.2%의 수익률을 기록하면서 벤치마크 시장지수의 수익률을 근소한 차이로 앞섰다는 것이었다.

PEG를 활용한 가치평가법의 장단점

PEG의 가장 큰 장점은 주요 재무지표를 이용해 간단히 구할 수 있으며, 이를 활용해 신속하게 주식을 평가할 수 있다는 것이다. PEG비율이 낮으면 그 회사를 좀 더 자세히 분석하라는 신호가 되고, PEG비율이 높으면 시간을 낭비하지 말고 다른 회사로 관심을 돌리라는 신호이다. 다음은 PEG비율의 장점을 정리한 것이다.

> 장점 1 : 합리적인 지표이다. PEG 계산에 사용하는 지표는 PER과 예상 EPS증가율이다. 우리는 PEG를 모르는 상태에서도 자연히 EPS증가율보다 PER이 낮은 주식을 고르려고 하는데, PEG는 이를 분명히 해주는 지표이다.
>
> 장점 2 : 계산이 쉽다. PEG의 가장 분명한 장점은 계산이 매우 쉽다는 것이다. PEG 계산에 사용되는 PER과 예상 EPS증가율은 주식 사이트나 보고서에서 쉽게 구할 수 있다.
>
> 장점 3 : 신속한 가치평가. PEG에 기초한 가치평가에 따르면, 기업의 PEG비율이 0.5 이하이면, 매우 저평가된 것으로 볼 수 있다. 아니면 최근 어떤 사정이나 사건 때문에 시장이 이 회사의 주가를 낮춰 PER을 떨어뜨린 것일 수 있다. 어떤 경우든 PEG가 낮은 회사는 보다 자세히 분석해 보는 것이 좋다.
>
> 장점 4 : 시장이 예측하는 이익증가율을 확인할 수 있다. 피터 린치는 "적정가격에 거래되는 회사의 PER은 이익증가율과 같다"고 했다. 우리가 이런 주장을 옳다고 인정한다면, 이는 한 주식의 이익증가율(따라서 주가상승률)에 대한 시장의 예측치(이를 내재성장률이라 한다)를 알 수 있다. 시장은 한 주식의 가격을 정하고 따라서 PER을 정한다. 따라서 적정가격에 거래되는 주식의 PEG비율이 1이라는 것을 인정한다면, PER은 그 주식의 이

익증가율에 대한 시장의 예측치를 반영하는 것이라고 할 수 있다. 예를 들어 PER이 10인 주식은 시장이 그 주식의 이익증가율 10%로 보고 있음을 의미한다.

PEG비율의 가장 큰 약점은 가치를 너무 단순하게 평가한다는 것이다. 다음은 PEG비율을 사용한 가치평가법의 약점들이다.

약점 1 : 너무 단순하다. PEG 비율의 첫 번째 약점은 두 가지 지표만 가지고 만든 너무 단순한 지표라는 것이다.

약점 2 : 작위적이다. 두 번째 약점은 PEG비율이 그 자체로 내재가치나 회수 기간, 혹은 (7장에서 살펴볼) 수익률을 나타내는 지표는 아니라는 것이다. PEG는 어떤 합리적인 개념적 분석틀을 가지고 있지 않으며, PER과 예상 EPS증가율이라는 두 가지 지표를 특수한 용도로 단순히 조합한 것에 지나지 않는다. 하필 이 두 지표만 사용한 이유 그리고 다른 식이 아니라 하나의 비율로 이 두 지표를 결합한 이유에 대한 합리적인 설명이 없고, 따라서 PEG는 매우 작위적인 지표라 할 수 있다. 또한 'PEG = 1'이 왜 적정가격을 의미하는지에 대한 합리적인 설명도 없다.

약점 3 : 배당금을 고려하지 않고 있다. PEG비율의 세 번째 약점은 배당금을 고려하지 않고 있다는 것이다. 예를 들어 한 기업이 PER에 비해 EPS증가율이 낮으면, 이 기업의 PEG는 높아진다. 그러나 PEG가 높아도 배당수익률이 높고 안정적이면 그 기업은 매력적인 투자 대상이 될 수 있다. 특히 이런 기업은 배당수익률이 상승할 수 있어 더 좋다.

약점 4 : 이익증가율이 낮을 경우 불합리한 지표가 된다. EPS증가율이 매우 낮으면, PEG는 불합리한 지표가 될 수 있다. PEG 가치평가법에 따르면, 한 기업의 이익증가율이 2%일 경우 이 기업이 매력적인 투자 대상이 되려면 PER은 2 이하여야 한다. 또 이익증가율이 0%라고 하면, PEG비율은 무한대가 되어 가치평가지표로 의미가 없어진다. 이익증가율이 마이너스일 경우에는, PEG도 마이너스가 된다. PEG가 1보다 훨씬 낮은 마이너스라고 해서 이 주식이 좋은 주식일까? 그렇지 않다. PEG비율이 아무리 낮아도 이익증가율이 매우 낮거나 마이너스인 기업은 투자자들이 관심을 갖지 않는다. 요컨대 이익증가율이 낮으면 PEG는 거의 쓸모없는 지표가 된다.

PEGY

피터 린치는 『전설로 떠나는 월가의 영웅』에서 PEG를 소개한 후, 배당금도 고려해야 한다는 사실을 깨달았다. 그래서 배당수익률을 포함시켜 PEG를 수정한 지표가 PEGY이다. PEGY는 PER을 예상 이익증가율과 배당수익률의 합으로 나눈 비율이다. 예를 들어 한 회사의 이익증가율이 15%, 배당수익률이 3%, PER이 12이면, PEGY 비율은 '12/(15+3) = 0.67'이 된다. 린치는 같은 사례에서 PER만 6을 사용해

0.33의 PEGY비율을 얻었는데, 그는 이 정도 PEGY면 "끝내주게 좋은 회사"라고 했다.

이익증가율과 배당수익률을 합하는 이유는 이 두 지표의 합이 다음 해 ROE가 되기 때문이다. 위의 사례에서 이 회사가 배당금을 지급한다고 할 경우, 이런 사실을 확인할 수 있다. 일단 이 회사의 현재 주가가 60달러라고 해보자. 그리고 다음 해에도 PER은 여전히 12라고 가정하자. PER이 12이고 이익증가율이 15%이기 때문에, 현재 EPS는 5달러이고 12개월 후 EPS는 5.75달러가 된다. 그런데 PER은 12이기 때문에 12개월 후 주가는 69달러가 된다. 그런데 이 회사의 배당수익률은 3%이므로 배당금은 1.80달러가 된다. 따라서 지금 60달러로 이 회사 주식 한 주를 사면 12개월 후 총자산은 '69달러+1.80달러=70.80달러'가 된다. 이 70.80달러를 최초의 투자금(자기자본) 60달러와 비교하면 총 수익률(자기자본이익률, ROE)은 18%가 된다. 이 18%는 이익증가율(15%)과 배당수익률(3%)의 합과 같다.

여기서 확인할 수 있는 결론은 PER이 일정하다고 할 경우, 이익증가율과 배당수익률의 합은 다음 해 ROE와 같다는 것이다. 바로 이런 사실 때문에 PEGY를 가치평가지표로 사용할 수 있게 되었다. PEGY

● PEGY

PEGY비율은 PEG에 배당금을 포함시킨 지표로, PER을 예상 이익증가율과 배당수익률의 합으로 나눈 것이다. PEG의 경우와 마찬가지로 PEGY도 가능한 그 비율이 낮은 주식을 찾기 위한 것이다.

비율이 낮다는 것은 다음 1년의 예상 ROE에 비해 PER이 낮다는 것을 의미하기 때문이다.

PEG에 대한 실증 연구를 수행했던 데이비드 립슈츠는 PEGY에 대한 연구도 수행했다. PEG의 경우와 마찬가지로, 그는 저PEGY 포트폴리오가 고PEGY 포트폴리오보다 높은 실적을 낸 사실을 확인했다. 저PEGY 포트폴리오는 변동성도 상대적으로 적었다. 그런데 저PEGY 종목 100여개로 구성한 포트폴리오를 유지하는 데 필요한 주식회전율turnover rate은 연간 약 70%에 달했다. 개인투자자의 시각에서 보면, 이는 학술 연구의 약점을 고스란히 보여준다. 요컨대 저PEGY 주식 포트폴리오로 립슈츠의 연구 같은 우수한 실적을 올리기 위해서는 주식회전율이 높은 대규모 포트폴리오를 구축해야 한다. 이는 개인투자자로서는 거의 불가능한 일이다.

이론적으로 볼 때 PEGY비율은 배당금을 계산에 포함시킴으로써 PEG를 개선한 것이다. 그러나 이런 사실과 별도로, 그 장단점은 위에서 소개한 PEG 비율의 장단점과 유사하다.

기대위험지표(ERI)

기대위험지표expectations risk index, ERI는 금액이나 수익률의 견지에서 내재가치를 계산한 것이 아니라 하나의 지표이기 때문에 PEG나 PEGY와 유사하다. PEG에서처럼 ERI를 구할 때도 PER과 예상 이익증가율을 사용한다. 그러나 ERI는 이에 더해 과거의 이익증가율과 할인율까지 고려한다. ERI는 다음 두 문제에 초점을 맞춘다.

1. 미래의 성장률(이익증가율)이 회사 주가에서 차지하는 부분은 얼마인가?
2. 회사가 그런 미래의 성장률(이익증가율)을 달성하기가 얼마나 어려운가?

알프레드 라파포트Alfred Rappaport는 이 두 문제에 답하면서 특별한 하나의 가치평가법을 소개하고 이를 분석했다. 일반적으로 미래의 성장률이 주가에서 차지하는 부분이 적을수록 그리고 그런 미래의 성장률을 달성하는 것이 과거보다 쉬울수록, 주가는 더 저평가되었다는 것이다.

ERI는 사례를 통해 가장 쉽게 이해할 수 있다. 현재 주가가 80달러인 주식이 있다고 해보자. ERI는 먼저 1단계 현금흐름할인법으로 내재가치를 계산한다. 이때 잉여현금흐름이 전혀 증가하지 않는다고 가정한다. 그 이유는 회사의 성장과 전혀 관계없는 주가 부분을 계산해내기 위한 것이다. 할인율은 11%, 최초 잉여현금흐름은 5달러라고 가

> ◐ **기대위험지표(ERI)**
>
> 기대위험지표(ERI)는 미래의 성장률이 주가에서 차지하는 부분은 어느 정도이며, 그런 미래의 성장률을 달성하기가 어느 정도 어려운지를 나타내는 지표이다.

정하자. 잉여현금흐름이 계속 5달러에 머무른다고 하면, 〈부록 B〉에서 소개한 1단계 현금흐름할인공식에 따라 내재가치는 45.45달러가 된다. 이는 주가 80달러 중 나머지 34.55달러, 즉 주가의 43.18%가 미래 성장에 대한 투자자의 기대로 형성된 것임을 의미한다. 이를 주가에서 '미래 성장이 차지하는 비율'이라고 하자. 이로써 우리는 주가에서 미래 성장이 차지하는 비율을 밝혔다. 위의 두 질문 중 첫 번째 질문에 대한 답을 찾아낸 것이다.

두 번째 단계는 예상 주당 잉여현금흐름증가율이 과거의 증가율보다 얼마나 높은지 또는 낮은지에 맞춰 이 비율을 조정하는 것이다. 미래 잉여현금흐름증가율이 10%로 예상되고 역대 잉여현금흐름증가율이 15%라고 해보자. 여기에서 가속변수$_{\text{acceleration factor}}$는 '(1+10%)/(1+15%) = 0.956'이다. 바로 이 가속변수 값이 두 번째 질문에 대한 답으로 미래의 성장률을 달성하기 어려운 정도를 나타낸다. 미래의 예상 성장률이 역대 성장률과 같으면 가속변수는 1이 된다. 그리고 미래의 예상 성장률이 역대 성장률보다 높으면 가속변수는 1보다 크고, 반대이면 1보다 낮다. ERI는 주가에서 미래 성장이 차지하는 비율과 가속변수를 곱한 값이다. 사례에서 ERI는 '0.4318 × 0.956 = 0.41'이다. ERI를 계산하는 것은 ERI 값이 가능한 낮은 주식을 찾기 위한 것이다. ERI 값이 낮을수록 성장 기대치를 만족시킬 가능성이 더 크기 때문이다. 따라서 ERI가 낮을수록 수익성 있는 투자일 가능성이 높다.

ERI를 좀 더 자세히 분석하면 다음과 같은 네 가지 중요한 사실을 발견할 수 있다.

1. ERI를 통한 가치평가는 현금흐름할인법을 간단하게 응용한 것이다. 특히 1단계 현금흐름할인모형을 사용하며 잉여현금흐름이 증가하지 않는다고 가정한다.
2. 잉여현금흐름 대신 평균이익, 이익, 배당금 같은 다른 일반적인 주당 지표를 사용해 ERI를 구할 수도 있다(논의를 단순화하기 위해 주당 잉여현금흐름 대신 EPS를 사용해 ERI를 살펴볼 것이다).
3. 주가와 EPS(혹은 주당 잉여현금흐름)를 몰라도 된다. PER(혹은 잉여현금흐름 대비 주가비율, PCR)만 알면 된다. 따라서 PER 값에 따른 ERI 값을 나타낸 표를 만들기가 쉽다. 〈표 6-1〉은 그렇게 표를 만들어 본 것이다.
4. 첫 단계 계산에서 (이익 증가가 없다고 가정해 계산한) 내재가치가 주가보다 높게 나올 때도 있다. 이 경우, 미래 성장이 차지하는 비율은 마이너스가 되고, 따라서 ERI도 마이너스가 된다. 위의 사례에서 미래 성장이 차지하는 비율은 PER이 9.09일 때 0이 되고, PER이 9.09 미만일 때 마이너스가 된다. 이는 〈부록 B〉의 공식을 사용해 확인할 수 있다. 요컨대 PER이 9.09일 때 내재가치는 최초의 주가와 같은 80달러가 된다(할인율 11%, 이익증가율 0%로 가정). 예상 이익증가율이 역대 이익증가율보다 낮을 때 ERI가 낮아져야 하기 때문에 미래 성장이 차지하는 비율이 마이너스가 될 경우 가속변수는 앞에서 정의한 가속변수의 역을 사용해야 한다.

ERI를 계산하는 것은 어렵지 않다. ERI 값의 상대적인 크기와 범위가 어느 정도인지를 살펴보기 위해 PER과 가속변수에 따른 ERI 값을 〈표 6-1〉로 작성해 보았다. 할인율은 11%로 가정했다. (여기에서는 PER을 사용했지만, 잉여현금흐름 대비 주가비율, 즉 PCR 같은 비율을 쓸 수도 있다.)

이 표의 이용법을 이해하기 위해 앞의 사례를 계속 사용해 보자. PER 대신 PCR을 사용한다고 할 때, PCR이 16이라고 하면, 표에서 PER이 16인 열을 보면 된다. 이때 가속변수가 95라면, 가속변수 90%와 100% 사이에 위치하게 된다. 그러면 ERI는 0.39와 0.43 사이인 약 0.41이 된다. 이는 앞의 사례와 결과가 같다. 일반적으로 PER이 낮을수록 더 매력적인 투자 대상이다. 이 표를 보면 왼쪽 열로 갈수록 ERI

〈표 6-1〉 RER과 가속변수에 따른 ERI 값

가속변수	PER							
	6	8	10	12	14	16	18	20
70%	−0.74	−0.19	0.06	0.17	0.25	0.30	0.35	0.38
80%	−0.64	−0.17	0.07	0.19	0.28	0.35	0.40	0.44
90%	−0.57	−0.15	0.08	0.22	0.32	0.39	0.45	0.49
100%	−0.52	−0.14	0.09	0.24	0.35	0.43	0.49	0.55
110%	−0.47	−0.12	0.10	0.27	0.39	0.48	0.54	0.60
120%	−0.43	−0.11	0.11	0.29	0.42	0.52	0.59	0.65
130%	−0.40	−0.10	0.12	0.32	0.46	0.56	0.64	0.71

* 이 표는 PER과 가속변수 값에 따라 ERI가 어떻게 되는지를 나타낸 것이다. 할인율은 11%로 가정했다. 개별 기업에 적용할 가속변수는 그 기업의 (1+g)를 (1+h)로 나누어 구한다. 여기서 g는 예상 이익증가율(혹은 잉여현금증가율)을, h는 역대 이익증가율(잉여현금증가율)을 말한다. ERI 값이 높은 주식보다 낮은 주식이 더 좋은 투자 대상이다.

가 낮아진다. 따라서 PER이 낮을수록 ERI도 낮아지고, 따라서 더 매력적인 투자 대상이 된다는 것을 알 수 있다. 또 미래의 예상 성장률이 역대 성장률보다 낮을수록 예상 성장률을 달성할 가능성이 높아지고, 따라서 투자 매력도는 증가하는데, 이런 사실은 〈표 6-1〉에서 가속변수가 낮을수록 ERI가 낮아지는 데서 확인할 수 있다.

PER과 이익증가율을 사용해 ERI를 계산하기 때문에 같은 변수를 사용해 계산하는 PEG와 비교해 볼 수 있다. 다음은 ERI와 PEG를 활용한 가치평가에서 서로 일치하거나 불일치하는 세 가지 내용을 정리한 것이다.

1. 저PEG나 저ERI 주식은 고PEG나 고ERI 주식보다 투자 매력도가 높다.
2. PEG와 ERI 모두 PER을 사용하며, PER이 낮을수록 그 값도 낮다.
3. PEG와 ERI 모두 이익증가율 예상치를 사용한다. 그러나 PEG의 경우 예상 이익증가율이 높을수록 PEG 값은 낮아지나(투자 매력도 증가), ERI의 경우 예상 이익증가율이 높을수록 ERI 값도 높아진다(투자 매력도 감소). 이런 차이가 발생하는 이유는 PEG는 PER보다 이익증가율이 높은 주식을 찾기 위한 지표인 반면, ERI는 제로성장을 가정해 해당 주식의 내재가치를 계산한 후 다시 이를 계산에 사용한 지표이기 때문이다. ERI는 역대 이익증가율보다 예상 이익증가율이 가능한 낮은, 따라서 그 예상 이익증가율을 달성할 가능성이 높은 주식을 찾기 위한 지표인 것이다.

라파포트는 1994~1996년에 걸쳐 IT 주식과 식음료 주식을 대상으로 ERI법의 타당성에 관한 연구를 진행한 바 있는데, 두 업종 모두 ERI가 가장 낮은 주식들이 해당 업종에서 가장 높은 수익을 낸 것으로 밝혀졌다.

ERI를 활용한 가치평가의 장단점

ERI의 가장 큰 장점은 중요한 여러 금융지표를 결합해 간단하게 가치를 평가할 수 있다는 것이다. 다음은 이런 ERI의 장점이다.

> 장점 1 : 합리적인 지표이다. ERI의 목적은 현재 주가에 미래 성장에 대한 기대(미래 성장이 차지하는 비율)가 적게 반영되어 있으며 예상 성장률을 달성하기 쉬운 주식을 찾는 것이다. ERI는 이 목적을 위해 여러 금융지표를 합리적으로 결합했다.
> 장점 2 : 해석이 쉽다. 투자 대상 기업들을 비교하기가 쉽다. ERI가 낮은 기업을 택하면 된다.
> 장점 3 : 광범위하고 중요한 금융지표들을 사용했다. ERI 가치평가법에서는 PER, 역대 이익증가율, 미래 예상 이익증가율, 할인율 같은 여러 중요한 금융지표들을 사용하고 있다. 특히 PEG에 비해 많은 지표를 적절히 사용하고 있으며, 따라서 해당 회사에 관한 보다 많은 정보를 활용한 가치평가법이다.

ERI의 가장 큰 약점은 논리적인 분석틀 없이 여러 금융지표를 작위적으로 결합했다는 것이다. 다음은 ERI의 주요 약점이다.

약점 1 : 작위적인 지표이다. ERI의 첫 번째 약점은 ERI 계산 결과가 내재가치나 회수 기간, 혹은 수익률이 아니란 것이다. ERI는 금융자료와 예상치를 독특하게 결합한 지표이다. 왜 하필이면 그 자료를 그런 식으로 결합했는지에 대한 논리적인 설명이 없는 작위적인 지표이다.

약점 2 : 현금흐름할인법을 사용한 데 따른 약점. 앞서 말한 것처럼 ERI는 현금흐름할인모형을 적용해 계산을 시작한다. 따라서 할인율 추정치가 필요하고 불안정하다는 등의 현금흐름할인법의 여러 약점이 ERI에도 그대로 존재한다. 더욱이 ERI를 계산할 때 1단계 모형만 사용하기 때문에 약점이 더욱 부각된다.

간단 정리

1. 달러나 연수(年數) 같은 구체적인 수치로 가치를 표현하는 대신, 상대적인 지표나 비율로도 가치를 평가할 수 있다.

2. 그 예가 PEG와 PEGY이다. PEG는 PER을 예상 EPS증가율로 나눈 비율이다. PEGY는 여기에 배당금까지 고려한 지표이다. 기대위험지표(ERI)도 비슷한 유형의 지표이다.

3. PEG, PEGY, ERI는 기업들의 투자 매력도를 비교하는 도구로 널리 사용되고 있다.

투자자의 목적은 지금부터 향후 5년, 10년 혹은 20년간

이익이 크게 증가할 것이 거의 분명한

그리고 이해하기 쉬운 사업을 하고 있는

기업의 주식을 합리적인 가격에 매수하는 것이다.

시간이 가면 투자자들은 이런 기업이 매우 적다는 것을 알게 될 것이다.

따라서 그런 기업을 발견했다면, 그 주식을 가능한 많이 매수해야 한다.

그리고 자신의 원칙을 버리고 싶은 유혹을 떨쳐버려야 한다.

10년 동안 주식을 보유할 생각이 아니면,

단 10분도 그 주식을 보유해서는 안 된다.

오랫동안 이익이 증가하는 기업들로 포트폴리오를 구성하라.

그러면 포트폴리오의 시장가격도 상승할 것이다.

― 워런 버핏

이익, 이익, 이익……

궁극적으로 한 주식의 운명을 결정하는 것은 이익이다.

― 피터 린치

7

CHAPTER

• • •

내 기대수익률은 얼마인가 : 기대수익률법(가격비율법)

지금까지 우리가 제기한 기본적인 질문은 "그 주식의 진정한 가치는 얼마인가?"였다. 이 질문 말고도 우리가 살펴봐야 할 두 번째 질문이 있다. 우리가 한 주식이 저평가되었다는 사실을 발견했다면, 이제 우리는 "그 주식의 시장가격이 내재가치보다 얼마나 낮은가(혹은 높은가)?"를 살펴봐야 한다. 이 두 번째 질문이 중요한 것은 저평가된 주식일수록 주가가 먼저 그리고 더 빨리 상승할 것이라는 가정 때문이다. 요컨대 저평가된 주식일수록 수익률은 더 높을 것이기 때문에 시장가격이 내재가치보다 상당히 낮은 주식을 찾아야 한다. 그러나 투자자에게 이보다 훨씬 근본적인 질문은 "내가 확실히 기대할 수 있는 수익은 얼마인가?" 하는 것이다. 단순하게 말해 "내가 투자한 돈으로 내가 계획한 기간 동안 얼마나 많은 돈을 벌 수 있느냐?"는 것이다. 결국 중요한 것은 "얼마나 돈을 벌 수 있느냐"는 것이며, 그 밖의 다른 모든 것은 부차적인 것이다. 사실 다른 모든 질문과 재무제표 분석은 이 질문에 대한 답을 찾는데 얼마나 도움이 되느냐에 따라 그 중요성이 결정된다.

적절한 수익률을 달성하리라는 확신이 없다면, 그 주식이 저평가되었는지 여부는 아무런 의미도 없다. 예를 들어 어떤 모형으로 평가하든 50% 이상 저평가된 것으로 확인되었다 해도, 그 주식의 주가가 언제 상승할지 혹은 과연 상승할지는 알 수 없다. 아무리 저평가된 주식이라도 수년간 주가가 제자리걸음을 할 수도 있다.

지금까지 우리가 주식가치를 평가하기 위해 한 모든 계산들은 결국 우리가 어느 정도의 수익을 기대할 수 있는지를 최종적으로 판단하기 위한 과정이었다. 이번 장에서 우리는 진정한 가치를 금액으로 표현한 내재가치란 것을 계산하지 않고도 처음부터 직접 수익률을 알아보는 방법을 살펴볼 것이다. 그리고 그에 대한 답을 PER, 이익증가율, 배당수익률 등의 형태로 제시할 것이다. 또한 우리는 기대수익률을 계산하면서 그런 기대수익률에 대한 확신의 정도도 계산할 필요가 있다. 이 문제에 대해서는 이번 장에서도 살펴보겠지만, 9장의 안전마진 부분에서 보다 자세히 살펴보도록 하겠다.

기대수익률 혹은 가격비율[1]

가치비율은 가격(P) 대비 내재가치(V)의 비율을 말하며, 그 주식의

---

[1] 가치비율에 대해 처음부터 가격을 계산에 포함해 수익률을 구한다는 의미에서 기대수익률을 가격비율 혹은 주가비율(price ratio)이라고도 한다. 이는 대표적인 주가비율인 PER(주가수익배율)이 기대수익률 계산에 중요하다는 것을 의미한다—역자.

가격이 가치를 제대로 반영하고 있는지를 판단하기 위한 것이다. 가격을 고려하지 않고 내재가치만 따로 계산할 필요는 없다. 오히려 내재가치를 계산할 때 처음부터 가격을 계산에 포함시키는 것이 보다 유용하고 직관에도 부합한다. 또한 내재가치 계산의 일정 단계에서는 가격을 계산에 포함시켜야 하기 때문에, 처음부터 가격을 계산에 포함시키지 않을 이유도 없다. 이런 점을 염두에 두고 주가(P)를 EPS로 나눈 PER로 논의를 시작해 보자. PER = P/EPS이므로 다음과 같이 개조할 수 있다.

$$가격, 주가(P) = EPS \times PER$$

요컨대 한 주식의 가격은 EPS와 PER의 두 부분으로 구성되어 있다. PER은 가격과 EPS로 계산되기 때문에, 얼핏 보면 이 공식은 가격을 잘못 분해한 것처럼 보인다. 그러나 PER을 'EPS 1달러당 시장이 기꺼이 지불할 용의가 있는 금액'으로 생각하면 보다 독립적인 지표가 된다. 요컨대 한 주식의 PER이 10이란 것은 시장이 그 주식에 대해 EPS 1달러당 10달러를 지불할 용의가 있음을 의미한다. 따라서 PER만 알면, 실제 주가나 EPS를 몰라도 된다. PER이 10인 경우, EPS가 1달러면 주가는 10달러가 되고, EPS가 2달러면 주가는 20달러가 된다.[2] 주

---

[2] 비상장기업의 매각 가격은 PER이나 PSR(주당 매출액 대비 주가비율)로 결정되는 경우가 많다. 협상 당사자들은 해당 기업의 두 비율을 보고 그 기업의 적정 인수 가격에 합의하게 된다.

가를 EPS와 PER로 분해할 수 있다면, 주가가 오르기 위해서는 EPS나 PER 둘 중 하나 혹은 둘 모두 상승해야 한다는 결론을 도출할 수 있다. 마찬가지로 주가가 떨어지기 위해서는 EPS나 PER 둘 중 하나 혹은 둘 모두 하락해야 한다.

주가를 EPS와 PER이 결합된 것으로 보는 것은 객관적인 변수와 주관적인 변수를 동시에 고려하는 것이다. 여기서 객관적인 것은 EPS이고 주관적인 것은 PER이다. EPS는 해당 기업의 재무제표를 통해 직접 계산할 수 있기 때문에 객관적이다(보다 정확히 말하자면 EPS는 사실상 객관적이라고 해야 한다. 동일한 기업에 대해 회계사마다 다른 재무제표를 만들어 낼 수 있기 때문이다). 반면 PER은 해당 기업의 EPS 1달러의 가치에 대한 전체 시장의 의견이 집약된 것이기 때문에 주관적이다. 가치(보다 정확히는 실질가치)는 주가(객관적인 시각)와 내재가치(주관적인 시각)의 조합으로 설명할 수 있다. 여기서 우리는 다시 주가를 객관적인 EPS와 주관적인 PER의 조합으로 봄으로써 객관과 주관의 견지에서 분석을 진행할 것이다. 이런 점을 염두에 두면, 우리는 주가의 객관적인 부분에 적합한 도구와 주가의 주관적인 부분에 적합한 도구를 각각 사용해 분석할 수 있다.

일반적으로 이익을 말할 때 우리는 감사를 받은 승인된 재무자료에 입각해 직접 말할 수 있다. 그러나 PER을 말할 때는 보다 유연해야 할 뿐만 아니라, 시장 분위기까지 고려해야 한다. 〈그림 7-1〉은 예상 EPS증가율, 예상 PER, 기대수익률(주가비율, 가격비율)의 관계를 나타낸 것이다.

<그림 7-1> 가치의 구성 요인

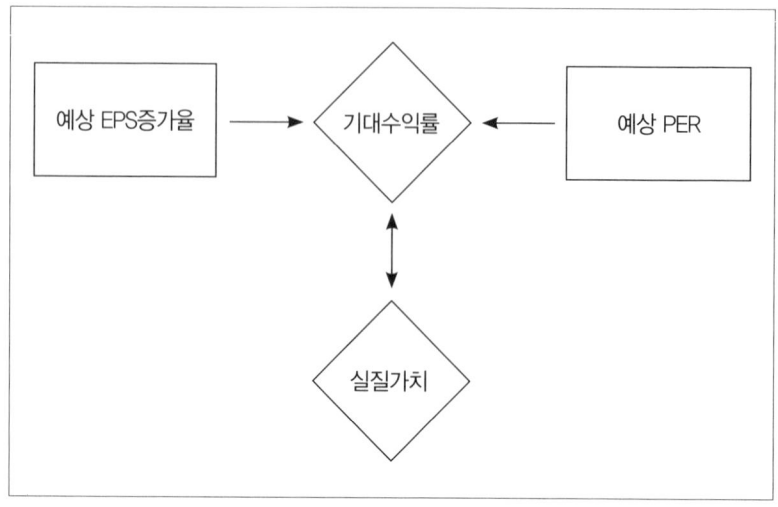

내재가치와 가격으로 구한 가치비율(내재가치/가격)로 가치를 확인할 예정이며, 여기서는 이익증가율과 PER로 구한 기대수익률로 가치를 확인할 것이다. 이런 의미의 가치를 강조할 필요가 있으면, 그때마다 실질가치real value라고 명기할 것이다. 가치비율의 견지에서 본 가치를 의미하는지 기대수익률의 견지에서 본 가치를 의미하는지는 문맥에서 분명히 드러날 것이다.

가치비율로 표현된 가치와 기대수익률로 표현된 가치의 차이는 전자에는 시간요인이 포함되어 있지 않다는 것이다. 요컨대 한 주식이 저평가되어 있다는 것을 알아도, 그 주식의 주가가 언제 상승할지 혹은 과연 상승할지 계산할 수 없었다. 반면 기대수익률로 표현된 가치의 개념 속에는 처음부터 수익률을 계산하겠다는 목적이 담겨 있다.

이런 사실을 염두에 두면서 〈그림 7-1〉을 보자. 이 그림에는 기대수익률과 실질가치가 서로 연계되어 있다. 그러나 이 둘의 관계를 즉각 파악할 수 있는 분명한 규칙은 없다. 〈표 7-1〉은 기대수익률과 실질가치의 관계를 나타낸 것이다. 예를 들어 투입변수와 계산의 불확실성을 인정하는 선에서 말하자면, 기대수익률 18% 이상인 주식은 매우 좋은 가치를 갖고 있다고 할 수 있다. 필요한 기대수익률 수준에 영향을 미칠 수 있는 다른 변수들로는 해당 회사의 시가총액, 부채 수준, 매출과 이익 실적, 제품의 강점과 차별성(그리고 이런 변수들에 있어서 해당 기업이 직면한 위험) 등이 있다.

우리는 회사의 이익만 증가하기를 원하는 것이 아니라, 회사의 이익이 투자자의 이익으로 전환될 것도 원한다. 회사의 이익이 투자자의 이익으로 전환되는 것은 회사의 이익을 주가로 전환시키는 PER을 통해서이다. 주가를 EPS와 PER로 분해할 수 있다는 시각에서 보면, 시간이 감에 따라 지속적으로 EPS가 증가하고 그에 따라 PER도 상승하면 그 회사는 매우 매력적인 투자 대상이 된다. 나는 이런 매력적이

〈표 7-1〉 기대수익률로 본 가치

기대수익률	가치
18% 이상	매우 좋음
12~18% 사이	좋음
10~12% 사이	평균 이상
8~10% 사이	평균 이하
8% 미만	매우 나쁨

> ● **더블딥 주식을 찾아라.**
>
> EPS의 증가는 그 회사의 이익이 증가하고 있음을 보여주며, PER은 이 이익이 어느 정도나 주가(투자자의 이익)로 전환되었는지를 알려 준다. 더블딥 주식은 EPS와 PER이 함께 상승하는 기업을 말한다.

회사를 더블딥 주식double-dip investment이라고 부른다.[3] 물론 신뢰할 만한 이익증가율을 보이는 회사라 해도 PER이 함께 상승할지는 알 수 없다. 그러나 잠시 뒤 우리는 PER이 바닥일 때 혹은 바닥에 근접해 있을 가능성이 높은 때를 알아내는 규칙들을 살펴볼 것이다.

지금까지의 설명은 투자자의 이익을 주가 상승─즉 자본차익─의 견지에서만 본 것이다. 그러나 투자자의 이익을 전체적으로 파악하기 위해서는 배당금도 고려해야 한다. 배당금을 고려하면 우리는 기대수익률을 PER, 이익증가율, 배당금 수준이라는 세 변수에 기초해 주가와 배당금으로 계산한 투자수익률로 정의할 수 있다. 이런 투자수익률을 계산할 때 일반적인 이익 대신 평균이익, 잉여현금흐름, 배당금 같은 다른 지표를 사용할 수도 있다. 예를 들어 PER 대신 PCR(잉여현금흐름 대비 주가비율), 이익증가율 대신 잉여현금흐름증가율을 사용할 수도 있다. 그러나 여기서는 핵심 개념에 초점을 맞추기 위해 일반적인 이익을 가지고 설명할 것이다.

---

[3] 1984년 버크셔 해서웨이 연차보고서에서 워런 버핏은 워싱턴포스트가 '트리플딥 투자(triple-dip investment)'가 되었다고 했는데, 여기서 더블딥에 한 가지 더 추가된 세 번째 딥은 워싱턴포스트의 자사주 매입에서 나왔다.

분석에서 배당금을 처리하는 방법은 다음 셋 중 하나이다.

1. 배당금으로 해당 기업 주식을 추가로 매수한다고 가정할 경우
2. 배당금으로 다른 증권, 특히 채권을 매수한다고 가정할 경우
3. 배당금을 계산에서 제외하고 자본차익에만 초점을 맞추는 경우

이런 세 가지 가능성과 더불어 배당소득세와 자본소득세도 고려할 수 있다. 그러나 이 모든 가능성을 다 살펴보는 대신, 배당금으로 해당 기업 주식을 추가로 매수했을 경우 총투자수익률은 어떻게 되는지만 살펴볼 것이다. 서로 다른 투자들을 비교하고 그 실적을 측정할 수 있는 가장 기본적인 지표는 총투자수익률이기 때문이다. 그렇다고 배당금을 해당 기업에 반드시 재투자해야 한다는 것은 아니다. 단지 자본차익과 배당금을 모두 고려함으로써 같은 잣대로 투자를 서로 비교하기 위한 것이다. 이와 관련된 일반적인 이론을 살펴보는 대신에 핵심 개념을 파악하기 위해 점점 더 복잡해지는 일련의 사례를 검토해 보자.

> **사례 1** : 우선 PER은 불변이고 EPS는 증가하며 배당금은 없다고 가정해 보자. 그리고 EPS는 향후 5년간 매년 15%씩 증가할 것이라고 가정하자. 그러면 PER은 불변이므로 주가(EPS × PER)는 향후 5년간 EPS증가율과 같은 연평균 15%씩 상승하게 된다.
>
> **사례 2** : 이제 5년간 PER은 총 20% 상승하지만 EPS는 변함이 없다

고 가정해 보자. 이 경우 주가는 5년간 총 20% 상승하게 된다. 복리 효과를 고려할 때, 주가는 5년간 연평균 3.71% 상승하게 된다.

사례 3 : 이제 여전히 배당금은 없지만, EPS와 PER이 모두 증가한다고 가정해 보자. 사례 1과 사례 2를 결합해서 향후 5년간 EPS는 연간 15%씩 증가하고 PER은 총 20% 상승한다고 가정하자. 사례 1과 사례 2에서 우리는 EPS증가율과 PER상승률을 각각 따로 적용했을 때, 주가의 연평균 상승률이 각각 15%와 3.71%가 된다는 것을 확인한 바 있다. 따라서 이 두 개의 주가상승률을 더하면 18.71%가 된다. 그러나 매년 EPS와 PER이 서로 결합되기 때문에 주가의 실제 연평균 상승률은 19.27%가 된다. 이렇

〈표 7-2〉 주가 상승

(단위 : 달러)

연차	기초 주가	EPS	기말 주가
1	100.00	11.50	138.00
2	138.00	13.23	158.70
3	158.70	15.21	182.51
4	182.51	17.49	209.88
5	209.88	20.11	241.36

연평균 수익률 : 19.27%

* 최초 주가가 100달러일 경우 주가 상승을 나타난 표이다. 직전 연도 EPS는 10달러고, EPS 증가율은 연 15%로 가정했다. PER은 5년간 총 20% 상승하는 것으로 가정했다. 이 경우 주가가 어떻게 상승할지를 연 단위로 계산했다. 예를 들어 EPS증가율이 15%이므로 1년차에 EPS는 직전 연도 10달러에서 11.50달러로 증가했다. PER이 12면 1년차 기말 주가는 138.00달러가 되고, 5년 후 주가는 241.36달러가 되는데, 이는 연평균 수익률(주가상승률)로는 19.27%가 된다.

게 되는 이유를 살펴보기 위해, 최초의 주가(매수가라고 하자)는 100달러, 전년도 EPS는 10달러로 가정해 보자. 〈표 7-2〉는 첫해 초 100달러였던 주가가 5년 후 241.36달러로 상승하는 것을 보여주고 있다. 연평균 상승률로는 19.27%이다. 이제 반대로 PER이 5년간 총 20% 하락했다고 해보자. 이 경우 유사한 표를 만들어 보면 EPS가 연평균 15% 증가해도 주가는 5년간 연평균 9.98%밖에 상승하지 않는 것으로 나온다.

이 간단한 사례에서 연평균 주가상승률 공식은 다음과 같다.

$$5년간\ 연평균\ 주가상승률(연평균\ 수익률)$$
$$= \{(1+R)^{1/5} \times (1+g)\} - 1$$

R : 5년간 PER상승률, g : 연평균 EPS증가율

사례 3을 이 공식에 적용해 계산하면, 5년간 연평균 주가상승률은 다음과 같다.

$$\{(1+0.2)^{1/5} \times (1+0.15)\} - 1 = 0.1927 = 19.27\%$$

사례 4 : 여기서는 회사가 배당금을 지급한다고 가정하고, 투자자가 그 배당금을 해당 기업의 주식을 추가 매수하는 데 사용한다고 해보자. 구체적으로 이 회사의 배당성향은 20%라고 해보자. EPS는 향후 5년간 매년 15%씩 증가하며, 분석의 단순화를

위해 PER은 변하지 않는다고 가정하자. 그리고 최초의 주가는 50달러, 그해 EPS는 5달러였다고 해보자(따라서 PER은 10이다). 우리의 목적은 배당금이 재투자되었을 때 향후 5년간 어떤 일이 벌어질지 확인하는 것이다.

처음 1년간 EPS는 15% 증가해 5.75달러가 된다. 그러면 PER은 10으로 불변이므로 주가는 57.50달러가 된다. 또한 배당성향은 20%이므로 1년차의 배당금은 이익(EPS)의 20%인 1.15달러가

〈표 7-3〉 주가 상승

(6) 연차	(2) 주가 (달러)	(3) EPS (달러)	(4) 배당금 (달러)	(5) 배당금으로 매수한 주식 수	(6) 총 주식 수	(7) 포트폴리오 가치 (달러)
0	50.00	5.00			1.0000	50.00
1	57.50	5.75	1.15	0.0200	1.0200	58.65
2	66.13	6.61	1.32	0.0204	1.0404	68.80
3	76.04	7.60	1.52	0.0208	1.0612	80.70
4	87.45	8.75	1.75	0.0212	1.0824	94.66
5	100.57	10.06	2.01	0.0216	1.1041	111.04

연평균 수익률 : 17.30%

* 최초의 포트폴리오는 최초가 50달러에 매수한 주식 한 주로 구성한 것으로 가정했다. 배당금은 각 연차 말에 해당 주식을 추가 매수하는 데 사용한 것으로 가정했다. EPS증가율과 배당성향은 매년 15%와 20%로 일정한 것으로 가정했다. PER은 10으로 일정한 것으로 가정했다. (2)는 각 연차 말의 주가이다. (3)의 EPS는 연간 15%씩 증가한다. 각 연차의 주가(2)를 EPS(3)로 나누면 PER은 10으로 일정하다. (4)의 배당금은 (3)의 EPS와 배당성향 20%를 적용해 구한 것이다. 이 배당금을 직전 연도 주식 수와 곱하면 배당금으로 매수한 주식 수(5)가 나온다. (6)의 총 주식 수와 (2)의 주가를 곱한 것이 (7)의 투자자산(포트폴리오)의 가치가 된다. 투자자산의 가치가 5년 동안 50달러에서 111.04달러로 증가한 것은 연평균 수익률(포트폴리오 가치상승률)로는 17.30%이다.

된다. 1년차 말에 주가가 57.50달러인 것을 고려하면, 이 배당금으로 0.02주(배당금 1.15달러/1년차 말 주가 57.50달러)의 주식을 살 수 있다. 이 말은 57.50달러의 가격에 주식을 1.02주 보유하게 되었다는 것을 의미한다. 그러면 투자자산의 가치는 '1.02주 × 57.50달러 = 58.65달러'가 된다. 〈표 7-3〉은 이런 식으로 5년 동안의 결과를 정리한 것이며, 5년차 말의 투자자산 가치는 111.04달러가 된다. 최초의 주가(매수가)는 50달러였으므로 수익률은 연평균 17.30%가 된다.

〈표 7-4〉 배당금 재투자를 가정했을 때 연평균 수익률

(단위 : %)

		배당성향						
		0	10	20	30	40	50	100
EPS 증가율	-5.0	-5.0	-4.05	-3.10	-2.15	-1.20	-0.25	4.50
	-2.5	-2.5	-1.53	-0.55	0.43	1.40	2.38	7.25
	0.0	0.0	1.00	2.00	3.00	4.00	5.00	10.00
	2.5	2.5	3.52	4.55	5.57	6.00	7.62	12.75
	5.0	5.0	6.05	7.10	8.15	9.20	10.25	15.50
	7.5	7.5	8.58	9.65	10.73	11.80	12.88	18.25
	10.0	10.0	11.10	12.20	13.30	14.40	15.50	21.00
	12.5	12.5	13.63	14.75	15.88	17.00	18.13	23.75
	15.0	15.0	16.15	17.30	18.45	19.60	20.75	26.50
	17.5	17.5	18.68	19.85	21.03	22.20	23.38	29.25
	20.0	20.0	21.20	22.40	23.60	24.80	26.00	32.00

* 5년간 PER은 10으로 일정하고, 배당금은 재투자되는 것으로 가정했다. 표 안의 % 수치는 배당성향과 이익증가율에 따른 5년간 연평균 수익률을 나타낸 것이다.

〈표 7-2〉와 〈표 7-3〉처럼 매년 각 수치를 계산해 수익률을 계산하는 대신 배당성향과 이익증가율 별로 수익률을 나타내는 표를 만들 수 있다. PER은 일정하다고 가정한 후 그렇게 만든 표가 〈표 7-4〉이다. 〈표 7-4〉는 다양한 배당성향과 이익증가율에 따라 5년간 연평균 수익률이 어떻게 되는지를 나타낸 것이다. 〈표 7-4〉를 통해 사례 4와 같이 배당성향이 20%이고 EPS증가율이 15%인 경우 연평균 수익률은 17.30%가 된다는 것을 확인할 수 있다. 〈표 7-4〉는 밸류소프트와 컨서스인베스터의 계산 프로그램인 STRETD로 계산한 결과이다. STRETD는 주가, EPS, EPS증가율, PER, 배당성향을 가지고 상이한 기간의 투자수익률을 계산하는 프로그램이다. 자본소득세와 배당소득세 차감 전후의 수익률도 계산할 수 있다.

ROE와 주가의 관계

EPS와 PER의 결과물인 주가가 이 둘과는 근본적으로 어떤 관계에 있을까? 두 가지 관계가 있다. 첫째는 높은 ROE는 높은 주가 상승으로 이어진다는 것이다. 이 주장은 두 단계로 이루어져 있다. 높은 ROE가 지속되면 높은 이익증가율로 이어지게 된다. 구체적으로 말하면, 'ROE × 이익의 사내유보율 ≒ 이익증가율'이므로 ROE가 높으면 이익증가율도 높아진다(자세한 내용은 〈부록 A〉 참고). 여기까지가 ROE와 주가의 관계에 대한 2단계 주장의 첫 부분이다. 이 주장의 두 번째 부분은 PER이 일정할 경우, 이익증가율이 높으면 높은 주가 상

> ● ROE가 주가 상승을 결정한다.
>
> 한 회사의 ROE와 ROC는 그 회사 주식에 투자했을 때 가능한 투자수익률의 상한선이 되는 경향이 있다. 특히 배당성향이 낮은 가운데 높은 ROE가 지속되면 높은 주가 상승으로 이어진다.

승으로 이어진다는 것이다. 따라서 이 두 부분을 결합하면, 높은 ROE는 높은 주가 상승으로 이어진다는 주장이 완성된다. 워런 버핏을 포함한 많은 투자거장들이 높은 ROE와 높은 ROC를 그렇게 강조하고 있는 것은 바로 이런 이유 때문이다. 한 회사의 ROE와 ROC가 결국은 그 회사에 투자했을 때의 투자수익률이 된다. 간단히 말해, 맨땅에서 돈이 나올 수는 없다(사실 회사의 배당정책에 따라 ROE는 그 회사 주식에 투자했을 때 가능한 투자수익률의 상한선이 될 가능성이 높다).

두 번째 관계는 시간이 감에 따라 EPS는 무한히 증가할 수 있지만 PER은 일정 범위에서 등락을 보인다는 것이다. 더욱이 PER에는 분명히 평균회귀 경향이 있다. PER이 너무 높아지면, 합리적인 투자자들은 더 이상 그 주식을 매수하지 않고 따라서 PER은 하락한다. 반대로 PER이 너무 낮으면 합리적인 투자자들은 매수에 나서고 따라서 PER은 상승한다. 이는 우리가 더블딥 주식을 찾았다 해도 시간이 가면서 더블딥 중 EPS가 PER보다 더 중요해진다는 것을 의미한다. 한 기업의 이익이 10년 동안 4~6배 증가한다면 그리고 우리가 이 기업의 주식을 합리적인 PER에 샀다면, 이 투자는 성공한 투자가 될 것이다. 이는 20년 전에 바다가 내려다보이는 금싸라기 땅을 사둔 것과 같다. 당시에는 너무 비싸다고 생각했을지도 모르지만, 그 사이 땅 가치가 엄청나게 상승해 비싸다고 생각했던 20년 전의 가격은 껌값이 되어버렸을 것이다.

버크셔 해서웨이 부회장이며 워런 버핏의 평생의 지기 찰스 멍거Charles Munger는 이에 대해 다음과 같이 말했다.

> 장기적으로 한 주식의 투자수익률이 그 회사의 이익률을 훨씬 초월하기란 쉽지 않다. 한 회사가 40년 동안 6%의 자본이익률(ROC)을 기록했다면, 여러분이 그 회사 주식을 40년 동안 보유해도 6% 이상의 수익률을 올리기는 어렵다. 처음에 그 주식을 아무리 싸게 샀어도 말이다. 반대로 한 회사가 20년이나 30년 동안 18%의 자본이익률을 기록한다면, 비싸 보이는 가격에 그 주식을 사도 꽤 좋은 수익률을 올릴 수 있다.

매수목표가의 계산

위의 계산을 뒤집으면 원하는 수익률이나 그 이상의 수익률을 올리기 위해 지불할 수 있는 최대 가격을 계산할 수 있다. 예를 들어 어떤 주식을 매수하는 데 따른 위험을 보상하기 위해 여러분이 향후 5년 동안 총 15%의 수익률을 원한다고 해보자. 그러면 그 요구수익률이 15%가 될 때까지 계산식의 가격을 수정하면 된다. 요구수익률을 15%로 만드는 가격이 매수목표가target price이며, 그 매수목표가 이하의 가격에 매수하면 15% 이상의 수익률을 기대할 수 있다. 이 매수목표가는 여러분이 원하는 수익률을 올리기 위해 기꺼이 지불할 수 있는 가격 중 최대 가격이다. 이 최대 매수목표가를 알면 여러분은 매우 강력한 투자자가 될 수 있다. 벤저민 그레이엄이 'Mr. 마켓'이라고 불렀던 시장의 변동성을 친구로 삼아 이용할 수 있기 때문이다.

PER과 배당성향 추정

기대수익률법(주가비율법)을 사용하기 위해서는 이익증가율, PER, 그리고 배당성향의 예상치를 구해야 한다. 이 세 예상치 중, 가장 중요한 것은 이익증가율 예상치이다. 이 때문에 이익을 예상하는 법에 대해서는 안전마진을 소개하는 9장에서 따로 자세히 살펴볼 것이다. 따라서 이번 장에서는 PER과 배당성향 예상치를 구하는 법에 초점을 맞출 것이다. 그리고 이번 장에서는 예상치를 구하는 법에 초점을 맞추겠지만, 9장에서는 예상의 정확성뿐만 아니라 경기나 시장의 불황에도 충분히 버틸 수 있을 정도로 건고한 예상치를 구하는 것이 성공 투자의 관건이라는 것을 살펴볼 것이다.

PER 추정

지금까지 소개한 기대수익률법은 PER에 크게 의존하기 때문에, PER에 대한 분석과 예상이 선결되어야 한다. 우선 앞서 말한 것처럼 PER은 평균회귀 경향이 있다는 것을 염두에 두자. 시간이 가면서 EPS 추세가 일정해 지고 해당 회사가 적자를 기록한 해가 없다고 하면,

PER이 매우 낮으면 곧 상승하고 PER이 매우 높으면 곧 하락하는 경향을 보인다. (평균회귀 경향은 2장의 q비율에서 살펴본 바 있다.)

월마트의 사례를 살펴보자. 〈그림 7-2〉는 2000 회계연도에서 2010 회계연도까지 11년 동안 매년 월마트의 최저 PER, 최고 PER, 평균 PER을 나타낸 것이고, 〈그림 7-3〉은 같은 기간 월마트의 EPS를 나타낸 것이다. 이 그림들을 보면 많은 특징을 파악할 수 있다. 우선 두 그림은 모두 일정한 그러나 서로 반대되는 추세를 보이고 있다. PER은 하락 추세를, EPS는 상승 추세를 보이고 있다. 주가가 EPS와 PER로 이루어진다는 점을 감안하면, 서로 반대 추세를 보이는 EPS와 PER이 서로의 효과를 상쇄해 주가가 거의 변하지 않을 것이라고 예상할 수 있다.

실제로도 그랬다. 월마트의 주가는 1999년 초 35.53달러였는데, 11년 후인 2010년 초에는 53.93달러였다. 연평균 4.26%의 주가상승률을 보인 것인데, 이는 인플레이션율과 큰 차이가 없는 비율이다. 그렇다고 회사에 어떤 문제가 있었던 것도 아니다. 〈그림 7-3〉을 보면 이 기간 월마트의 EPS는 지속적으로 상승했다. 문제는 10년 전에는 주식시장에 붐이 불어 투자자들이 어떤 수준의 PER에도 기꺼이 매수했다는 데 있었다. 그러나 25~55배의 PER에 매수했다면 그 후 5~10년, 혹은 그 이상 기간 동안 수익을 내기란 거의 불가능했을 것이다.

둘째, 각 연도마다 월마트의 최저 PER과 최고 PER 사이의 격차가 매우 크다. 11년간 월마트가 기록한 최저 PER와 최고 PER의 차이는 평균 40%에 달한다. EPS가 꾸준히 증가하고 사업이 굳건했음에도

〈그림 7-2〉 월마트의 최저 PER, 최고 PER, 평균 PER

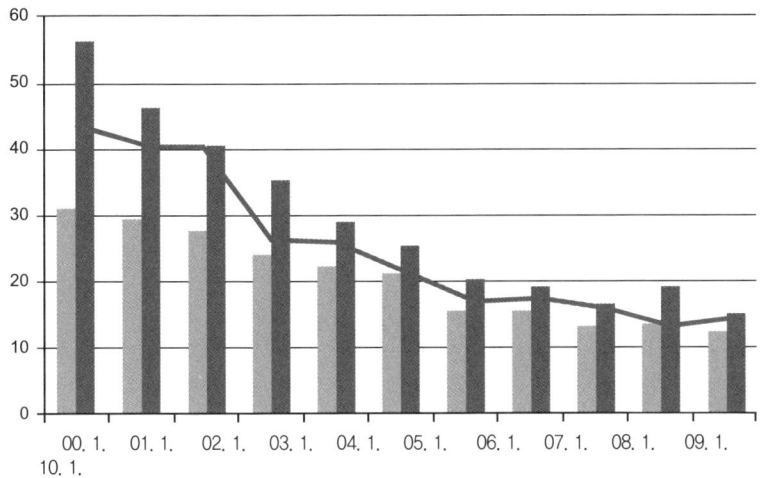

* 막대그래프는 해당 연도 1월 31일에 종료되는 2000년 회계연도부터 2010년 회계연도까지 11년 동안 각 회계연도의 최저 PER과 최고 PER를 나타낸 것이다. 선은 이 기간 동안의 평균 PER를 나타낸 것이다.

〈그림 7-3〉 월마트의 EPS

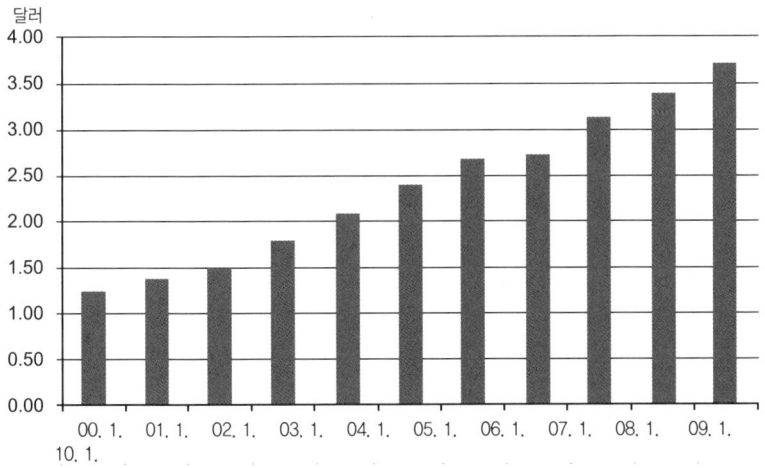

* 막대그래프는 해당 연도 1월 31일 종료되는 2000년 회계연도부터 2010년 회계연도까지 11년 동안 각 회계연도의 EPS를 나타낸 것이다. 이 기간 연평균 EPS증가율은 11.5%였다.

그랬다. 월마트와 달리 이익이 불안하고 사업이 취약한 회사는 최저 PER과 최고 PER의 차이가 월마트보다 훨씬 컸다. 셋째, 최저 PER, 최고 PER, 평균 PER이 거의 변하지 않은 기간이 있다. 예를 들어 2006년 1월부터 2010년 1월 사이 월마트의 최저 PER은 13~14, 최고 PER은 17~19, 평균 PER은 15~17로 거의 비슷하다. 과거의 PER 범위를 알면 PER이 역대 최저 수준일 때 혹은 그 수준에 근접할 때 매수하는 것이 좋다. 반대로 주식을 매도할 생각이면 PER이 역대 최고 수준일 때 혹은 그 수준에 근접할 때 매도하는 것이 좋다.

PER의 평균회귀 경향은 미국의 많은 주식에 공통된 현상이다. 21세기 초 많은 기업이 매우 높은 PER을 기록했지만, 예외적으로 높았던 이 PER은 그 후 곧 하락 추세로 돌아섰다. 매출액이나 이익이 증가하는 등 사업에 큰 문제가 없는데도 그랬다. 이런 양상을 보인 수많은 회사 중에는 월그린, 존슨&존슨, 프록터&갬블, 오라클 같은 회사도 있었다.

PER과 관련된 6가지 규칙 : 위의 설명과 사례들을 통해 우리는 PER을 높게 추산하는 문제를 피할 수 있는 몇 가지 유용한 규칙을 도출할 수 있다. 규칙 1과 2는 PER을 역대 PER과 비교하는 것이고, 규칙 3과 4는 PER을 비슷한 다른 회사들과 비교하라는 것이며, 규칙 5와 6은 PER과 관련해 반드시 지켜야 할 사항을 제시한 것이다.

규칙 1. 역대 PER을 확인하라. 최소한 지난 10년 혹은 한 번의 완전한 경제주기를 거치는 동안 회사가 기록한 최저 PER, 최고 PER, 평균 PER을 확인하는 것이 중요하다. 이 기간 동안 연간 최저, 최고, 평균 PER들의 평균은 어느 정도인지 그리고 이들에 어떤 추세가 있는지, 최근과 그 이전 PER 양상에 어떤 차이가 있는지 등을 확인해야 한다.

규칙 2. PER이 역대 하위 수준으로 떨어질 때만 매수하라. 지금까지 PER이 일정 범위에서 움직였다면, PER이 그 범위의 하위 수준으로 떨어질 때만 매수하는 것이 좋다. 그렇지 않으면 이익이 증가해도 PER 하락으로 그 효과가 상쇄되어 주가는 별로 상승하지 않는다.

규칙 3. 관심회사와 경쟁회사의 PER을 비교하라. 투자 관심회사의 경쟁사가 어디인지 파악한 후, 관심회사와 경쟁사의 현재와 과거 PER을 비교해야 한다. 경쟁이 치열한 업종에 종사하는 기업들은 서로를 면밀히 주시한다. 따라서 그중 한 기업이 혁신이나 사업 변화를 통해 획기적으로 이익을 늘리면, 경쟁기업이 그것을 분석해 따라하거나 타격을 줄이는 방도를 찾는다. 이로 인해 혁신회사의 이익과 이익률은 시간이 가면서 다시 진정되는 경향을 보이고, 이런 경향은 곧 시장에 반영된다. 따라서 시장은 이제 혁신회사에 대해 경쟁사보다 훨씬 높은 PER은 지불하지 않으려 한다.

규칙 4. 관심회사의 PER을 동일 업종 혹은 시장 전체의 평균 PER과 비교하라. 관심회사의 PER을 동일 업종이나 시장 전체의 평균

PER과 비교해 볼 필요도 있다. 그 이유는 기본적으로 규칙 3과 같다.

규칙 5. PER이 높을 때는 매수에 신중하라. PER이 15 이상으로 높다고 해서 절대 투자하지 말라는 것은 적절치 않다. PER이 높아도 여전히 훌륭한 회사일 수 있으며 계속해서 높은 이익증가율을 보일 수도 있다. 그러나 이런 회사도 이익증가율이 약간 주춤하거나, 사소한 악재가 터지거나, 전체 경제가 어려워지면 주가가 큰 폭으로 하락할 수 있다. 벤저민 그레이엄은 회사의 성장과 PER의 상승을 추정할 때 매우 보수적으로 평가했다. 그는 방어적 투자자가 투자할 PER 상한선을 16으로 설정했다. 70년 전 그는 "회사 평균 이익의 16배 이상의 가격에 주식을 사는 사람은 큰 손실을 볼 가능성이 많다"면서 그 이유를 밝혔다. 그는 또 16배 이상의 가격을 지불하는 것은 실수가 아니라 투기로 봐야 한다고 했다. 〈그림 7-2〉 월마트의 역대 PER 추세를 보면, 높은 PER(요컨대 16배 이상의 PER)에 매수하는 것을 피하려면 2006년이나 2007년까지는 월마트에 투자하지 말아야 했다.[4]

규칙 6. 이익수익률을 확인하라. 이익수익률이란 PER의 역으로 EPS

---

[4] 후에 한 인터뷰에서 벤저민 그레이엄은 "지난 12개월 동안 벌어들인 이익의 7배(지난해 EPS 기준 PER 7배) 이상의 가격을 지불하지 않는다는 기준을 더 선호한다"고 했다. 현재 시점에서 볼 때, 이 기준은 다소 극단적이다. 지금 이 기준을 적용하면 어려운 상황에 있는 저기술 기업으로만 포트폴리오를 구성해야 할지도 모른다.

를 주가로 나눈 것이다. 그레이엄이 설명한 대로 이익수익률이란 "기존의 사업 실적을 계속 유지한다고 할 경우 그 회사가 매년 벌어들일 것으로 예상되는 이익"이다. 이런 식으로 이익수익률을 보면, 우리는 기대할 수 있는 최소 수익률이 어느 정도인지 알 수 있다. 그리고 이 회사의 이익이 기존 실적 이상으로 추가로 증가하면, 이 최소 수익률에 추가 이익 증가분만큼 수익이 추가된다. 15~16의 PER은 이익수익률로는 6~7%에 해당하기 때문에, 15~16 이하의 PER을 요구하는 것은 6~7% 이상의 이익수익률을 요구하는 것과 같다.

PER에 대해 마지막으로 하고 싶은 말은 개별 기업의 PER을 역대 PER 및 전체 시장 PER과 비교해 그 기업의 적정 PER을 구하는 분석 기관도 있다는 것이다. S&P는 2010년 3월 발표한 월마트 주식보고서에서 "S&P 500지수의 12개월 선행 PER에 맞춰 월마트의 과거 5년 평균 PER을 3.7% 할인해 구한 PER 15.6배를 월마트의 2011 회계연도 추정 EPS 3.95달러에 적용하면 월마트의 주가는 62달러이다"라고 했다. 요컨대 이 보고서는 S&P 500지수의 PER에 맞춰 월마트의 역대 PER을 할인하는 방식으로 월마트의 적정 PER을 15.6배로 계산했다. 또한 이 보고서는 월마트의 2011 회계연도 EPS를 3.95달러로 예상했다. 그 결과 S&P는 2011년 1월 월마트의 적정주가를 3.95달러의 15.6배인 61.62달러, 약 62달러로 추산했다.

배당성향 추정하기

기업들이 대체로 일정한 배당성향을 유지하는 경향이 있기는 하지만, 예상 배당성향을 추정할 때는 지난 5~10년의 배당성향을 조사해 어떤 추세나 급격한 변화가 있는지 확인해야 한다. 〈표 7-5〉는 지난 10년 존슨&존슨의 배당성향이 36%에서 45%라는 좁은 범위에 있음을 보여주고 있다. 그러나 미국의 자동차부품회사 제뉴인 파츠Genuine Parts의 배당성향은 달랐다. 지난 4년 이 회사의 배당성향은 48%에서 64%라는 넓은 범위에 있었다.

그러면 이제 이들 회사의 연차보고서나 10-K 보고서를 보고 미래의 배당성향에 대한 힌트를 얻어 보자. 2009년 10-K 보고서에서 존슨&존슨은 "2009년까지 회사는 47년 동안 지속적으로 배당금을 올려

〈표 7-5〉 존슨&존슨과 제뉴인파츠의 배당성향

(단위 : %)

연도	존슨&존슨	제뉴인 파츠
2000	36	50
2001	38	66
2002	37	55
2003	39	58
2004	39	53
2005	37	50
2006	39	48
2007	45	48
2008	39	53
2009	44	64

왔다. …… 회사는 정기적인 배당금 지급 관행을 계속 유지할 계획이다"라고 밝혔다. 제뉴인 파츠도 2009년 10-K 보고서에서 지난 몇 년간 배당금을 인상해 왔다고 말하고, "회사는 당분간 배당금 인상 추세를 지속할 계획이다"라고 했다. 물론 이들이 보고서에서 밝힌 계획대로 실천하리라는 보장은 없다. 그럼에도 불구하고 우리는 이들의 일관된 자료와 언명에 기초해 미래 배당성향에 대해 보다 신뢰할 만한 예상을 할 수 있다.

기대수익률법의 장단점

앞에서 소개한 대부분의 모형은 (가격은 고려하지 않고) 해당 증권의 내재가치를 따로 계산한다. 할인모형의 경우가 특히 그랬다. 그래서 주식의 내재가치라는 말을 들으면 사람들은 즉각 할인모형을 떠올린다. 반면 기대수익률법(가격비율법)은 처음부터 바로 가격을 고려한다. 그러나 할인모형도 최종 가치를 결정할 때는 해당 증권의 가격을 고려해야 한다. 따라서 내재가치를 계산해 평가하건 아니면 해당 자산의 가격이 가치를 얼마나 구현하고 있는지 직접 평가하건 간에 결국은 아무런 차이가 없다.

기대수익률법의 가장 큰 장점은 투자의 근본적인 질문, 즉 "특정 기간 동안 어느 정도 수익률을 기대할 수 있는가?" 하는 질문에 직접 답을 해준다는 것이다. 더욱이 기대수익률법에서에서 사용하는 이익, PER, 배당성향 예상치도 아주 장기간이나 무한 기간이 아니라 특정 기간에 한정해 추산하면 된다.

장점 1 : 투자의 근본적인 질문에 답한다. 기대수익률법은 "이 투자를 통해 특정 기간 동안 어느 정도의 수익률을 기대할 수 있는가?" 하는 투자의 가장 근본적인 질문에 답해 준다. 다른 모든 분석 방법과 도구들은 이 답을 찾는데 직접 혹은 간접적으로 도움을 주는 역할을 할 뿐이다.

장점 2 : 예측 기간이 투자 기간과 일치한다. 예상 투자 기간이 5년이면 5년의 수치만 예상하면 되고, 예상 투자 기간이 10년이면 10년의 수치만 예상하면 된다. 다시 말해 투자 기간과 예측 기간이 일치한다.

장점 3 : 예측 기간이 합리적이다. 기대수익률법 적용 기간이 정해져 있지는 않지만, 평균 5년 정도가 대체로 합리적이다. 5년 정도면 주가가 위에서 소개한 규칙들을 가지고 추정한 적정 PER로 수렴되기에 충분한 기간이다. 동시에 5년 정도는 이익증가율, PER, 배당성향 등을 비교적 합리적으로 예상할 수 있는 기간이기도 하다. 특히 9장에서 소개할 안전마진 개념을 도입하면 더욱 그렇다. 또한 대부분의 투자 사이트에서 합의된 예상치로 5년 예상치를 제공하고 있기 때문에 자료를 구하기도 용이하다.

장점 4 : 검증 가능하다. 할인모형과 달리 5년 정도 예상치만 구하기 때문에 예상치의 타당성을 검증할 수 있다. 따라서 기대수익률법(가격비율법)은 칼 포퍼의 견지에서 볼 때 과학적이다.

장점 5 : 투입변수 분석이 가능하다. 기대수익률법을 적용해 예측한 수익률을 올리지 못할 경우, 투입변수 중 어떤 것이 문제가 있는지 확인할 수 있다.

장점 6 : 유연하다. 기대수익률법은 필요한 지표를 유연하게 사용할 수 있다. 예를 들어 PER 대신 PCR 같은 비율도 사용할 수도 있다. 더욱이 배당소득세와 자본소득세 차감 후 수익률도 계산할 수 있다.

장점 7 : 배당금 재투자의 경우에도 응용할 수 있다. 기대수익률법을 적절히 수정하면 배당금이 해당 주식에 재투자되거나 다른 자산에 투자될 경우의 수익률도 계산할 수 있다.

기대수익률법의 가장 큰 약점은 PER을 예상해야 한다는 데 있다.

약점 1 : PER을 사용한다. 어떤 의미에서 PER은 한 주식이 EPS 가치에 대한 시장의 의견을 집약한 지표이다. 따라서 이런 지표를 가치평가에 사용하는 것이 부적절해 보일 수도 있다. 그러나 가치에 대한 모든 최종 결정에는 가격이 고려되기 때문에 마지막에 가격을 계산에 포함시키든 처음부터 가격을 계산에 포함시키든 아무런 논리적 차이가 없으며, 기대수익률법은 PER을 사용함으로써 처음부터 가격을 (EPS와 결합시켜) 계산에 포함시키는 방법을 택한 것이다(그래서 가격비율법이라고도 한다).

약점 2 : PER 추정의 문제. 부분적으로 PER은 시장 의견에 따라 형성되기 때문에 미래의 PER을 합리적으로 추정할 때 사용할 수 있는 안정된 기반이 다른 지표보다 부족하다. 예를 들어 한 회사가 오랫동안 높은 PER을 유지해 왔다면, 향후 높은 PER을 유지하지 못할 것이라고 예상하기 힘들다. 이는 정박효과에 따른 행태적 문제이기도 하다. 업종이나 전체 시장의 PER이 오랫동안 높은 경우도 같은 문제가 발생한다. 이런 이유 때문에 예측의 객관성을 높이기 위해서는 위에서 소개한 PER 관련 규칙들을 사용하는 것이 중요하다. 물론 문제가 더욱 깊숙이 감춰져 있기는 하지만, 현금흐름할인법에도 비슷한 문제가 있다. 현금흐름할인법의 경우, 가치를 최종 결정하기 위해서는 가치비율을 알아야 하는데, 가치비율을 알기 위해서는 선행 현금수익률들을 추산해야 한다. 여기서 현금수익률은 현금흐름 대비 주가 비율(PCR)의 역이다. 따라서 현금흐름할인법은 하나의 PER을 추정하는 대신 무한개의 PCR을 추정해야 한다.

약점 3 : 배당성향 추정의 문제. 배당성향은 회사 실적에 따라 직접 결정되는 것이 아니라 회사 이사회의 결정에 달려 있다. 그런데 이사회는 주주 이익을 고려하지 않고 배당성향을 낮추거나 바꿀 수 있다.

약점 4 : 이익 조작이 가능하다. 기대수익률법은 이익과 이익 예상치를 사용한다. 그런데 일반회계원칙에 따라 계산되고, 감사받으며, 애널리스트들의 면밀한 조사를 거친다 해도, 경영진은 이익과 예상 이익을 쉽게 조작할 수 있다. 물론 상대적으로 조작하기 힘든 역대 평균이익이나 잉여현금흐름을 사용할 수도 있다. 신뢰할 만한 예상 이익을 구하는 문제는 안전마진을 다룬 9장에서 자세히 살펴볼 것이다.

약점 5 : 내재가치를 독립적으로 계산하지 않는다. 가치에 기초해 매수, 매도 등의 투자 결정을 한다는 관점에서 보면 내재가치를 따로 계산하는 것이 반드시 필요한 것은 아니다. 그럼에도 불구하고 주식을 담보로 대출을 받을 때는 내재가치를 따로 계산하는 것이 도움이 되기도 한다. 또한 1장에서 설명한 바와 같이 특정 수익률을 달성하기 위해서는 어떤 가격에 매수해야 할지를 알려주는 하나의 지침으로 내재가치를 계산해야 매수 목표가를 정할 수 있다.

간단 정리

1. 투자의 가장 근본적인 질문은 내가 얼마의 수익률을 기대할 수 있느냐는 것이다.

2. 주가는 EPS와 PER을 곱한 것이다. 주가가 상승하기 위해서는 EPS나 PER 둘 중 하나는 혹은 둘 모두 상승해야 한다.

3. 기대수익률법 혹은 가격비율법이란 EPS, PER, 배당성향 예상치를 사용해 특정 기간의 투자수익률을 계산하는 방법이다.

다양한 (가치평가) 방법들에 대한 연구를 통해
주식가치를 평가할 수 있는 아주 간단한 공식 하나를 제안한다.
이 공식의 목적은 보다 복잡한 수학적 계산으로 구할 수 있는 결과와
매우 비슷한 결과를 도출하기 위한 것이다.

— 벤저민 그레이엄

다양한 가치평가법이 사용되고 있다. ……
각 방법마다 장단점이 다르기 때문에
여러 방법을 함께 사용하는 것이 좋다..

— 크리쉬나 팔레푸, 폴 힐리, 빅터 버나드

8
CHAPTER

...

그레이엄에서 오닐까지 : 대가들의 가치평가법

찰스 디킨스의 소설 『올리버 트위스트』의 주인공 올리버 트위스트는 아침식사로 받은 음식에 만족하지 못하고 더 달라고 한다. 가치평가법도 마찬가지이다. 기존의 가치평가법에 만족하지 못한 많은 사람들은 자신만의 가치평가법을 만들려고 노력해 왔다. 어떤 경우는 자기가 개발한 방법에 흡족해서 자기 이름을 붙이기도 했다. 그러나 투자자들은 이런 방법을 누가 개발했는지 모른 채 그저 여러 도구 중 하나로 취급하는 것이 보통이다. 물론 이런 반열에 오르지 못한 다른 여러 방법은 사용자가 없어서 흔적조차 없이 사라져 버리기도 한다.

   그런데 모든 가치평가법에 적용되는 하나의 보편적인 규칙은 다른 모든 조건이 동일하다고 할 경우, 가격과 가치는 반비례한다는 것이다. 요컨대 가격이 높을수록 가치는 낮아지고, 가격이 낮을수록 가치는 높아진다는 것이다. 각 가치평가법은 이런 전제 하에 각자 계산을 진행한다. 이번 장에서 우리는 앞서 소개한 기본적인 가치평가법 외에 다른 여러 가치평가법을 살펴볼 것이다. 먼저 그간 잘 알려지지 않았던 벤저민 그레이엄의 두 가지 가치평가법을 살펴볼 것이다. 그 다음, 제임스 올슨과 비트 주트너-노로스Beate Juetttner-Nauroth의 추가이익성장모형abnormal earnings growth method, 브루스 그린왈드Bruce Greenwald와 그의 동료들이 제안한 자산가치모형, 수익력모형earnings power valuation, 수익성장모형profitable growth valuation 등을 살펴볼 것이다. 이어서 케네스 리Kenneth Lee의 벤치마크모형benchmark method, 조엘 그린블라트Joel Greenblatt의 마법공식투자법magic formula method, 로버트 하우겐Robert Haugen의 요인분석법factor method 등을 살펴볼 것이다. 마지막으로 옵션을 사용한 가치평가모형도 간략히 소개할 계획이다.

벤저민 그레이엄의 내재가치 계산 공식

벤저민 그레이엄은 매우 다재다능한 인물이었다. 그래서 그가 컬럼비아대학을 졸업하자마자 모교의 영문과, 수학과, 철학과 등에서 교수직을 제안하기도 했다. 그러나 그레이엄은 월스트리트에서 일하길 원했고, 뉴버거, 헨더슨 & 로브Newburger, Henderson & Loeb라는 회사에 취직했다. 그러나 곧 자신의 회사를 차려 나왔다. 그는 또 왕성한 작가로 가치를 평가하는 여러 수학 공식을 만드는 일을 매우 즐겼다. 예를 들어 2장에서 우리는 기업의 재무상태표와 관련된 그의 다양한 공식들을 이미 살펴본 바 있다. 이번 장에서 우리는 현재의 이익과 미래의 예상 이익을 사용한 그의 내재가치 계산법들을 살펴볼 것이다.

그레이엄은 『현명한 투자자』에서 다음과 같은 공식을 소개했다.

$$V = EPS \times (8.5 + 2g)$$

여기서 V는 내재가치, EPS는 현재의 주당 순이익, 8.5는 상수(여러 번의 시행착오 끝에 그레이엄이 유효하다고 보고 선택한 수이다), g는 '향후 7년에서 10년 동안 기대되는 연평균 EPS증가율'을 의미하며 비율을 그대로 사용한다. 이 공식에 따라 '(8.5+2g)'를 EPS에 곱하면 그 주식의 적정가격이 되기 때문에 그레이엄은 이를 이익승수earnings multiplier라고 했다. 이런 의미에서 볼 때, 한 기업의 예상 EPS증가율의 두 배에 8.5를 더한 것이 그 기업의 적정 PER이 된다. 이는 6장에서 소개한 PEG와 쉽게 비교할 수 있다. 피터 린치는 적정가격에 거래되는 주식의 PEG는 1.0이라고 했기 때문에, 여기에서 적정 PER은 예상 EPS증가율이 된다. 이를 그레이엄의 공식과 같은 형태로 표현하면 다음과 같다.

$$V = EPS \times g$$

따라서 예상 EPS증가율이 플러스라고 할 때, PEG 가치평가법으로 계산한 내재가치는 그레이엄의 공식으로 계산한 내재가치보다 항상 매우 낮게 나온다. 물론 예상 EPS증가율이 0이면 PEG 가치평가법은 아무런 의미도 없게 된다. 예상 EPS증가율이 0이면 PEG비율조차도 계산할 수 없다. 이런 PEG 가치평가법과 달리 그레이엄의 공식은 기업의 예상 EPS증가율이 0이라 해도(이런 기업을 제로성장회사라 한다)

적정 PER은 8.5가 된다. 따라서 그레이엄의 방법은 PEG 가치평가법을 보완, 수정한 것이라 할 수 있다.

이를 존슨&존슨의 사례로 살펴보자. 이 책을 쓰고 있을 당시(2010년 3월) 존슨&존슨의 지난 12개월 EPS는 4.40달러였고, 합의된 향후 5년 EPS증가율은 연간 7.60%였다. 이를 그레이엄의 내재가치 공식으로 계산하면 다음과 같다.

$$4.40 \times \{8.5+(2 \times 7.60)\} = 104.28달러$$

2010년 3월 기준 존슨&존슨의 주가는 64.57달러이므로, 그레이엄의 내재가치 계산에 따르면 매우 저평가된 상태라 할 수 있다. 이를 달리 말하면, 이익승수가 23.7〔8.5+(2 × 7.60)〕이기 때문에 적정 PER이 23.7이라는 것을 의미한다. 상당히 높아 보이는 PER이지만, 이는 문제가 되지 않는다. 존슨&존슨의 PER은 8~9년 전에는 35.0을 넘었었다. 그러나 지난 5년 동안은 20 이하였다. 이런 결과를 만들어낸 것은 7.6%라는 합의된 EPS증가율 예상치 때문으로 보인다. 앞서 소개한 것처럼 그레이엄은 기업의 이익증가율에 대해 매우 보수적인 예측을 하는 것으로 알려진 인물이다. 따라서 그레이엄이라면 존슨&존슨의 EPS증가율을 7.6%로 예측하지는 않았을 것이다. 7.6%는 존슨&존슨이 지난 5년간 기록했던 8.3%의 연평균 EPS증가율보다 아주 약간 낮은 수치이기 때문에 특히 그렇다. 이 정도 약간 낮은 수치로는 이익증가가 정체될 위험에 전혀 대비할 수 없다.

또한 그레이엄은 이 공식의 순서를 바꿔 현재 주가에 함축된 이익 증가율 예상치(이익의 내재성장율이라고 한다)를 구하는 공식으로도 사용했다. 존슨&존슨의 경우, 현재 주가 64.57달러에 함축된 EPS증가율 예상치는 3.09%이다 [4.40 × (8.5+2g) = 64.57달러, 따라서 64.57/4.40 = 8.5+2g, 따라서 2g = 14.675−8.5, 따라서 2g = 6.175, 따라서 g = 3.0875%].

이 공식의 약점은 기본금리의 변화를 고려하지 않았다는 것이다. 그레이엄도 이를 인식했고, 따라서 이 공식을 수정해 금리를 포함시킨 새로운 공식을 만들었다. 그레이엄은 그의 첫 번째 공식을 발표할 때 AAA등급 회사채 수익률은 약 4.4%라고 했다. 그 후 이 수익률은 7.5%로, 이어서 9.5%로 상승했다. 그레이엄이 원한 것은 첫 번째 공식을 수정해 주식가치가 금리에 반비례해 달라지도록 하고, AAA 등급 회사채 수익률이 4.4%인 경우에는 첫 번째 공식이 그대로 적용되도록 하는 것이었다. 이런 개념에 입각해 그레이엄이 제안한 두 번째 공식은 다음과 같다.

$$V = \{EPS \times (8.5+2g) \times 4.4\}/Y$$

여기서 새로 등장한 변수 Y는 AAA등급 회사채 수익률이다.

이 공식은 결국 4.4%(그레이엄이 처음 전제로 한 AAA등급 회사채 수익률)를 현재의 AAA등급 회사채 수익률로 나눈 비율로 기존의 이익상수를 수정한 것이다. 이 공식에 따르면 금리가 상승하면 가치는 하락하고, 금리가 하락하면 가치는 상승하게 된다. 이런 논리가 이른바 페드모형Fed Method이라고 하는 시장의 일반적인 가정과 일치한다는 것은 매우 흥미로운 일이다. 페드모형은 10년 만기 재무성국채 수익률은 S&P 500지수 주식들의 평균 배당수익률과 비슷해야 한다고 한다. 따라서 채권금리가 오르면 이들의 수익률도 상승하고, 그러면 주식의 적정가격은 하락하게 된다. 반대로 채권금리가 하락하면 이들의 수익률도 하락하고, 그러면 주식의 적정가격은 상승하게 된다. 2010년 3월 기준 미국의 10년 만기 AAA등급 회사채 수익률은 3.92%이다. 이 수익률을 그레이엄의 두 번째 공식에 적용하면 존슨&존슨의 내재가치는 다음과 같이 계산되는데, 계산 결과에 따르면 존슨&존슨의 현재 주가 64.57달러는 첫 번째 공식을 사용했을 때보다 훨씬 저평가된 것으로 나온다.

$$\{4.40 \times (8.5 + 2 \times 7.60) \times 4.4\}/3.92 = 117.05달러$$

그레이엄이 실제로 이 두 공식을 얼마나 많이 사용했는지는 분명치 않다. 이와 관련해 자네트 로우Janet Lowe는 『쉽게 하는 가치투자Value Investing Made Easy』에서 "나는 이런 공식을 절대 사용하지 않는다. 또 벤저민이 이런 공식을 가지고 일한 것이 그가 한 일 중 제일 잘 한 일이라고는 생각지 않는다"는 워런 버핏의 말을 소개하고 있다. 워런 버핏이 그레이엄의 내재가치 계산 공식에 대해 비판적이기는 하지만, 그의 이런 말은 그레이엄이 실제로 그 공식을 사용했음을 함축하고 있다.

두 번째 공식을 소개할 때 그레이엄은 이 공식에 사용되는 승수는 이익증가율 예상치와 금리로만 결정되며 기업의 재무 구조와 부채 상황은 반영되지 않았다고 설명했다. 그리고 부채액이 자기자본을 초과하는 기업에는 이 공식을 적용할 수 없다고 했다. 따라서 이 공식은 재무 건전성 기준을 충족하는 기업에만 적용되어야 한다. 마지막으로 그레이엄은 이 공식을 사용할 때에는 안전마진이 필요하다고 했다.

그레이엄의 내재가치 계산 공식의 장단점

그레이엄의 내재가치 계산 공식의 가장 큰 장점은 내재가치를 신속하게 계산해서 주가와 비교할 수 있다는 것이다. 그것은 그 공식들이 매우 기초적이기 때문이다. 다음은 이 공식들의 장점을 정리한 것이다.

장점 1 : 금융지표를 합리적으로 사용했다. 그레이엄의 내재가치 계산 공식에 사용되는 가장 기본적인 금융지표들은 현재 EPS와 예상 EPS증가율이다. 공식에 따르면 지표 값이 상승할 때 내재가치 값도 상승한다. 두 번째 공식에는 AAA등급 회사채 수익률이 포함되는데, 여기서는 이 수익률이 상승할 때 내재가치는 하락한다.

장점 1 : 사용이 간편하다. PEG 가치평가법과 마찬가지로 그레이엄의 공식은 사용이 간편하다. 현재의 EPS와 예상 EPS증가율 그리고 두 번째 공식의 경우는 추가로 AAA등급 회사채 수익률만 알면 된다. 이런 자료들은 인터넷을 통해 쉽게 구할 수 있다.

장점 3 : 이익의 내재성장율(시장이 기대하는 예상 이익증가율)을 계산할 수 있다. 공식의 내재가치 부분(V)에 현재 주가를 넣고 공식을 재조합하면 시장이 기대하고 있는 이익증가율 예상치(g)를 알 수 있다.

한편, 그레이엄 공식의 가장 큰 약점은 내재가치 계산을 너무 단순화했다는 것이다.

약점 1 : 너무 단순하다. 그레이엄 공식의 첫 번째 약점은 가치를 너무 단순하게 계산하고 있다는 것이다. 그레이엄 공식은 몇 개의 상수와 두세 개 지표만 사용하고 있다. 그래서 그레이엄은 이 공식들을 보수적인 부채 구조를 가진 기업에만 그리고 충분한 안전마진을 두고 사용해야 한다고 했다.

약점 2 : 상수 값에 정당한 근거가 없다. 그레이엄의 공식에는 4.4와 8.5라는 상수가 사용되고 있지만, 왜 그런 상수를 사용해야 하는지에 대한 근거가 충분하지 않다. 그레이엄이 다른 상수 값들도 시도해 본 것 같기는 하지만, 결국 이 두 상수 값이 최선의 결과를 낸다는 결론을 얻은 것 같다. 그레이엄은 부채 구조가 열악한 기업에도 이 공식을 적용하기 위해 상수 값을 낮추려고 했지만 만족할 만한 값을 구하지 못했다고 했다.

추가이익성장모형

이번 장에서 소개할 또 하나의 가치평가법은 제임스 올슨과 비트 쥬트너-노로스가 개발한 추가이익성장모형이다. 추가이익성장모형은 배당할인모형의 변형에 속한다. 이미 살펴본 것처럼 배당할인모형에서 말하는 내재가치는 한 기업이 존속 기간 동안 지급할 것으로 예상되는 모든 배당금을 현재가치로 할인한 것이다. 4장에서는 배당할인모형을 다른 식으로 전환하는 것이 더 유용하다는 점을 설명했고, 따라서 배당금을 직접 예상하지 않고도 내재가치를 구하는 새로운 공식들도 소개했다. 그중 하나가 ROE와 배당성향을 활용한 공식이었고, 다른 하나는 잔여이익을 사용한 공식이었다. 그러나 무한 기간의 예상치를 구해야 한다는 등 할인모형에 공통된 문제는 차치하고라도, 두 공식은 순수잉여금관계가 타당하다는 것을 전제로 해야 했다. 더욱이 ROE를 사용하는 공식에서는 배당성향 예상치가 필요한데, 배당성향은 그 기업의 사업 실적이 아니라 궁극적으로 회사 이사회가 결정하는 것이기 때문에 사용하기 위험한 변수라는 문제도 있었다.

추가이익성장모형은 이런 두 문제를 피하기 위해 개발된 것이다. 기본적으로 추가이익성장모형은 '기업의 1년차 예상이익+그 후 매년 추가될 것으로 예상되는 이익'에 기초해 내재가치를 평가하는 모형이다. 추가이익성장모형을 배당할인모형 부분이 아니라 이번 장에서 소개하는 것은 이 모형을 그레이엄의 공식을 일반화한 것으로 볼 수 있기 때문이다. 다만 추가이익성장모형이 그레이엄의 공식과 다른 점은 EPS의 배수로 내재가치를 계산하는 대신 EPS의 배수에 보정치를 더해 내재가치를 구한다는 것이다. 추가이익성장모형이 그레이엄의 공식과 또 하나 다른 점은 계산에 사용되는 EPS가 현재의 EPS가 아니라 1년차의 예상 EPS라는 것이다.

e_1을 1년차의 예상 EPS라 하고, 할인율을 r이라 하자. 그리고 이 기업의 연간 이익이 e_1의 수준에서 계속 일정하다고 가정하자. 그러면 이익의 할인가치 견지에서 본 내재가치는 다음과 같다.

$$V = e_1/(1+r)+e_1/(1+r)^2+e_1/(1+r)^3+\cdots\cdots = e_1/r$$

이 공식의 마지막 등식 e_1/r은 우리가 전에 사용한 무한기하급수의 합 공식을 응용한 것이다. e_1/r은 매년 발생하는 이익 e_1을 현재가치로 환산한 값으로, 추가이익성장모형의 출발점이 되는 수치이다. 여기서 기본적인 배당할인 공식의 항들을 재구성해 다음과 같은 공식을 만들 수 있다.

$$V = e_1/r+z_1/(1+r)^1+z_2/(1+r)^2+\cdots\cdots$$

이 공식에서 '$z_t = \{e_{t+1}+r \times d_t-(1+r)e_t\}/r$'이다. 얼핏 보기에 z_t항이 이상해 보일 수 있지만, 한 기업의 추가적인 수익성과 성장성을 분석한다는 견지에서 볼 때 합리적이라 할 수 있다. 이를 살펴보기 위해 rz_t를 다음과 같이 다시 써보자.

$$rz_t = \{e_{t+1} + (r \times d_t)\} - \{(1+r) \times e_t\} = e_{t+1} - \{e_t + r \times (e_t - d_t)\}$$

위 식에서 '$e_t + r \times (e_t - d_t)$' 부분은 't+1'년차 이익을 비교하기 위한 기준년도(t년도)의 이익이다(이를 벤치마크 이익, 혹은 기준이익이라고 하자). e_t는 t년도의 EPS이고, '$r \times (e_t - d_t)$'는 t년도 이익잉여금($e_t - d_t$)을 투자했을 때 번 이익을 할인율 r로 할인한 가치이기 때문이다. 따라서 rz_t는 't+1'년차 이익 중 기준이익을 초과한 이익 초과분을, z_t는 이런 이익 초과분을 투자했을 때의 자본환원가치capitalized value(금액으로 표현한 가치)를 나타낸 것이다. 여기서 z_t항을 추가이익abnormal earnings이라고 한다. (위의 공식 변환이 타당하기 위해서는 e_t/r_t이 시간이 가면서 0으로 수렴되어야 한다.)

한 기업이 언제 추가적인 가치(잔여이익, 추가이익)를 창출하게 되는지를 이해하는 것이 중요하다. 우리는 잔여이익가치평가모형에서 한 기업의 이익이 '각 회계연도 기초 장부가를 투자해서 번 이익의 할인가치'를 초과할 때마다 추가적인 가치(잔여이익)가 창출되는 것을 살펴보았다. 추가이익성장모형의 경우, 기업은 z_t항(추가이익)이 플러스일 때 최초의 e_1/r(매년 발생하는 이익 e_1의 현재가치)에 가치가 추가된

> ● **내재가치와 추가이익성장모형**
>
> 배당할인모형을 수정해 '해당 기업의 1년차 예상 이익+그 기업 존속 기간 동안 발생할 것으로 예상되는 추가 이익들의 할인가치'로 내재가치를 구할 수 있다.

다. 't+1'년차의 이익 e_{t+1}이 기준이익 '$e_t + r \times (e_t - d_t)$'을 초과할 때 이런 일이 벌어진다. 이를 정리해 말하면, 이익증가율이 이익의 사내유보율의 할인가치(이익의 사내유보율 × 할인율)보다 클 때, 그 기업은 추가적인 가치를 창출해 내고 있는 것이고, 따라서 그 기업의 가치는 증대되고 있는 것이다.

예를 들어 한 기업이 이익 전부를 배당금으로 지급하고 있다고 해보자. 그러면 기준이익은 e_t가 되며, 이 경우 매년 이익이 증가하기만 하면 가치가 추가된다. 반대로 한 기업이 배당금을 전혀 지급하지 않는다고 해보자. 그러면 '$rz_t = e_{t+1} - \{(1+r) \times e_t\}$'가 되며, 이 경우 이익증가율이 할인율보다 크면 가치가 추가된다.

이를 구체적인 수치로 살펴보자. 우리가 한 기업에 투자하기 위해 12%의 수익률을 요구한다고 해보자. 그리고 이 기업의 배당성향은 30%라고 하자. 그러면 이익의 사내유보율은 70%가 된다. 이 경우, 이 기업이 추가적인 가치를 창출하기 위해서는 이익증가율이 '요구수익률 12% × 이익의 사내유보율 70% = 8.4%'를 초과해야 한다. 이익증가율이 8.4% 미만이면 가치가 파괴되고 있는 것이다.

모든 이익을 배당금으로 지급하고 이익이 전혀 증가하지 않는 이

> ● **최소 이익증가율**
>
> 추가이익성장모형 분석에 따르면, 한 기업의 이익증가율이 이익의 사내유보율의 할인가치(이익의 사내유보율 × 할인율)보다 크면, 최초의 자본환원이익(기준이익)에 가치가 추가되어 그 기업의 가치는 증대된다.

익의 제로 성장 혹은 고정 성장의 경우, 추가이익성장모형 공식의 추가이익 항들의 값은 모두 0이 되고, 따라서 '내재가치 V = e/r'이 된다. 여기서 e는 최초의 이익이다.

제로 성장의 특별한 경우

1981년 버크셔 해서웨이 연차보고서에서 워런 버핏은 영구채 perpetual bond에 대한 가치평가 사례를 하나 제시했다. 금리가 7%인 영구채를 하나 가지고 있다고 하자. 이는 매년 채권 액면가의 7%에 해당하는 이자(주식으로 치면 배당금)를 받는 것을 의미한다. 그리고 이 채권에 투자해서 부담하게 된 위험을 보상받기 위한 요구수익률은 세전 14%라고 하자. 버핏은 그런 채권은 "가치가 액면가의 50%밖에 안 될 수도 있다"고 했다. 약간의 상상력을 발휘하면, 이 영구채는 이익을 모두 배당금으로 지급하는 주식의 특별한 경우에 해당한다는 것을 알 수 있다. 이 영구채에서 배당금(주식으로 치면 이익)이 전혀 증가하지 않기 때문이다. 이때의 내재가치 공식은 다음과 같다.

$$V = R/r \times b$$

R : 자기자본이익률(ROE), r : 요구수익률, b : 장부가(액면가)

버핏의 영구채 사례를 이 공식에 대입하면, 자기자본이익률 R은 7%, 요구수익률 r은 14%가 된다. 장부가 b는 그 채권의 액면가에 해당한다. 따라서 이 채권의 '내재가치 = 7/14 × b = 0.5 × b = 액면가의

50%가 된다.

이 공식이 옳은 이유를 확인해 보자. '자기자본이익률 R = e(EPS)/b(주당 장부가)'이므로 위 공식의 우변 'R/r × b'은 'e/r'과 같다. 따라서 'V = e/r'임을 보이면, 이 공식이 옳다는 것을 증명할 수 있다. 그런데 우리는 위에서 모든 이익을 배당금으로 지급하고 이익이 전혀 증가하지 않는 경우 내재가치 'V = e/r'임을 살펴본 바 있다.

e/r은 추가이익성장모형의 첫 번째 항이기도 하며, 추가이익성장모형에서 이익이 전혀 증가하지 않을 때 나머지 추가이익 항들의 값은 모두 0이 된다. 따라서 'V = R/r × b'는 기본적인 배당할인모형과 추가이익성장모형에서 이익 증가가 0인 경우의 공식(V = e/r)과 동일한 것임을 알 수 있다. 매우 간단한 공식이지만, 이 공식을 사용하면 이익을 모두 배당금으로 지급해 이익이 전혀 증가하지 않는 특정 기업(제로성장회사라고 한다. 제로성장회사란 이익을 내고 있지만 그 이익을 모두 배당금으로 지급해 '이익증가율이 0인 기업'을 말한다)의 대략적인 가치를 신속하게 파악할 수 있다.

추가이익성장모형의 장단점

배당할인모형과 관련된 일반적인 장단점과 별도로 추가이익성장모형에도 고유한 장단점이 존재한다. 이를 살펴보기 위해 우선 추가이익성장모형의 원형인 배당할인모형이 내재가치를 예상 배당금의 할인가치로 보고 있음을 기억하자. 배당할인모형에서는 이익에 대한 언급이 전혀 없다. 그리고 추가이익성장모형에서는 1차항 'e1/r'이 최초의 내재가치로 제시된다. 배당할인모형에는 이익이 포함되지 않는데 반해, 이 1차항에는 이익이 포함되어 있다. 따라서 배당할인모형에서와 같은 방식으로 이 1차항(최초의 내재가치)을 할인해야 하는데, 뒤의 추가이익 항들에서 1차항을 조금씩 상각하면 된다. 그리고 최종 결과는 이익을 전혀 포함시키지 않고 계산한 배당할인모형의 결과와 정확히 일치한다. 얼핏 보면 이런 식의 계산법이 너무 에둘러 가는 것처럼 보일 수도 있지만 상당한 장점도 있다.

장점 1 : 신속한 내재가치 계산이 가능하다. 다음 회계연도(1차년도)의 이익 e_1과 요구수익률 r을 알면, 1차항(e_1/r)만으로 대략적인 내재가치를 신속하게 계산할 수 있다.

장점 2 : 가치 창출 요인을 알 수 있다. 추가이익 항들을 플러스로 만들기 위해 무엇이 필요한지 분석하면 경영진은 기업가치 창출을 위해 어떤 일을 해야 하는지 알 수 있고 투자자는 경영진의 행동이 가치를 창출하는 것인지 판단할 수 있다. 간단히 말해 추가이익 항들을 플러스로 만들기 위해 할 일은 이익증가율을 이익의 사내유보율의 할인가치보다 크게 만드는 일이다.

장점 3 : 최종 내재가치 계산 결과를 빨리 구할 수 있다. 추가이익성장모형 공식이 내재가치 추산치로 시작되기 때문에 최종 가치를 구하는 데 보다 유리하다. 즉 동일한 차수의 항까지 계산한 결과라면 추가이익성장모형의 계산 결과가 배당할인모형의 계산 결과보다 최종 계산 결과에 훨씬 가깝다. 따라서 추가이익성장모형은 배당할인모형보다 훨씬 적은 연차의 이익과 배당금만 추산해도 배당할인모형과 동일한 정확도를 가진 계산 결과를 얻을 수 있다.[1] 이는 4장에서 소개한 잔여이익가치평가법과 유사하다.

장점 4 : 순수잉여금관계를 전제할 필요가 없다. 추가이익성장모형은 이익과 배당금 예상치를 모두 구해야 하지만, 순수잉여금관계를 가정할 필요는 없다.

장점 5 : 배당성향을 예상할 필요가 없다. 이익과 배당금을 모두 사용하는 모형은 배당성향은 고정되어 있으며 예상할 수 있다고 가정해야 한다. 그러나 추가이익성장모형은 이런 가정을 할 필요가 없다.

장점 6 : 그레이엄의 내재가치 계산 공식을 일반화했다. 1년차 EPS 증가율 예상치를 g라 하면, 추가이익성장모형 공식은 다음과 같이 바꿔 쓸 수 있다.

$$V = EPS \times (1+g)/r + S$$

여기서 $S = z_1/(1+r)^1 + z_2/(1+r)^2 + \cdots\cdots$이다.

이 공식은 내재가치가 EPS의 배수가 아니라 'EPS의 배수+보정

---

1) 제임스 올슨과 비트 주트너-노로스는 잔여이익가치평가법과 추가이익성장모형이 회계 및 예측 편향들에 얼마나 잘 버티는지를 비교했다. 그 결과는 구체적인 조건들에 따라 달랐지만 대체로 추가이익성장모형이 조금 더 우수했다.

치'가 된다는 점만 빼고는 그레이엄의 내재가치 계산 공식과 비슷하다.

추가이익성장모형의 가장 큰 약점은 모든 배당할인모형이 가진 기본적인 약점과 같다. 즉 계산 결과가 불안정하고 부적절할 정도로 긴 기간을 예측해야 한다는 것이다.

- 약점 1 : 배당할인모형의 변형 모형이다. 추가이익성장모형 공식은 배당할인모형 공식을 수정한 것에 불과하고, 두 모형의 계산 결과는 같다. 따라서 배당할인모형과 마찬가지로 내재가치를 계산하는 모형으로서 적절한가 하는 근본적인 문제를 안고 있다. 이에 대해서는 4장의 배당할인모형 약점 부분을 참고해 주기를 바란다.
- 약점 2 : 계산 결과가 불안정하다. 배당할인모형보다 훨씬 적은 항으로도 비슷한 계산 결과를 얻을 수 있지만, 배당금의 예상 증가율과 할인율 같은 투입변수가 조금만 달라도 최종 결과가 크게 달라진다.

자산모형, 수익력모형, 수익성장모형

앞에서 우리는 여러 주식 가치평가법들을 살펴보았다. 브루스 그린왈드 등은 『가치투자 : 그레이엄에서 버핏 그리고 그 후Value Investing:

From Graham to Buffett and Beyond』에서 자산모형asset method, 수익력모형 earnings power method, 수익성장모형profitable growth method이라는 세 가지 가치평가모형과 그 장점을 소개했다. 기존의 가치평가모형과는 어떤 관계에 있는지를 중심으로 이 세 모형을 살펴보도록 하자.

자산모형은 재무상태표 분석에 기초한 세 가지 가치평가모형을 종합한 것이다. 그 세 모형은 장부가, 그레이엄의 청산가치 그리고 재생산가치평가모형이다. 재생산가치평가모형은 해당 기업과 동일한 내용의 기업을 만들기 위해 경쟁기업이 지불해야 할 비용을 산정하기 위해 해당 기업의 주요 재무상태표 항목을 일일이 수정하는 방법을 말한다. 재생산가치(재생산비용과 같은 말이다)와 2장에서 소개한 장부가나 청산가치 사이에는 한 가지 중요한 차이가 있다. 2장의 모형들이 장부가 자체로 혹은 장부가 가치를 일정 비율 낮추는 식으로 가치를 평가하는 데 반해, 재생산가치법은 일부 항목의 경우는 오히려 장부가보다 높은 가치를 부여하며 보통은 재무상태표에 포함되지 않는 항목들까지 포함시켜 가치를 평가한다는 것이다. 예를 들어 R&D비용을 포함시킬 수도 있는데, 그것은 경쟁기업이 해당 기업과 동일한 내용의 기업을 재생산하기 위해서는 해당 기업이 보유한 것과 동일한 기술을 보유해야 하고 따라서 그런 기술을 개발하기 위한 R&D가 필요하기 때문이다.

수익력모형은 1단계 현금흐름할인모형에 속하는 모형으로, 특히 해당 기업의 정상 운영을 저해하지 않으면서도 투자자가 그 기업으로부터 빼낼 수 있는 현금은 얼마인지를 계산하기 위해 그 기업이 공식적으로 보고한 이익을 조정하는 데 초점을 두는 모형이다. 또한 수익력모형에서는 다른 투자 대상과 비교한 해당 기업의 상대적 위험성과 금리를 모두 반영한 할인율도 필요하다. 이익을 조정하는 방법으로 제안된 것은 크게 세 가지인데, 하나는 해당 연도 및 그 이전 4년간(해당 연도를 포함해 최근 5년간) 발생한 특별비용의 평균 금액을 영업이익에서 차감하는 것이다. 둘째는 R&D비용의 일정 비율(25% 정도)을 다시 이익에 보태는 것이다. 셋째는 감가 및 상각비용의 25%를 다시 이익에 보태는 것이다(일반적인 잉여현금흐름 계산에서는 100% 반영한다).

이런 식으로 조정된 이익을 e라고 해보자. 뒤에서 살펴보겠지만 'e = C × R'로 생각하는 것이 좋다. 여기서 C는 그 기업의 자본이고 R은 자본수익률(ROC, 여기서 우리는 'R = e/C'로 보는 단순한 자본수익률 개념을 사용하고 있다)이다. 이때 e가 수년간 증가하지 않고 자본비용비율 r로 할인된다고 가정하면, 수익력 가치earnings power valuation, EPV는 다음과 같다.

$$EPV = e/(1+r) + e/(1+r)^2 + \cdots\cdots = e/r = C \times R/r$$

세 번째 방법인 수익성장모형은 두 가지 방식으로 수익력 가치에 기초하고 있다. 첫째, 이 모형은 해당 기업이 g라는 고정된 성장률(이익증가율)을 보인다고 가정한다. 둘째, 이런 성장을 이루기 위해 해당 기업이 투자해야 할 비용을 e에서 차감해 e를 수정한다. 따라서 현금 C가 g 비율로 증가한다고 할 때, 기존 주주들에게 돌아갈 수 있는 'C ×

g'를 e에서 차감한다. 요컨대 e를 'e−(C × g)'로 수정한다. 이를 다시 정리하면 다음과 같다.

$$e-(C \times g) = C \times (R-g)$$

이는 수정된 이익을 고려한 그리고 성장률이 g인 현재가치$_{present\ value, PV}$가 다음과 같다는 것을 말한다.

$$PV = \{C \times (R-g)\}/(1+r) + \{C \times (R-g)(1+g)\}/(1+r)^2 + \cdots\cdots$$

이 수식의 항들을 합하면 PV는 다음과 같다.

$$PV = \{C \times (R-g)\}/(r-g)$$

결국 EPV의 경우 성장률이 0인 것만 빼고 PV와 EPV 계산 공식은 동일하다.

여기서 기본적인 개념은 EPV는 성장을 가정하지 않고 있기 때문에 이를 가치평가를 위한 벤치마크 가치로 사용할 수 있다는 것이다. 요컨대 해당 기업의 PV가 EPV를 초과하는 초과분이 클수록 해당 기업의 성장이 제공하는 안전마진이 더 큰 것으로 볼 수 있다.

이때 다음과 같은 질문이 가능하다. 성장이 가치를 창출하는 때는 언제이고 가치를 파괴하는 때는 언제인가? 달리 말해 PV가 EPV를 상

● 성장이 가치를 창출하는 조건

PV와 EPV의 시각에서 볼 때, 한 기업의 자본수익률이 할인율보다 클 때 성장은 가치를 창출하고, 반대의 경우 가치를 파괴한다.

회하는 때는 언제이고, EPV를 하회하는 때는 언제인가? 답은 간단하다. PV와 EPV의 시각에서 볼 때, 자본수익률 R이 할인율 r보다 클 때 성장이 가치를 창출하고 반대일 때 가치를 파괴한다. 이는 매우 상식적인 것이다. 한 회사에 투자할 때, 우리는 경영진이 우리가 요구하는 수익률(요구수익률) 이상의 높은 자본수익률을 올려주기를 원하게 마련이다.

〈표 8-1〉은 PV와 EPV의 비율을 자본비율capital ratio, R/r과 성장비율growth ratio, g/r의 견지에서 나타낸 것이다. 자본비율은 자본수익률 R을 할인율 r로 나눈 것이고, 성장비율은 성장률 g를 할인율 r로 나눈 것이다. 표를 보면 자본비율이 1.0보다 커지면서 PV와 EPV의 비율도 1.0보다 커지고, 따라서 기업의 성장이 가치를 창출하고 있다. 그리고 자본비율이 1.0보다 클 때, 성장비율이 높을수록 더 많은 가치가 창출되고 있다. 요컨대 자본수익률(또는 자기자본이익률)이 할인율보다 클 때 성장이 가치를 창출하며, 이 경우 성장이 클수록 더 좋다. 반면 자본수익률 R이 할인율 r보다 낮을 때(자본비율이 1.0 미만일 때)는 성장비율이 높을수록 가치는 오히려 파괴된다. 요컨대 자본수익률이 할인율보다 높을 때만 추가 성장이 바람직하다.

〈표 8-1〉 PV/EPV 비율(1.0보다 클수록 좋다)

		자본비율(R/r)					
		0.75	1.00	1.50	2.00	2.50	3.00
성장비율 (g/r)	0.25	0.89	1.00	1.11	1.17	1.20	1.22
	0.50	0.67	1.00	1.33	1.50	1.60	1.67
	0.75	0.00	1.00	2.00	2.50	2.80	3.00

　자산모형의 장단점은 2장에서 설명한 재무상태표 분석을 통한 가치평가모형의 장단점과 유사하다. 따라서 여기서 다시 상술할 필요는 없을 것이다. 그러나 자산모형은 재무상태표에만 의존하는 것은 아니다(예를 들어 R&D 관련 비용 일부는 다시 자산으로 포함시키기도 한다). 따라서 2장의 재무상태표 분석을 통한 가치평가모형의 단점의 일부는 극복한 모형이라 할 수 있다. 수익력모형과 수익성장모형의 장단점은 3장에서 소개한 현금흐름할인모형의 장단점과 유사하다. 설명한 대로 이 두 모형은 1단계 성장률만 전제로 한 것인데, 그린왈드도 이 방식을 사용했다. 그러나 이들은 고정성장률을 가정할 경우의 한계를 인정하고, 초기 성장 단계와 후기 성장 단계 두 부분으로 나눠 분석하면 모형을 보다 개선할 수 있을 것이라고 했다. 이는 이 책에서 말한 2단계 모형이 될 것이다. 수익성장모형의 한 가지 특징은 기업의 이익 중 성장에 쓰이는 부분을 이익에서 차감하는 식으로 이익을 수정한다는 것이다.

벤치마크 가치평가법

2장에서 살펴본 것처럼, PBR은 주가를 장부가로 나눈 것이다. 그런데 유명기업의 경우에도 PBR은 1.0 미만에서부터 40 이상까지 광범위한 분포를 보인다. 이에 케네스 리$_{Kenneth\ Lee}$는 시간이 가면서 각 기업의 PBR은 평균으로 회귀한다는 가정에 기초해 이른바 벤치마크 가치평가$_{benchmark\ valuation}$라는 또 하나의 가치평가법을 제안했다. 과거에 비해 PBR이 낮으면 주가가 상승해 PBR이 높아질 가능성이 많고, 반대의 경우는 주가가 하락해 PBR을 낮출 가능성이 크다는 것이다. 또 벤치마크 가치평가법은 과거 평균에 비해 ROE가 높은지 낮은지를 보고 계산을 조정하기도 한다. 벤치마크 가치평가법의 기본적인 목표는 하방목표가$_{downside\ target\ price}$와 상방목표가$_{upside\ target\ price}$라고 하는 두 가격을 계산해, 주가가 하방목표가를 하회하면 매수하고 상방목표가를 상회하면 매도하는 것이다.

일반적인 개념으로 이 모형을 설명하기보다는 실제 사례를 가지고 살펴보는 것이 더 유용할 것이다. 따라서 월마트의 사례로 이 모형을 살펴보도록 하자. 〈표 8-2〉는 이 모형을 적용하는 데 필요한 자료들을 정리한 것이다. 여기에는 ROE, 장부가 그리고 지난 10년간 주식의 연간 최고가와 최저가가 포함되어 있다. 10년간 평균 ROE, 평균 장부가, 평균 최고가와 평균 최저가도 포함되어 있다.

이 표를 이용해 ROE 요인비율, 평균 최저PBR, 평균 최고PBR의 세 비율을 계산하자. ROE 요인비율은 현재의 ROE를 평균 ROE로 나눈

〈표 12-2〉 월마트의 벤치마크가치평가를 위한 자료들

회계연도	ROE (%)	장부가 (달러)	최저가 (달러)	최고가 (달러)
2001	20.1	7.01	41.44	64.94
2002	19.0	7.88	41.50	59.98
2003	20.4	8.95	43.72	63.94
2004	20.8	10.12	46.27	60.20
2005	20.8	11.67	51.08	61.31
2006	21.1	12.77	42.31	53.74
2007	18.3	14.91	42.31	52.15
2008	19.7	16.26	42.09	51.44
2009	20.5	16.52	46.25	59.23
2010	21.0	18.69	47.35	56.27
평균	20.17	11.79	44.43	58.32

〈표 8-3〉 월마트의 벤치마크 가치평가를 위한 비율들

ROE 요인비율(현재 ROE/평균 ROE)	1.04
평균 최저PBR(평균 최저가/평균 장부가)	3.77
평균 최고PBR(평균 최고가/평균 장부가)	4.95

* ROE 요인비율은 현재의 ROE(21.0%)를 지난 10년의 평균 ROE(20.17%)로 나눈 것이고, 평균 최저PBR은 지난 10년의 평균 최저가(44.43달러)를 평균 장부가(11.79달러)로 나눈 것이며, 평균 최고PBR은 지난 10년의 평균 최고가(58.31달러)를 평균 장부가(11.79달러)로 나눈 것이다.

것이고, 평균 최저PBR은 평균 최저가를 평균 장부가로 나눈 것이며, 평균 최고PBR은 평균 최고가를 평균 장부가로 나눈 것이다. 〈표 8-3〉은 이 비율들을 나타낸 것이다.

이제 이를 이용해 이른바 하방 목표가와 상방 목표가를 계산해 보자. 하방 목표가란 ROE 요인비율, 평균 최저PBR, 현재 장부가를 곱한 것이고, 상방 목표가란 ROE 요인비율, 평균 최고PBR, 현재 장부가를 곱한 것이다. 따라서 하방 목표가와 상방 목표가는 다음과 같다.

하방 목표가 = 1.04 × 3.77 × 18.69달러 = 73.28달러
상방 목표가 = 1.04 × 4.95 × 18.69달러 = 96.22달러

월마트의 현재 주가가 약 55달러라고 할 때, 벤치마크 가치평가법에 따르면 월마트 주가는 매우 저평가된 상태이다. 여기서 명백히 제기할 수 있는 질문은 이런 가치평가 결과가 합리적인 것이냐 아니면 모형을 통해 인위적으로 만들어낸 결과이냐 하는 것이다. 벤치마크 가치평가에서 이런 결과를 만들어 낸 주요 동인은 평균 최저PBR과 평균 최고PBR이다. 벤치마크 가치평가법의 계산 결과가 합리적이기 위해서는 이 두 비율을 가지고 지난 10년 해당 기업의 실제 최저 PBR과 최고 PBR을 정확하게 계산해 낼 수 있어야 한다. 월마트의 경우 현재 주가가 55달러라고 할 때, 현재 PBR은 약 3.0이 된다. 따라서 월마트의 평균 최고PBR과 평균 최저PBR은 모두 현재 PBR보다 상당히 높다. 그 이유는 5~10년 전 월마트의 PBR이 매우 높았기 때문이다. 〈표 8-2〉에서 월마트의 10년 전 최저 PBR과 최고 PBR이 각각 5.9와 9.3이라는 것을 계산할 수 있다. 미래에 월마트의 PBR이 이런 수준을 회복할 것이라고 본다면, 월마트의 현재 주가는 저평가되었다고 주장하

게 될 것이다. 그러나 이런 주장은 10년 전 월마트의 PER이 40을 넘었기 때문에(46까지 상승했었다), PER이 다시 그 수준으로 돌아갈 것이라고 주장하는 것과 같다.

대부분의 고식적인 가치평가모형은 이런 문제를 안고 있다. 역대 자료를 사용해 모형을 개발하고 다듬는 과정에서 가상의 이론 포트폴리오를 가지고 검증한 결과 그 모형이 맞다는 결과가 나오는 경우도 있다. 그러나 이런 모형은 그 토대가 매우 취약하기 때문에 어느 정도 시간이 흐르면 결국 틀리다는 것이 밝혀지고 만다. 이런 현상은 10장에서 소개할 기술적 분석의 데이터마이닝에서 비롯된 문제이다. 벤치마크 가치평가법의 경우 주가와 거래량 패턴을 찾기 위해 데이터마이닝을 하는 일반적인 기술적 분석과 달리 ROE와 장부가를 데이터마이닝 했다는 차이만 있을 뿐이다.

마법공식투자법, 캔슬림 투자법, 기타 주식선정법

금융 문헌에서 소개되는 많은 투자법은 주식 선정 방법의 일환으로 여러 재무비율을 계산한다. 그러나 이런 투자법은 이 책에서 말하고 있는 가치평가법은 아니다. 내재가치 등의 가치를 계산해 그 결과를 수치로 내놓는 것이 아니기 때문이다. 그럼에도 불구하고 이 책에서 소개한 대부분의 가치평가법은 경영 실적(ROE와 ROC 같은 비율로 측정), 적은 부채(자기자본 대비 부채비율로 측정), 적절한 단기 생존 능력(유동비율과 당좌비율로 측정) 등을 보여주는 주요 재무비율과 함께 사용하는 것이 좋다. 여기서 우리는 마법공식투자법magic formular investing과 캔슬림 투자법CAN SLIM을 포함한 5가지 주식선정법을 간략히 살펴볼 것이다. 이들 5가지 방법은 독자적으로 사용할 수도 있고, 우리가 살펴본 가치평가법 중 하나와 함께 사용할 수도 있다.

마법공식투자법

조엘 그린블라트는 『시장을 이기는 작은 책The Little Book That Beats the Market』에서 마법공식투자법을 소개했다. 마법공식투자법이란 두 비율만 가지고 주식 포트폴리오에 넣을 종목을 선정하는 것이다. 그린블라트가 말한 두 비율은 자본수익률(ROC)과 이익수익률이다. 그린블라트가 말한 이 두 비율의 정의는 이 책에서 소개한, 보다 기본적인 정의와는 다소 다르다. 그러나 그린블라트의 정의가 더 복잡하기는 하지만, 일반적인 형태는 동일하다. 설명의 단순화를 위해 여기서는 그린블라트의 정의를 사용하도록 하겠다.

ROC는 경영진의 실적을 측정하기 위한 것으로 높으면 높을수록 좋다. ROC는 경영진이 수익 사업을 얼마나 효과적으로 하고 있는지 보여주는 핵심적인 지표이다. 이익수익률은 이익 수준을 주가와 비교한 것으로 이 역시 높으면 높을수록 좋다. 이익수익률은 PER의 역으로 주가 대비 이익의 비율로 정의된다. 7장에서 설명한 것처럼, 이익수익률은 과도하게 PER이 높은 주식을 매수하는 것을 막아주는 매우 유용한 지표이다. 7장의 PER 관련 규칙 6이 바로 이익수익률을 확인하라는 것이다. 앞서 학습한 내용들에 입각해 볼 때, 우리가 두 가지

지표만 가지고 주식을 선정해야 한다면 당연히 ROC와 이익수익률을 볼 것이다.

그린블라트는 주식을 선정할 때 이 두 비율을 이용하는 방법을 소개했다. 그는 우선 2,500개 대기업을 대상으로 이익수익률이 높은 기업부터 낮은 순으로 1등부터 2,500등까지 순위를 매겼다. 이는 PER이 가장 낮은 주식을 선호하는 것과 같다. 그 다음 이들 기업을 ROC가 높은 기업부터 낮은 순으로 다시 1등부터 2,500등까지 순위를 매겼다. 이는 경영진이 가장 효율적인 기업을 선호하는 것이다. 그런 후 그린블라트는 이 두 순위를 더해 최종 순위를 매겼다. 당연히 최종 순위 수치가 작을수록 수익성이 높은 주식일 가능성이 컸다. 그린블라트는 과거 17년을 대상으로 이 두 비율을 기준으로 구축한 가상의 이론포트폴리오를 가지고 그 실적을 검증했으며, 그 결과 이 포트폴리오가 시장을 크게 이겼다고 선언했다.

자본수익률(ROC) : 마법공식투자법에서 말하는 ROC는 이자 및 법인세 공제 전 영업이익earnings before interest and taxes, EBIT을 투하유형자본tangible capital employed으로 나눈 것이다.[2] 투하유형자본이란 운전자본에 순고정자산을 더한 것이다. 그리고 운전자본이란 유동자산에서 유동부채를 뺀 것이다. 순고정자산은 재무상태표의 고정자산에서 감가상

---

[2] 자본수익률과 이익수익률에 대한 정의가 다양하고 이 두 비율을 계산하는 데 사용하는 변수도 다른 경우가 많기 때문에 그린블라트가 계산한 자본수익률과 이익수익률은 이 책의 계산과 조금 다를 수도 있다.

각 비용을 뺀 것이다. 〈표 8-4〉는 마법공식투자법에 따라 2010년 1월 31일 현재 월마트의 ROC를 계산한 것이다. 마법공식투자법으로 계산한 월마트의 ROC는 24.84%였다. 이런 결과는 가장 단순한 ROC 개념을 사용해 계산한 월마트의 ROC 13.38%보다 상당히 높은 것이다. 이렇게 다른 결과가 나온 이유는 마법공식투자법에서 사용한 이익이 당기순이익(143억 3,500만 달러)이 아니라 EBIT(236억 1,800만 달러)였기 때문이다. 만약 당기순이익 대신 EBIT를 사용했다면, 월마트의 자본수익률은 22.04%로 크게 상승한다.

이익수익률 : 마법공식투자법에서 말하는 이익수익률은 EBIT를 기

〈표 8-4〉 월마트의 ROC 계산

항목	금액 (100만 달러)
이자 및 법인세 차감 전 영업이익(EBIT) (1)	23,618
유동자산 (2)	48,331
유동부채 (3)	55,561
운전자본 (4)	(7,230)
감가상각비용을 차감한 부동산, 장비의 순가치 (5)	99,544
감가상각비용을 차감한 리스자산의 순가치 (6)	2,763
순고정자산 (7)	102,307
투하유형자본 (8)	95,077
ROC (9)	24.84%

* 운전자본(4)은 유동자산(2)에서 유동부채(3)를 뺀 것이다. 순고정자산(7)은 부동산과 장비의 순가치(5)와 리스자산의 순가치(6)를 더한 것이다. 투하유형자본(8)은 운전자본(4)과 순고정자산(7)을 더한 것이다. ROC(9)는 EBIT(1)를 투하유형자본(8)으로 나눈 것이다.

업가치로 나눈 것이다. 그리고 기업가치는 기업의 시가총액에 순이자부담부채net interest-bearing debt를 더한 것이다. 그리고 순이자부담부채란 그 기업의 부채에서 기업이 보유하고 있는 현금을 뺀 것이다. 기업가치란 그 기업 전체를 매수하기 위해 지불해야 할 최종 금액이라 할 수 있다. 한 기업 전체를 매수하기 위해서는 먼저 그 기업의 시가총액에 해당하는 돈이 필요하다. 시가총액을 지불하고 그 기업 전체를 사들인 후에는 그 기업이 가지고 있는 현금을 사용해 그 기업의 부채를 상환할 수 있다. 그런데 현금을 부채 상환에 모두 사용했는데도 여전

〈표 8-5〉 월마트의 이익수익률

항목	금액	(100만 달러)
이자 및 법인세 차감 전 영업이익(EBIT) (1)	23,618	
주가 (2)	53.131	
발행주식 수 (3)	3,877	(100만 주)
시가총액 (4)	205,985	
장기부채 (5)	33,231	
장기 상환 의무 (6)	3,170	
1년 내 만기가 도래하는 장기부채 (7)	4,050	
총부채 (8)	42,249	
현금과 현금등가물 (9)	7,907	
기업가치 (10)	238,107	
이익수익률 (11)	9.88%	

* 시가총액(4)은 현재 주가(2)와 발행주식 수(3)를 곱한 것이다. (5), (6), (7)의 부채 항목을 더한 것이 총부채(8)이다. 기업가치(10)는 총부채(8)에서 현금과 현금등가물(9)을 뺀 차액과 시가총액(4)을 더한 것이다. 이익수익률(11)은 EBIT(1)를 기업가치(10)로 나눈 것이다.

히 부채가 남아 있다면, 남은 부채 금액만큼 시가총액에 더한다. 반대로 모든 부채를 상환하고도 현금이 남아 있다면, 그 남은 현금을 시가총액에서 뺀다. 이렇게 시가총액에 남은 부채를 더하거나(부채가 남은 경우), 남은 현금을 차감한(현금이 남은 경우) 후의 최종 금액이 기업가치다. 〈표 8-5〉는 마법공식투자법에 따라 2010년 1월 31일 현재 월마트의 이익수익률을 계산한 것이고, 그 결과는 9.88%였다.

현재 월마트의 PER은 약 14 정도이며, 월마트의 현재 이익수익률은 약 7.14%가 된다. ROC의 경우와 마찬가지로 그린블라트의 마법공식을 사용해 계산한 이익수익률이 상당히 높은데, 이런 차이가 발생한 것도 마법공식이 당기순이익 대신 EBIT를 사용했기 때문이다.

표준정의에 따른 ROC와 이익수익률을 사용해도 될까 : ROC와 이익수익률에 대한 그린블라트의 정의를 표준정의와 비교한 후, 그린블라트식으로 계산하는 것이 보다 효과적인지 아닌지를 판단할 수 있다. 예를 들어 그린블라트는 "세율과 부채 수준의 차이에서 발생하는 왜곡"을 피하기 위해 당기순이익 대신 EBIT를 사용했다고 했다. 그러나 이자와 세금은 임금청구서만큼이나 확실한 비용이다. 따라서 그 비용을 그대로 보고 당기순이익을 사용하는 것이 더 적절할 것 같다. 이 문제를 자세히 살펴보는 대신 한 가지 제안을 하자면, 그린블라트에 끌려서 혹은 단순히 호기심으로 마법공식을 사용하고자 할 경우에는 그린블라트의 정의보다는 표준정의를 사용해 ROC와 이익수익률을 계산한 후 주식을 고르는 것이 보다 실용적이라는 것이다. 그래서 투자에 성공한다면, 여러분은 매우 간단한 투자 전략을 갖게 되는 셈이다. 표준정의를 사용한 ROC와 이익수익률 자료는 쉽게 구할 수 있고, 또 쉽게 계산할 수 있기 때문이다. 그린블라트가 그렇게 복잡하게 ROC와 이익수익률을 정의할 필요는 없었다고 본다. 표준정의에 따른 ROC와 이익수익률도 그린블라트 것만큼이나 효과적이기 때문이다.

캔슬림 투자법

과거 오랫동안 매우 높은 수익률을 올린 주식들을 분석해 공통점을 찾아보는 것은 어떨까? 그래서 7가지 특징을 발견했다면 어떨까? 현재의 기업이 이런 특징을 가지고 있다면 이들도 과연 높은 수익률을 낼 수 있을까? 이런 문제의식에서 윌리엄 오닐William O'neil은 1953년으로 거슬러 올라가 그 당시 오랫동안 매우 높은 수익률을 낸 기업들을 찾아 그 공통점을 분석해 보기로 했다. 그리고 그 연구 결과를 1988년에 출간한 그의 최초의 저서 『주식으로 돈 버는 법How to Make Money in Stocks』에 소개했으며, 그 방법을 캔슬림이라 명명했다. 'CAN SLIM'은 그가 발견한 7가지 특징의 앞 글자를 따 붙인 이름이다.

캔슬림 투자법은 펀더멘털 분석과 기술적 분석을 결합한 것이다. 오닐의 책의 많은 부분은 '손잡이 달린 접시패턴saucer-with-handle price pattern 찾기', '이중바닥패턴double-bottom price pattern 찾기' 같은 기술적 분석에 할애되어 있다. 1995년판에서는 100개 이상의 주가 패턴을 소개하면서, "이 패턴들을 주의 깊게 학습하고, 자주 참고하라"고 조언하기까지 했다. 2009년판에서는 추가로 100페이지에 걸쳐 주가 차트를 소개하는 장을 추가했다.

전체적으로 볼 때, 캔슬림 투자법은 이 책의 주제에서 벗어난 것이다. 그럼에도 불구하고 이 투자법을 소개하는 것은 두 가지 이유 때문이다. 첫째는 주식투자 관련 논의에서 자주 언급되고 있기 때문이다. 보다 중요한 두 번째 이유는 캔슬림 투자법의 처음 두 원칙은 이익의 성장성과 안정성에 관한 것으로 우리가 7장에서 살펴본 내용을 재확인해 주고 있기 때문이다. 더욱이 초판에는 포함되어 있지 않았지만, 2009년판에는 두 번째 원칙에 '높은 ROE' 조건이 포함되기도 했다. 아래 내용은 2009년판에 소개된 캔슬림 투자 원칙을 요약한 것이다.

C (Current quarterly earnings) = 현재 분기 이익 : 현재 분기(실적이 발표된 가장 최근 분기)의 이익이 전년 동기 대비 최소 25~50% 상승한 주식을 골라라.

A (Annual earnings increases) = 연간 이익 증가 : 이 두 번째 원칙은 이익의 성장성과 안정성을 강조한 것이다. 오닐은 "연간 이익 증가율이 25~50% 혹은 그 이상인 주식"을 고르라고 했다. 1995년판에서 그는 그 이유를 다음과 같이 설명했다. "주식을 보유하는 것은 그 기업의 일부 주인이 되는 것과 같다. 그런데 과연 이익이 전혀 증가하지 않는 기업의 주인이 되고 싶어 할까?" 또한 앞서 언급한 것처럼 2009년판에서 오닐은 이 원칙에 "높은 ROE" 조건을 추가했다. 오닐은 이익 증가의 안정성을 측정하는 방법을 제시했는데, "지난 3년간 안정적이고 지속적인 연간

이익증가율을 보일 것"이었다.

N (New products and management) = 신제품과 신경영 : 오닐은 "주가가 크게 상승하기 위해서는 그 기업에 뭔가 새로운 것이 있어야 한다"고 했다. 새로운 제품과 서비스 혹은 새로운 경영이 그런 것이 될 수 있다. 해당 기업이 속한 업종이 크게 발전하는 것도 새로운 요인이 될 수 있다.

S (Supply and demand) = 수요와 공급 : 이 원칙의 기본적인 관념은 시가총액이 작고 발행주식 수도 상대적으로 적은 주식을 찾으라는 것이다. 그러나 대형주가 소형주보다 좋은 실적을 내는 경우도 있다. 또 오닐은 자기자본 대비 부채비율이 낮을수록 좋다고 했다.

L (Leader or laggard) = 주도주인가 소외주인가 : 특정 업종에 대한 투자를 결정할 때 해당 업종에서 주가 상승률 1~2위를 기록한 주식, 적어도 3위인 주식에 투자하라는 것이다.

I (Institutional sponsorship) = 기관투자가 관심주 : 평균 이상의 실적을 내고 있는 최소 한두 개의 기관투자자가 보유하고 있으며, 최근 몇 분기 동안 기관투자자가 늘어난 주식을 고르라는 것이다.

M (Market indexes or market direction) = 시장 동향 : 이 원칙의 기본 관념은 다우지수와 S&P 500 같은 주요 시장지수가 상승하고 있을 때 투자하라는 것이다. 이 원칙은 주요 지수의 일간 차트를 면밀히 분석해야 한다는 등 기술적 분석을 강조하는 것이다.

하우겐의 요인분석법

캔슬림 투자법은 과거에 성공한 주식들의 좋은 특징에 대한 오닐의 의견과 그런 특징을 가진 주식은 미래에 높은 수익을 낼 것이라는 그만의 가정에 기초한 것이었다. 그런데 로버트 하우겐Robert Haugen과 나딘 베이커Nardin Baker는 오닐보다 엄격한 방법을 적용해 주식의 수익성에 가장 큰 영향을 미치는 특징을 찾아내려 했다. 이를 위해 하우겐은 주식의 월간 수익률에 영향을 미친 71개 요인들을 면밀히 분석했다. 그 요인들은 리스크, 유동성, 기업의 이익 및 현금흐름 관련 지표들과 비교한 주가 수준, 수익성, 과거 주식 수익률, 애널리스트들의 전망치, 거시경제 및 업종의 영향 등과 관련된 요인들이었다. 하우겐의 목적은 이들 요인 중 다음 달 주식 수익률에 가장 큰 영향을 미친 요인을 찾는 것이었다.[3]

하우겐은 매월 말 이 요인들의 가중치를 재계산한 후, 그에 기초해 다음 달 가장 높은 수익이 예상되는 주식부터 가장 낮은 수익이 예상되는 주식까지 주식의 순위를 매겼다. 그리고 이렇게 순위가 매겨진 주식을 10분위로 나눴다. 1분위는 가장 낮은 수익이 예상되는 주식으로, 10분위는 가장 높은 수익이 예상되는 주식으로 구성했다.

그 결과 주식의 수익률 상승에 가장 큰 영향을 미친 요인은 이익수익률, ROE, BPR(주가 대비 장부가비율, PBR의 역이다) 등이었다. 하우겐

---

[3] 하우겐의 연구는 특정 결과에 미친 다양한 요인들의 영향의 정도를 평가하는 표준적인 통계분석인 회귀분석(regression analysis)을 사용했다. 회귀분석에는 두 가지 장점이 있다. 첫째, 결과에 어떤 요인이 가장 큰 영향을 미칠지를 미리 가정할 필요가 없다. 둘째, 영향력 정도에 따라 가장 중요한 요인부터 가장 중요하지 않은 순으로 각 요인들의 순위를 자동으로 부여한다.

의 연구에 따르면, 특정 월에 이익수익률이 높을수록(PER이 낮을수록), ROE가 높을수록 그리고 BPR이 높을수록(PBR이 낮을수록) 그 주식은 다음 달에 시장을 상회할 실적을 낼 가능성이 높았다. 반대로 주식의 수익률 하락에 가장 큰 영향을 미친 요인은 지난 1개월 혹은 2개월간의 과도한 수익률이었다. 지난 1~2개월 시장을 크게 상회하는 실적을 낸 주식은 다음 달에 좋은 실적을 내기 어렵다는 것이다.

하우겐과 베이커에 따르면, 1979년에서 1993년 사이 10분위에 포함된 주식들의 연평균 수익률은 30.9%, 1분위에 포함된 주식들의 연평균 수익률은 −4.5%였다. 당시 시장의 연평균 수익률은 16.7%였다. 개인투자자의 입장에서 볼 때, 하우겐의 투자법은 다른 학술연구와 마찬가지로 개인투자자가 활용하기 어려운 방법이다.

요컨대 매우 큰 포트폴리오와 다량의 거래를 전제로 하고 있는 호이겐의 투자법은 개인투자자에게 적절하지 않을 뿐만 아니라 다량의 거래에 따라 발생하는 거래비용이 실적에 미치는 영향도 고려하지 않았다. 이에 호이겐과 베이커는 거래를 줄이고 거래비용이 실적에 미치는 영향을 완화하기 위해 자신들의 투자 전략을 미국의 1,000개 대기업으로 제한해 보았다. 그런데 그 결과 최대 수익률이 예상되던 주식들로 구성한 포트폴리오의 연평균 수익률은 시장을 약 4% 상회하는데 그쳤다.

하이저만의 수익력 차트법

2장에서 우리는 재무상태표 수정을 통한 그레이엄의 여러 가치평가법을 살펴보았다. 그런데 휴잇 하이저만 주니어Hewitt Heiserman Jr.는 손익계산서를 수정해 주식을 선정하는 새로운 방법을 제안했다. 그 결과 나온 것이 EPS를 변형한 소극적 수익defensive profit과 적극적 수익enterprising profit이다.

하이저만은 우선 손익계산서에서 확인한 EPS를 발생수익accrual profit이라고 불렀다. 그 다음 그는 주당 잉여현금흐름을 변형시킨 소극적 수익이란 개념을 도입했다. 주당 기준으로 소극적 수익이란 해당 기업의 매출액(수입)에서 고정자본 투자액과 운전자본 증가분을 차감하는 것이다(소극적 수익 = 매출액 − 고정자본 투자액 − 운전자본 증가분).

적극적 수익은 경제적 부가가치economic value added, EVA를 변형한 것이다. 적극적 수익을 계산하기 위해 먼저 손익계산서의 비용 항목에서 R&D비용과 광고비용을 빼고 이를 자산 항목에 더한다. 회사의 무형적 성장창출 항목들을 비용이 아니라 자산으로 본 것이다. 그 다음 3장에서 소개한 가중평균자본비용을 사용해 회사의 자본비용을 계산해 이를 비용으로 처리한다. 이런 식으로 손익계산서를 수정해 구한 경제적 부가가치가 적극적 수익이다.

하이저만은 이런 소극적 수익과 적극적 수익이 모두 플러스이고 시간이 갈수록 증가하는 주식을 고르라고 했다. 이 두 수익의 연간 실적을 2차원 차트로 나타낸 것이 이른바 수익력 차트earnings power chart이며, 이 차트의 목적은 이 두 수익의 연간 실적이 상향 추세를 보이는 기업을 찾는 것이다. 하이저만은 "이 2차원 차트는 여러분을 진정한 수익력을 가진 기업으로 안내하고—발생손익계산서가 아무리 훌륭해 보여도—펀더멘털이 열악한 기업은 피하게 만들 것"이라고 했다.

순수잉여금 ROE 평가법

우리는 여러 가치평가법을 도출하고 수정하는 과정에서 여러 번 순수잉여금관계를 사용했다. J. B. 파웰Joseph Belmonte Farwell은 이 순수잉여금관계에 기초한 주식선정법을 제안했다. 우선 관심 있는 기업의 과거 특정 연도, 예를 들어 1987년을 시작으로 매년 순수잉여금관계를 이용해 장부가를 계산한다. 즉 1987년 이후 매년 해당 연도의 장부가는 직전 연도 장부가에 이익을 더한 후 배당금을 뺀 것이 된다(각 연도 장부가 = 직전 연도 장부가＋이익－배당금). 이렇게 수정한 장부가를 사용해 ROE를 구한다. 이것이 이른바 순수잉여금 ROE이다. 그리고 관심 있는 일련의 주식 중 이 순수잉여금 ROE가 가장 높은 주식에 투자한다.

실물옵션이론을 이용한 가치평가

한 기업의 자산이 5억 달러이고, 10년 후 상환해야 할 부채가 2억 5,000만 달러이며, 부채의 이자는 8%라고 해보자. 10년 후에 이 기업을 살 권리를 사기 위해 지금 지불해야 할 적정가격은 얼마일까? 위의 자료만 가지고는 이 질문에 답할 수 없다. 그러나 놀랍게도 한두 가지 자료만 더 있으면 옵션가격결정이론을 사용해서 이 질문에 답할 수 있다.

첫째, 이 기업을 매수하기 위해 매수자는 10년 후 최소한 2억 5,000만 달러를 지불해야 한다. 이 기업의 자산에 대한 통제권을 얻기 위해서는 먼저 채권 보유자에게 부채를 상환해야 하기 때문이다. 따라서 10년 후 이 기업의 자산이 2억 5,000만 달러 이하이면, 매수자는 이 거래로 수익을 내지 못한다. 오히려 투자금 전액을 잃을 수도 있다. 그러나 10년 후 기업의 자산이 2억 5,000만 달러보다 많으면, 예를 들어 7억 달러라고 하면, 매수자는 4억 5,000만 달러의 가치를 가진 기업을 매수한 것이 된다. 2억 5,000만 달러를 지불하고 이 기업에 대한 지배권을 장악한 후, 2억 5,000만 달러의 부채를 상환하면 4억 5,000만 달러가 남기 때문이다.

이런 식의 설명은 유럽식 옵션을 말한 것이다. 정확히는 기초자산 가격 5억 달러에 행사가 2억 5,000만 달러인 유럽식 콜옵션이다. 여기서 이자율은 8%고, 기간은 10년이며, 변동성은 15%라고 해보자. 이는 자산의 연간 표준편차가 5억 달러의 15%라는 의미이다. 블랙-숄즈 공식에 따르면, 이 옵션의 적정가격은 3억 8,770만 달러가 된다.

위의 사례는 실물옵션이론real option analysis을 적용한 간단한 사례이다. 실물옵션이론은 실제 세계의 불확실성을 고려해 예산 수립 및 자금 배분을 결정하는 데 도움이 된다. 많은 사람들이, 예를 들어 신규 프로젝트에 대한 투자 등을 결정할 때, 실물옵션이론을 사용하면 현금흐름할인법이나 순현재가치평가법보다 현실적인 가치평가와 분석을 할 수 있다고 믿는다. 그러나 실물옵션이론은 이미 상장되어 주식이 거래되는 기업에는 별로 적절하지 않고, 광산이나 석유 시추 같은 위험한 프로젝트의 가치를 평가하는 데 더 적절하다.

간단 정리

1. 벤저민 그레이엄은 새로운 가치평가모형을 만드는 데 매우 적극적이었다. 그의 내재가치 계산 공식의 두 변형 모형은 현재의 EPS, 예상 이익증가율, (그리고 두 번째 변형 모형의 경우는) 채권수익률을 결합한 것이다.

2. 추가이익성장모형은 배당할인모형의 변형이다. 추가이익성장모형은 한 기업이 가치를 창출하기 위해 필요한 것이 무엇인지를 보여 준다. 그 외 주식선정법으로 케네스 리의 벤치마크 투자법, 조엘 그린블라트의 마법공식투자법, 윌리엄 오닐의 캔슬림 투자법, 로버트 하우겐의 요인분석법, 휴잇 하이저만의 수익력 차트법, J. B. 파웰의 순수잉여금 ROE법 등이 있다.

3. 실물옵션이론은 불확실성이 동반된 보다 현실적인 상황에서 대안적인 프로젝트들의 가치를 평가해 투자를 결정하는 데 도움을 준다.

투자에서 가장 중요한 한 단어는 '안전마진'이다.

— 벤저민 그레이엄

우리는 매수가에 안전마진을 둘 것을 고집한다.
우리가 평가한 주식의 가치가
가격보다 약간만 높은 경우에는 매수에 별 관심이 없다.
우리는 그레이엄이 그토록 강조한
이 안전마진 원칙이야말로 성공 투자의 초석이라고 믿는다.

— 워런 버핏

9
CHAPTER

• • •

최고의 주식 찾는 법 :
이익 예측과 안전마진

벤 저민 그레이엄은 자신의 저서 『증권분석』에서 계속해서 '안전마진'이라는 말을 사용하고 있다. 그는 『현명한 투자자』에서는 안전마진을 '투자의 핵심 개념'이라고 했다. 그레이엄은 『현명한 투자자』의 마지막 장에서는 안전마진에만 초점을 맞추면서, "올바른 투자의 비밀을 한 단어로 요약해야 한다면 그것은 안전마진"이라고 선언했다. 광의로 말해 안전마진이란 기업의 실적이 예측과 다를 경우에 대비한 안전판이다. 또한 안전마진이란 한 기업의 실적에 대해 우리가 기대한 만큼 시장이 반응하지 않을 경우에 대비한 안전판이기도 하다.

안전마진은 특별한 계산 공식 없이 비형식적으로 적용되는 것이 보통이다. 그러나 이번 장에서는 앞서 소개한 계량적인 가치평가모형에 맞춰 신중하게 구축되고 계량화된 안전마진을 사용할 것을 강조할 것이다. 안전마진을 신중하게 사용하는 것은 실제로 매수에 나서기 전 투자 대상을 스트레스 테스트 하는 것과 같다. 스트레스 테스트를 하게 되면 최악의 경우를 대비한 것이 되기 때문에 결과에 보다 큰 확신을 가질 수 있다. 나심 니콜라스 탈레브가 말한 것처럼, 중요한 것은 추산이나 예상치가 아니라 그에 대한 확신의 정도이다. 이번 장의 중심 내용은 가치평가모형들에서 이익을 예측하는 문제와 안전마진이 상당한 리스크를 제거하는 데 어떻게 도움이 되느냐는 것이다. 또한 PER과 배당성향 차원에서의 안전마진도 살펴볼 것이다. 전체적으로 이번 장의 목표는 7장에서 소개한 더블딥 주식(EPS와 PER 모두 상승하는 주식)을 찾는 실질적인 방법을 보여주는 것이다. EPS와 PER 모두 신뢰할 만한 성장을 보인다는 것은 회사의 이익 증가가 투자자의 이익 증가로 이어진다는 의미이다.

이익증가율 예측

7장에서 말한 것처럼 금융기관, 증권사, 뮤추얼펀드가 고용한 애널리스트들의 주요 업무 중 하나는 이익과 EPS를 예측하는 것이다. 예를 들어 뉴욕증권거래소, 나스닥, 아메리칸증권거래소 등에 상장된 거의 모든 기업에는 최소한 한 명의 애널리스트가 붙어서 그 기업의 이익을 예측한다. 주요 기업의 경우는 20명 이상의 애널리스트가 붙기도 한다. 이들이 하려는 예측은 다음 분기 실적 발표 시 발표될 분기 EPS일 수도 있고, 다음 회계연도 실적 발표 시 발표될 연간 EPS일 수도 있다. 또 향후 5년의 연평균 이익증가율일 수도 있다. 주요 투자 사이트는 이런 애널리스트들의 예측치를 평균화해 제공하는데, 이런 평균 예측치를 합의된 예측치consensus estimate라고 한다. 예를 들어 마이크로소프트에 대한 합의된 예측치는 약 25명의 애널리스트의 예측치를 평균한 것이고, 월마트에 대한 합의된 예측치는 약 17명의 애널리스트의 예측치를 평균한 것이다.

전문가들이 예측하고 많은 금융기관이 공개하지만, 그 예측치가 정확한 것인지는 여전히 의문의 여지가 있다. 이런 예측치를 기대수익률법이나 다른 내재가치 계산법에 적용할 수 있다면, 모든 것이 간단해진다. 그러나 대규모 학술연구에 따르면, 이런 예측치에 딱 한 가지 문제가 있는데, 바로 신뢰성이 매우 낮다는 것이다. 우리는 단지 호기심 차원에서가 아니라 이번 장 뒤에서 살펴볼 안전마진법의 성공여부를 평가하기 위한 지침을 마련하는 차원에서 이런 학술연구 중 일부를 살펴볼 것이다.

애널리스트들의 예상, 정확한가

애널리스트들의 예상치를 자세히 분석한 사람은 데이비드 드레먼David Dreman이다. 『역발상 투자전략Contrarian Investment Strategies』에서 드레먼은 1973~1996년 사이 애널리스트들이 예상한 9만 4,251개의 분기이익 예상치를 마이클 베리Michael Berry와 함께 분석한 연구 결과를 소개했다. 이 예상치들은 해당 분기 말에 기업들이 보고할 이익을 예상한 것이었으며, 애널리스트들은 기업의 이익보고일 2주전까지는 자신의 예상치를 수정할 수 있었다. 연구에 포함되려면 해당 주식에 대해 최소 4명의 서로 다른 애널리스트들의 예상치가 있어야 했다. 그리고 실제 EPS와 예상 EPS의 차이를 실제 EPS로 나눠 오차율을 구했다. 예를 들어 실제 EPS가 2.50달러이고 예상 EPS가 2.00달러이면 오차율은 '(2.50달러−2.00달러)/2.50달러 = 20%'가 된다. 그런데 이 연구에 따르면, 애널리스트들의 9만 4,251개 예상치의 평균 절대오차율 average absolute error은 44%에 달했다.[1]

그 결과 전체 예상치의 약 1/4만 실제 EPS에 근접한 범위에 들었다. 실제 EPS에 근접한 범위를 ±10%로 완화한 경우에도 46.8%의 예상치만 그 범위에 들었다. 이 범위를 다시 ±15% 완화했을 때도 58.3%만 그 범위에 들었다. 결론적으로 거의 반에 달하는 예상치가 실제 EPS보다 15% 이상이나 틀렸다.

또 다른 연구 결과는 애널리스트들의 예상치가 매우 낙관적이었다는 것이다. 마이너스 어닝 서프라이즈 발생 횟수가 플러스 어닝 서프라이즈 발생 횟수보다 크게 많았다. 1973~1996년 사이, 플러스 어닝 서프라이즈 발생 비율은 평균 23.7%였던 반면, 마이너스 어닝 서프라이즈는 평균 76.5%였다. 더욱이 이런 비율은 경기 호황기이건 경기 침체기이건 크게 다르지 않았다.

드레먼과 베리의 연구 결과는 분기 실적 예상치를 대상으로 한 것이었기 때문에 이 예상치들은 고작 3개월 내의 이익 실적을 예상한 것이었다. 이렇게 짧은 기간에 대한 예상치는 아무리 정확하다 해도,

---

[1] 절대오차란 모든 오차를 플러스로 처리한다는 것을 의미한다. −20%와 +20%는 절대오차로는 20%로 같다. 또 평균이라 함은 모두 플러스로 처리되는 절대오차의 평균을 의미하고, 따라서 −10%와 +20%의 평균 절대오차는 15%가 된다.

보통 5년 이상의 예상치가 필요한 7장의 가치평가법들에는 거의 사용할 수 없다. 여기서 우리가 할 수 있는 일이라고는 보다 긴 기간의 예상치가 정확성 면에서 분기이익 예상치보다 아주 형편없지 않기만 바라는 것뿐이다. 그러나 실상은 그렇지 못했다.

5년 예상치의 경우를 보자. 여러 투자 사이트와 금융기관은 5년 예상치를 많이 제공하고 있다. 이들의 5년 예상치는 위의 분기 예상치와 달리 실제 이익을 예상하는 것이 아니라 연평균 이익증가율을 예측한 것이 보통이다. 조지 벌클리George Bulkley와 리처드 해리스Richard Harris는 1982~1989년을 대상으로 미국기업에 대한 4,201개의 5년 예상 이익증가율의 정확성을 분석했다. 그 결과 이들은 애널리스트들의 예측치와 실제 이익증가율 사이에 아무런 상관 관계도 없다는 것을 발견했다. 요컨대 특정 기업에 대한 특정 애널리스트의 5년 예상치가 모든 애널리스트들의 평균 예상치보다 조금이라도 더 정확하다는 통계적으로 유의미한 증거는 없었다.

그 이유를 설명하려는 많은 시도들이 있었다. 그중 세 가지 설명이 설득력 있어 보인다. 첫째, 이렇게 많은 예측 오류가 발생하는 것은 애널리스트들이 서로를 모방하는 경향 때문이라는 것이다. 이는 애널리스트들의 쏠림 현상을 지적한 것이다. 둘째, 애널리스트들은 대체로 매우 낙관적인 예측을 한다는 것이다. 셋째, 애널리스트들은 예측하기가 힘들 때 특히 더 낙관적이 된다는 것이다. 요컨대 과거 예측이 형편없던 애널리스트일수록 더 낙관적인 예측을 한다는 것이다.

이런 행동편향을 고려했을 때, 신뢰할 만한 예측이라는 목표를 달성하기 위해서는 다른 방법을 고민할 필요가 있다. 따라서 지금부터는 대량의 기업 데이터베이스에 기초해 쉽게 실행할 수 있는 객관적인 예측 모형을 개발하고 분석하는 법을 살펴보도록 하겠다.

불안정한 이익 추세

이익 증가를 예측할 때 직면하게 되는 문제 중 하나는 많은 기업이 기복이 심한 업종에 종사하고 있으며, 재무 상태가 불안정하고, 특히 경기 변화에 취약하다는 것이다. 이는 결과적으로 정확한 것으로 판명된 예측이라 해도 꼼꼼한 분석의 결과라기보다는 운이 좋아서라는

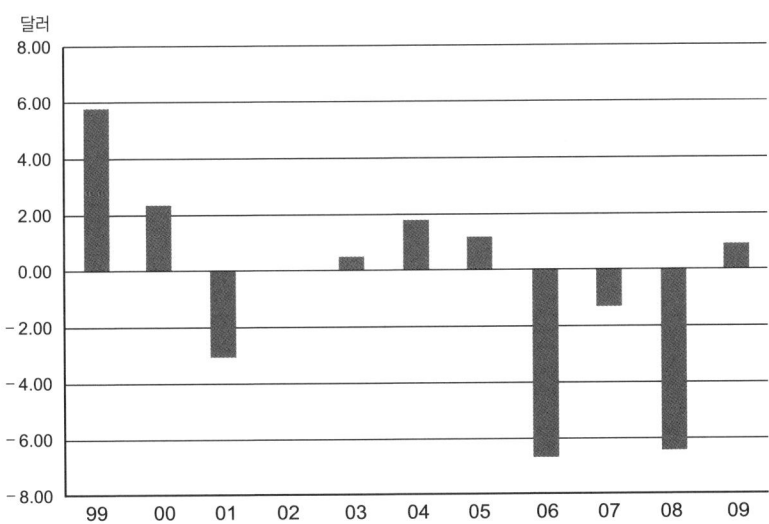

* 막대그래프는 1999년부터 2009년까지 해당 연도 12월에 종료되는 각 회계연도의 EPS를 나타낸 것이다.

것을 의미한다. 이에 관해서는 〈그림 9-1〉에 제시된 포드자동차가 좋은 사례이다. 얼마나 많은 분석을 했느냐에 관계없이 지난 11년간 포드자동차의 이익을 제대로 예측하기가 극히 어려웠다는 것을 알 수 있다.

또 다른 사례는 음식료 및 기타 제품 제품 포장용 강철과 알루미늄 캔 제조업체인 크라운홀딩스Crown Holdings이다. 원래 이름이 크라운 코르크&스틸Crown Cork & Steal Company이었던 크라운홀딩스는 1891년 탄산음료 병에 사용되는 크라운 캡 병뚜껑을 발명하면서 사업을 시작했다. 2009년 12월 31일 기준 크라운홀딩스는 41개국에 136개의 공장을 가동 중이며, 고용 직원은 2만 1,000명을 넘는다. 그런 필수품을 생산하는 기업이라면, 이익이 매우 안정적으로 성장할 것이라고 추정할 수 있다. 그러나 회사가 통제할 수 없는 이유(철강과 알루미늄의 국제가격)와 회사가 자초한 이유(과거의 높은 부채 수준, 손해를 보고 매각하기 전까지 여러 관계사에 너무 많은 투자를 한 것) 등의 여러 이유로 크라운홀딩스의 이익 증가는 〈그림 9-2〉와 같이 매우 불안정했다. 포드자동차와 마찬가지로 다음 5년 이상은 말할 것도 없고 다음 회계연도의 이익조차 제대로 예측하기 힘든 것이 분명하다.

이런 불안정한 이익 추세는 무한 기간의 이익 증가를 예측해야 하는 현금흐름할인모형에서 특히 심각한 문제가 된다. 포드자동차나 크라운홀딩스 같이 이익 추세가 매우 불안정한 회사의 이익을 예측하라는 지시를 받은 애널리스트들에게 심심한 위로를 건네고 싶다. 그러나 투자자들에게는 이 문제에서 벗어날 방법이 하나 있다. 미국과 전

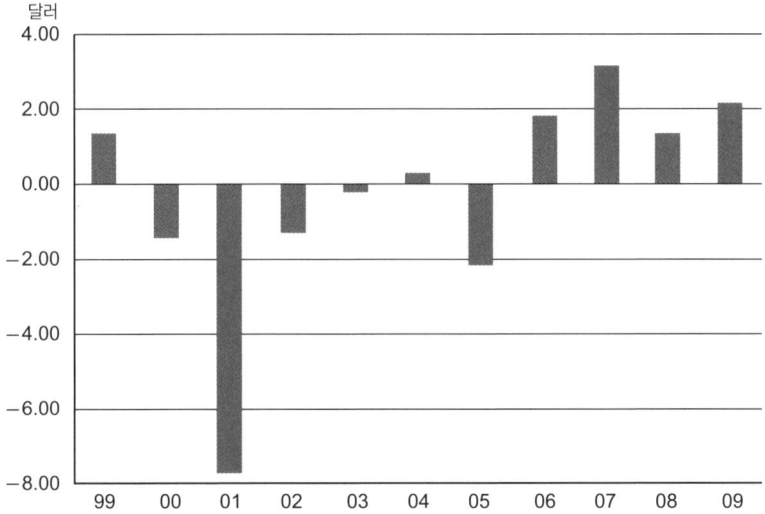

〈그림 9-2〉 크라운홀딩스의 EPS

* 막대그래프는 1999년부터 2009년까지 해당 연도 12월에 종료되는 각 회계연도의 EPS를 나타낸 것이다.

세계 주요 증권거래소에는 수많은 기업이 상장되어 있다. 따라서 우리 같은 투자자들은 이익 증가 예측이 보다 용이한 회사를 찾아 그 회사에 초점을 맞추면 된다. 애널리스트들과 달리 우리 같은 투자자들에게 꼭 분석해야 할 회사가 할당되는 것은 아니다. 한 회사에 대해 신뢰할 만한 예측을 하기가 어려워 보이면, 우리는 그 회사를 버리고 다른 회사를 찾으면 된다. 그러나 고백컨대 이렇게 하는데도 문제가 있다. 바로 신뢰할 만한 예측이 가능한 회사를 어떻게 찾을 것이며, 또 어떻게 해야 신뢰할 만한 예측을 할 수 있느냐는 것이다.

따라서 우선 신뢰할 만한 예측이 가능한 회사의 세 가지 특징을 살

퍼볼 것이다. 처음 두 특징은 안정적인 이익증가율과 안정적인 ROE인데, 이 두 특징은 회사의 역대 재무 자료에서 파악할 수 있다. 세 번째 특징은 강력한 경제적 해자라는 것인데, 이것은 회사가 경쟁자로부터 스스로를 보호하는 능력을 말한다. 이 특징들을 차례로 살펴보도록 하자.

안정적인 이익 증가

〈그림 9-1〉과 〈그림 9-2〉는 역대 이익증가율이 매우 불안정한 회사들을 나타낸 것이다. 위에서 설명한 대로 이런 회사의 미래를 제대로 예측하기란 극히 어렵다. 물론 이런 회사에 투자하는 것이 수익성 없는 일이라고 말할 수는 없다. 다만 투기에 가까운 것만은 분명하다. 반면 〈그림 9-3〉과 〈그림 9-4〉는 전혀 다른 경우이다. 〈그림 9-3〉은 유명한 시리얼제조사인 켈로그 Kellogg Company의 EPS를 나타낸 것이다. 켈로그 제품은 18개국에서 생산되며 전 세계 180개국에 판매되고 있다.

〈그림 9-4〉는 전 세계 투자업계에 금융 데이터, 정보, 분석틀을 제공하는 팩트셋 리서치 시스템의 안정적인 이익 증가 추세를 보여준다.

표를 통해 분명히 알 수 있듯이, 이 두 회사의 이익 증가는 매우 안정적이다. 따라서 이런 회사의 미래 이익도 지금까지와 비슷한 추세를 보일지 분석해 보는 것은 꽤 합리적인 일이다. 좋은 소식은 안정적인 이익 추세를 보이는 회사의 과거의 이익증가율은 미래의 이익증가

〈그림 9-3〉 켈로그의 EPS

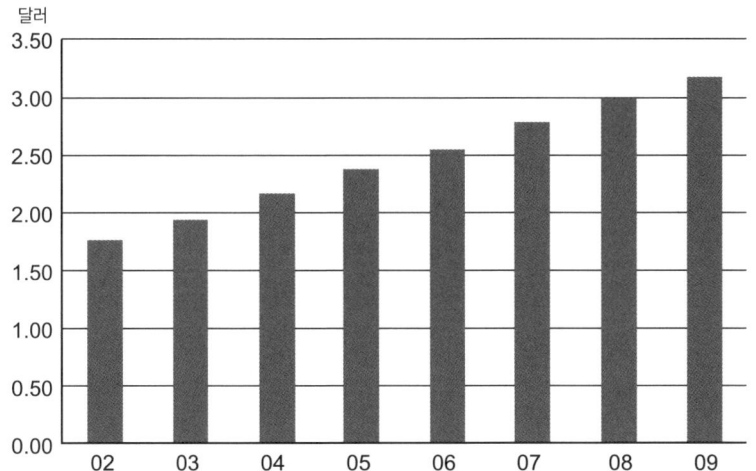

* 막대그래프는 2002년부터 2009년까지 해당 연도 12월에 종료되는 각 회계연도의 EPS를 나타낸 것이다.

〈그림 9-4〉 팩트셋 리서치 시스템의 EPS

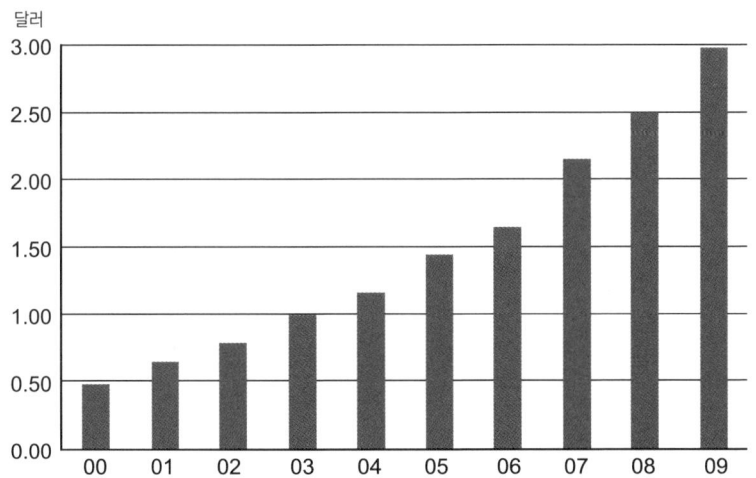

* 막대그래프는 2000년부터 2009년까지 해당 연도 8월에 종료되는 각 회계연도의 EPS를 나타낸 것이다.

율에 대한 좋은 지표가 된다는 것이다.

따라서 우리가 시도할 수 있는 첫 번째 방법은 관심 있는 기업들의 역대 이익 추세를 일일이 조사해서 그중 몇 년 전(예를 들어 1~2년 전)까지 안정적인 이익증가율을 보인 기업을 고르는 것이다. 그런 후 이들 기업의 과거 이익증가율이 최근 몇 년(1~2년)의 이익증가율을 예측하는 데 신뢰할 만한 지표가 되는지 체크하는 것이다. 한 가지 문제는 이런 작업에는 시간이 매우 많이 걸릴 뿐만 아니라 안정적인 성장이 지속되고 있는지 아닌지에 대한 엄격한 분석 결과를 내놓기가 쉽지 않다는 것이다. 이런 문제를 극복하기 위한 두 번째 방법은 수천 개 기업들의 데이터베이스를 자동으로 스캔해서 시기별로 안정적인 이익증가율을 보인 기업을 찾는 것이다. 그런 후에 과거의 이익증가율에 입각한 이익 예상치와 실제 이익의 관계를 체계적으로 비교하는 것이다.

이 두 번째 방법을 실행하고 검증하기 위해, 나는 스테이거$_{STAEGR}$라는 프로그램을 개발했다. 스테이거는 기업들의 역대 EPS증가율의 안정성과 지속성을 연간 단위로 측정해 0~100% 사이의 비율로 나타낸다. 스테이거 비율이 초점을 맞추고 있는 것은 '이익증가율의 높고 낮음(이익의 성장성)'이 아니라, '이익증가율이 일정하냐 아니냐(이익의 안정성)' 하는 것이다. 특정 연수 동안의 자료를 가지고 스테이거를 적용한 결과 높은 스테이거 비율이 나오면 그 증가율이 높든 낮든 간에 EPS증가율의 안정성이 높은 것이고, 낮은 스테이거 비율이 나오면 EPS증가율의 안정성이 낮은 것이다. 1%의 이익증가율이라도 이를 꾸준히 유지하면 스테이거 비율이 높게 나오고, 최근 10년 연평균 20%의 이익증가율을 보였어도 이익 증가 추세가 들쭉날쭉하면 스테이거 비율은 낮게 나온다.

100% 스테이거 비율은 완전한 안정성을 나타내며, 이는 이익이 매년 정확히 같은 비율로 증가하고 있음을 의미한다.[2] 이 프로그램에는 일시적인 추세 이탈 자료, 마이너스 자료, 0에 가까운 자료처럼 결과를 과도하게 왜곡할 수 있는 자료를 조정하는 기능도 포함되어 있다. 또 이 프로그램은 최근의 자료를 보다 중시한다.

스테이거는 이익의 안정성이나 지속성을 측정하는 것이지 이익의 성장성을 측정하는 것은 아니다. 즉 한 기업의 이익 안정성이 높은지 낮은지를 따지는 것은 이익이 증가하고 있는지 혹은 감소하고 있는지를 따지는 것과는 별개의 문제이다. 이익의 안정성과 성장성이란 두 지표는 역대 이익의 성격을 분석하는데 서로 보완적인 역할을 하게 된다. 〈표 9-1〉은 스테이거로 측정한 일부 기업의 지난 10년간 EPS의 안정성(이익 안정성)과 동기간 연평균 EPS증가율(이익 성장성)을 나타낸 것이다.[3]

---

[2] 기술적으로 말하면 이는 자료가 직선이 아니라 기하급수적 곡선상에 있음을 의미한다.

[3] 이번 장에서 말하는 연평균 이익증가율은 HGROWTH라는 프로그램으로 계산한 것이다. HGROWTH는 일반적인 방법을 수정해 (평가 항목의 자료들뿐만 아니라) 모든 자료와 마이너스 자료까지 고려한 것이다. 이익이 안정적인 성장을 보일 때 HGROWTH와 일반적인 방법으로 계산한 이익증가율은 같았다.

〈표 9-1〉 선정된 기업의 이익 안정성과 성장성

(단위 : %)

회사	종목기호	스테이거로 측정한 이익 안정성	연평균 이익증가율
포드자동차	F	20.21	−35.84
크라운홀딩스	CCK	18.95	24.55
유나이티드 테크놀로지스	UTX	97.45	13.74
팩트셋 리서치	FDS	97.37	21.75
월그린	WAG	95.10	13.26
마이크로소프트	MSFT	85.46	11.23
월마트	WMT	97.79	9.79

* 선정된 기업들의 가장 최근 10년간 연평균 이익증가율과 스테이거로 측정한 이익 안정성.

이익 안정성 : 스테이거를 이용한 이익 예측

지난 수년간 나는 이익을 보다 정확히 예측하기 위한 기본적인 도구로 스테이거를 사용했다. 다음에 소개할 내용은 뉴욕증권거래소, 아메리카증권거래소, 나스닥에 상장된 기업들의 1999~2009년 사이의 연간 자료를 가지고 수행한 연구 결과이다.

첫 단계로 1999년에서 2005년까지 7개 회계연도의 연간 EPS와 주당 매출액 자료가 공개된 기업들을 골랐다. 그러자 분석 가능한 기업 수가 5,000개에서 2,800여 개로 줄었다. (여기에서 2005 회계연도라고 하면 2005년 중에 회계연도가 종료되는 경우를 말한다. 기업에 따라 2005년 6월 30일에 회계연도가 종료될 수도 있고, 2005년 12월 31일에 회계연도가 종료될 수도 있지만, 모두 2005년 회계연도로 서술했다.)

두 번째 단계로 1999년부터 2004년까지 6개 회계연도 말의 자료로 이익과 매출액의 안정성과 그 증가율을 측정했다. 그런 후 기업을 이익 안정성이 가장 높은 기업부터 가장 낮은 순으로 순위를 매겼다. 그리고 스테이거 비율이 85% 이상인 기업만 골라, 1999~2004년 사이 이들의 이익증가율을 사용해 그 다음 회계연도(2005 회계연도)의 이익증가율을 예측해 보았다.

세 번째 단계는 2005 회계연도의 예상 이익과 실제 이익 간의 오차율을 계산해 이 오차율을 분석하는 것이었다.

그런데 실제 이익이 매우 적으면, 오차율이 매우 커서 결과를 왜곡시킬 수 있다. 예를 들어 예상 EPS가 2.10달러이고 실제 EPS가 2.00달러이면, 오차율은 5%가 된다. 그러나 예상 EPS가 0.20달러이고 실제 EPS가 0.01달러이면, 오차율은 1,900%가 된다. 앞서 소개한 연구에서 데이비드 드레먼은 실제 분기 EPS가 ±10센트에 불과한 기업은 빼고 예상 오차를 다시 계산했다. 그 결과 다음 분기에 대한 평균 예상 오차는 23%였는데, 드레먼은 이 예상 오차가 "중대한 주가 변동을 촉발시킬 수 있다고 시장전문가들이 믿는 오차 규모의 4배 이상"이나 된다고 했다.

또 다른 방법은 소액을 제수(분모에 사용되는 수)에 더하는 것이다. 이 방법은 대부분의 자료에 극히 적은 영향만 미치고, 실제 이익이 매우 적을 때 발생할 수 있는 극단적인 오차율의 문제를 완화해 준다. 렉스 헐버트Lex Hulberts와 러셀 풀러Russell Fuller는 이 방법을 사용해 50센트를 제수에 더했다. 헐버트 등은 연간 자료를 사용했고 드레먼은 분기 자료를 사용했기 때문에, 이런 조정은 규모 면에서 비슷하다. 이런 점을 염두에 두고 예측오차율forecast error, FE을 계산하면 다음과 같다.

$$FE = (실제\ EPS - 예상\ EPS)/(실제\ EPS + 0.50달러)$$

여기서 플러스 어닝 서프라이즈가 나오면 예측오차율은 플러스가 되고, 마이너스 어닝 서프라이즈가 나오면 마이너스가 된다는 것을 유념하자.

마지막으로, 나는 2005년 예상 이익과 오차율을 분석한 위 작업을 2006년, 2007년, 2008년, 2009년 각 회계연도를 대상으로 되풀이해 보았다. 즉 2005년부터 2009년까지 각 회계연도의 이익을 동일한 방법으로 각각 예상해 본 것이다. 예를 들어 2006 회계연도의 이익을 예상할 때는 1999년부터 2005년까지 7개 회계연도의 이익 안정성을 분석한 후, 이중 스테이거 비율이 85%가 넘는 기업을 대상으로 이들의 1999~2005년까지의 이익증가율로 2006년 이익증가율을 예측했다. 이때 원래의 대상 기업은 약 5,000개였다. 이들 중 필요한 자료가 있고 스테이거 비율이 85%를 넘은 기업은 약 480개였고, 그중 스테이거 비율이 90%를 넘은 기업은 275개였다.

그 결과 2005~2009년의 5개 회계연도 동안 스테이거 비율 90% 이상의 기업들의 예측오차율(절대오차율 중앙값)은 16.17%였다. 반면 전체 기업에 대한 예측오차율은 41.13%에 달했다. 요컨대 예측 기간이 3개월 미만인 분기 이익이 아니라 그보다 긴 향후 12개월의 이익을 예측할 때도, 이익 안정성이 높은 기업을 골라 한 예측의 정확성이 드레먼이 말한 이른바 합의된 예상치의 정확성보다 꽤 높았다.

그러나 좀 더 자세히 분석해 보면 안정성에 기초한 나의 이익 예측법과 애널리스트들의 이익 예측법이 다른 것은 이뿐만이 아니다. 예를 들어 드레먼의 연구에서 사용한 데이터베이스는 내 것과 달랐다. 또 드레먼은 평균값으로 말했지만 나는 중앙값으로 말했다. 내가 중앙값을 사용한 이유는 평균값의 경우 대부분의 측정치와 크게 다른 몇 개의 이상치로 그 결과가 왜곡될 수 있기 때문이다. 또 다른 차이점은 드레먼의 연구는 14년간 각 분기별 예상 분기 이익을 분석한 것이었지만, 나의 연구는 5년(2005~2009년)간 각 회계연도의 예상 연간 이익을 구한 것이다. 더욱이 나의 연구는 많은 기업의 이익이 예상하지 못하게 큰 폭으로 하락했던 2008년과 2009년까지도 포함하고 있다. 그리고 애널리스트들에게 이익 안정성이 높은 기업의 이익만 예상해보라고 하면, 보다 정확한 예상을 할 가능성이 높다.

이런 여러 차이에도 불구하고, 스테이거는 상당히 신뢰할 만하고 외부의 의견이 불필요한 그리고 쏠림 현상이나 다른 행동편향에서 자유로운 예상치를 구할 수 있는 프로그램이라 할 수 있다. 이번 장 후반부에서 우리는 스테이거에 안전마진 원칙을 결합해 보다 신뢰할 만하고 유용한 예상치를 구하는 법을 살펴볼 것이다.

ROE의 안정성

순수잉여금관계를 가정하면 ROE가 일정할 경우 '연간 이익증가율 ≒ ROE × 이익의 사내유보율'이 된다. 한 기업이 배당금을 전혀 지급하지 않으면(배당성향 0%, 이익의 사내유보율 100%), 이익증가율과 ROE는 거의 같게 된다. 이를 활용하면 이익을 예상할 수 있는 또 다른 방법을 개발할 수 있다. 요컨대 ROE와 이익의 사내유보율이 매우 일정한 기업을 찾아서, 이를 가지고 이익증가율을 예측할 수 있다. 물론 ROE는 '이익/자기자본'으로 정의된다. 따라서 ROE에 이익증가율에 관한 정보가 실제로 포함된 것은 아니다. 그보다 ROE와 이익증가율의 관계를 통해 우리가 확인할 수 있는 것은 기업 실적을 나타내는 지표들이 서로 연관되어 있다는 것이다.

이런 점을 염두에 두면, ROE를 분석해 이익을 예측하는 데 필요한 보다 많은 증거들을 모을 수 있다. ROE와 배당성향이 모두 안정적이면, (순수잉여금관계를 가정할 때) 우리는 안정적인 이익증가율을 꽤 근

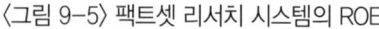

〈그림 9-5〉 팩트셋 리서치 시스템의 ROE

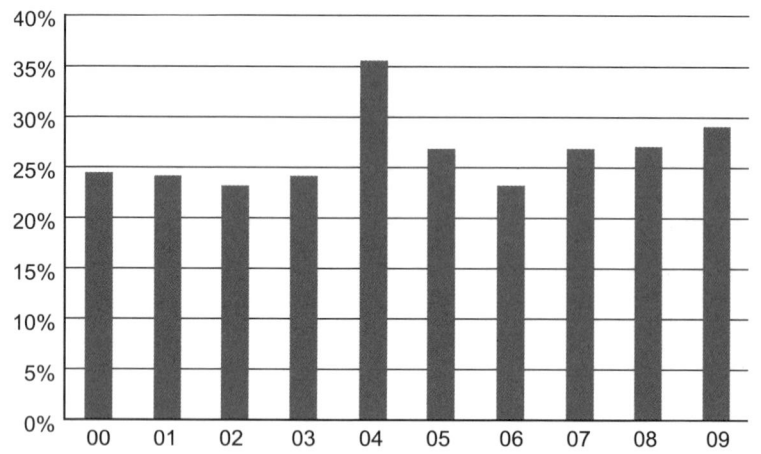

* 팩트셋 리서치의 지난 10년 ROE가 매우 안정적이다. 2004년을 제외하고 팩트셋 리서치의 ROE는 23.1%에서 28.9% 범위에 있다.

사치로 구할 수 있다. 〈그림 9-5〉는 팩트셋 리서치의 지난 10년간 ROE를 나타낸 것이다. 〈그림 9-4〉의 팩트셋 리서치의 이익증가율이 안정적이었던 것처럼, 〈그림 9-5〉의 ROE도 안정적인 것을 알 수 있다. 다음 단계는 둘이 서로 어떻게 연관되는지를 살펴보는 것이다.

〈표 9-2〉는 지난 10년 동안 팩트셋 리서치의 ROE, 배당성향, EPS를 나타낸 것이다. 이 기간 팩트셋 리서치의 평균 ROE는 26.4%, 평균 배당성향은 16.9%다. 그러면 이익증가율은 '26.4% × (100% – 16.9%) = 21.93%' 정도로 예상할 수 있다. 그런데 이 기간 팩트셋 리서치의 실제 연평균 EPS증가율은 21.75%였다. 예상 이익증가율과 실제 이익

〈표 9-2〉 팩트셋 리서치의 ROE, 배당성향, EPS

회계연도 (해당 연도 8월에 종료)	ROE (%)	배당성향 (%)	EPS (달러)
2000	24.5	22	0.49
2001	24.2	14	0.64
2002	23.1	15	0.78
2003	24.2	14	0.99
2004	35.3	15	1.15
2005	26.8	14	1.43
2006	23.1	13	1.64
2007	26.8	14	2.14
2008	26.9	22	2.50
2009	28.9	26	2.97
연평균(ROE, 배당성향), 연평균 증가율(EPS)	26.4	16.9	21.75%

증가율이 거의 완벽하게 맞아 떨어진다.

팩트셋리서치의 경우는 상당히 일치했지만, ROE 및 이익의 사내유보율을 가지고 계산한 예상 이익증가율과 실제 이익증가율이 일치하는 정도는 일반적으로 그리 높지 않다. 어떤 경우는 실제 이익증가율이 순수잉여금관계를 이용해 예상한 이익증가율보다 낮기도 하다. 이런 일이 벌어지는 것은 순수잉여금관계에 누손(漏損)이 있기 때문이다. 즉 자본변동표에 자기자본을 감소시키는 항목이 있는 것이다. 연기금 부채의 조정과 자사주 매입 같은 것이 그런 항목이다. 이런 항목은 손익계산서에서는 비용으로 처리되지 않지만, 자기자본에는 비용과 유사한 영향을 미친다.

나는 이런 항목들을 '손익계산서 부외거래 항목'이라고 한다. 이런 항목들이 존재하면, 각 회계연도 말의 실제 기말 자기자본은 순수잉여금관계로 예상한 기말 자기자본(기초 자기자본+이익−배당금)보다 적다. 이런 식으로 자기자본이 감소하면 ROE가 높아지게 된다. 따라서 수년간 ROE가 같은 수준을 유지했다 하더라도 이익은 ROE 및 사내유보율 분석으로 예상한 것보다 빠르게 증가하지 않는다.

월마트의 사례를 보자. 지난 3 회계연도 동안 월마트의 기말 자기자본은 순수잉여금관계로 예상한 자기자본보다 적었다. 따라서 월마트의 실제 이익증가율은 ROE와 사내유보율로 계산한 예상 이익증가율보다 낮을 가능성이 크다. 지난 5년간 월마트의 평균 ROE는 20.1%였고 이익의 사내유보율은 평균 75.0%였다. 이 두 지표를 사용해 월마트의 지난 5년간 이익증가율을 계산하면 약 15.0%가 된다. 그러나 이 기간 월마트의 실제 이익증가율은 그보다 훨씬 낮은 10.4%였다. 그럼에도 불구하고 ROE와 이익의 사내유보율이 일정하면, 보통은 이익증가율도 일정하고, 따라서 보다 확신을 갖고 이익증가율을 예측할 수 있다는 것만은 분명하다.

ROE의 변화와 이익증가율 : ROE가 일정하지 않을 때, ROE의 변화가 이익증가율에 미치는 영향은 보다 복잡해진다. 대체로 말해 ROE가 소폭 상승하면 이익은 크게 증가한 것으로, ROE가 소폭 하락하면 이익은 크게 하락한 것으로 과장되게 나타난다(〈표 9-3〉 참고. 이에 관한 실제 공식은 〈부록 A〉에 소개했다).

〈표 9-3〉 ROE에 따른 EPS증가율

(단위 : %)

		2년차 ROE					
		7.5	10.0	12.5	15.0	17.5	20.0
1년차 ROE	7.5	7.2	46.5	87.8	131.2	177.0	225.2
	10.0	−19.6	9.9	40.8	73.4	107.7	143.9
	12.5	−35.7	−12.1	12.7	38.7	66.2	95.1
	15.0	−46.4	−26.7	−6.1	15.6	38.5	62.6
	17.5	−54.0	−37.2	−19.5	−0.9	18.7	39.4
	20.0	−59.8	−45.1	−29.6	−13.3	3.9	22.0
	22.5	−64.3	−51.2	−37.4	−22.9	−7.7	8.4
	25.0	−67.8	−56.0	−43.7	−30.6	−16.9	−2.4

* 배당성향은 10%로 가정. ROE가 변할 경우 이익증가율은 어떻게 되는지를 순수잉여금관계를 사용해 예상한 것이다. 좌측 첫 칸은 1년차 ROE들을, 위쪽 첫 줄은 2년차 ROE들을 나타낸 것이다.

> **【 주의!! 】 ROE 상승에 현혹되지 말라.**
>
> 이익의 증가와 ROE의 상승이 함께 진행될 때 주의해야 한다. 바람직한 것이기는 하지만, ROE의 상승은 단지 일시적으로만 이익을 증가시킬 수 있다. ROE가 더 이상 상승하지 않을 것이라는 가정, 즉 ROE가 일정하다는 가정에서 분석을 해야 하며, 이런 가정 하에 미래의 이익증가율을 예상해야 한다.

〈표 9-3〉은 순수잉여금관계에 기초해 첫해(1년차)에서 다음해(2년차)까지의 예상 EPS증가율을 나타낸 것이다. 왼쪽 세로 칸은 1년차의 ROE를 위쪽 가로 열은 2년차의 ROE를 나타낸 것이다. 배당성향은 10%로 가정했다. 이때 첫해와 다음해의 ROE가 모두 10%라고 해보자. '이익증가율 = ROE × 사내유보율' 공식에 따르면, 이익증가율은 '10% × 90% = 9%'가 되어야 한다. 그런데 순수잉여금관계에 입각한 〈표 9-3〉의 예상 이익증가율은 9.9%였다. 여기서 2년차 ROE가 15%로 상승하면, 이익은 73.4% 증가할 것으로 예상된다. 반대로 2년차 ROE가 7.5%로 하락하면, 이익은 -19.6% 하락이 예상된다. ROE의 변화폭보다 이익증가율의 변화폭이 훨씬 크게 나타난다.

경제적 해자

워런 버핏은 경제적 해자의 중요성을 반복해서 강조했다. 그는 자신의 투자 실적을 그해 투자 기업의 주가상승률로 판단하지 않는다고 했다. 대신 그는 두 가지 검증을 통해 투자 실적을 판단한다고 했다.

첫 번째 검증은 업종 상황을 고려했을 때 해당 기업의 이익이 얼마나 개선되었느냐 하는 것이다. 두 번째 검증은 보다 주관적인 것인데, 해당 기업의 해자―경쟁 기업을 어렵게 만드는 해당 기업이 보유한 경쟁우위―가 그해에 더 확대되었느냐 하는 것이다.

경제적 해자란 해당 기업이 제공하는 제품이나 서비스를 고객이 계속 찾도록 만드는 그 기업의 지속적인 경쟁우위를 말한다. 강력한 경제적 해자는 고객의 구매 행태, 기존의 경쟁자 및 신규 경쟁자, 정부의 제도 그리고 전체적인 경기 상황의 변화에도 크게 영향을 받지 않는 튼튼한 보호장치가 된다. 강력한 경제적 해자가 제공하는 또 다른 혜택은 기업으로 하여금 매출 타격 없이 적어도 인플레이션 정도는 가격을 올릴 수 있게 해주며, 경영진이 잘못된 결정을 해도 어느 정도는 보호막 역할을 해준다는 것이다.

강력한 경제적 해자의 가장 큰 이점은 보다 확신을 가지고 이익을 예측할 수 있다는 것이다. 앞서 소개한 이익 안정성에 입각한 이익 예측과 결합할 때 그 효과는 더욱 커진다. 역대 이익증가율이 안정적이고 강력한 경제적 해자를 가진 기업은 미래에도 지속적으로 이익이

> ● 경제적 해자
>
> 경제적 해자는 해당 기업이 제공하는 제품이나 서비스를 고객이 계속 찾게 만드는 그 기업의 지속적인 경쟁우위를 말한다. 강력한 경제적 해자는 지속적인 성장과 이익에 대한 확신을 더욱 강화시켜 준다.

성장할 것이라고 보다 강력히 확신할 수 있다. 이런 여러 혜택과 이점을 가진 경제적 해자의 구성요인들을 살펴보자.

- 지역적 지배력 : 채석장이나 쇼핑몰이 광범위한 인근 지역을 장악하고 있으면, 다른 경쟁자가 그 지역에 진출하기가 어렵다(진출비용이 많이 든다).
- 최적의 위치 : 의약품 체인 월그린은 좋은 위치에 점포를 얻을 수만 있다면 수백만 달러도 아까워 하지 않는다.
- 강력한 브랜드파워 : 사람들은 일반 브랜드의 제품 대신 특정 브랜드의 제품을 택하는 경향이 있다. 코카콜라가 그 대표적인 예이다.
- 사업권이나 특허권 : 제약회사들은 특허를 받을 수 있는 의약품을 만들 수 있다면 수십억 달러라도 투자하려 한다.
- 높은 진입비용 : 일부 업종은 진입비용이 매우 많이 든다. 컴퓨터 칩이 대표적인 예이다. 따라서 미국에는 컴퓨터칩 제조사가 인텔Intel과 AMD 단 둘뿐이다.
- 함정문 : 고객들이 한 기업의 제품이나 서비스는 쉽게 이용하게 되지만, 경쟁 기업의 제품이나 서비스로 바꾸기는 어려운 해당 기업의 특징을 말한다. 은행, 통신사, 소프트웨어 업체가 이런 특징을 갖추려고 노력한다.
- 강한 네트워크 효과 : 네트워크가 클수록 혹은 이용자가 많을수록 회사의 경제적 해자가 더 강해지는 현상을 말한다. 구글이 대표

적인 예이다. 구글을 기본 검색 엔진으로 사용하는 사람이 많아질수록 구글은 더 많은 광고를 유치할 수 있다.

한 기업의 경제적 해자가 어느 정도인지 알려주는 지표는 해당 기업이 가격 수용자price take와 가격 주도자price maker의 스펙트럼에서 차지하는 위치이다. 구매자든 판매자든 간에 전체 시장에서 책정된 가격을 그대로 수용할 수밖에 없다면, 그 기업은 가격 수용자이다. 판매자가 가격 수용자인 경우, 판매 제품이 범용제품인 경우가 많고 경쟁자의 제품과 차별화되지 않는 것이 보통이다. 이 경우에 비슷한 제품을 생산하는 신규 업체가 시장에 쉽게 진입할 수 있다. 가격 수용자가 구매 기업인 경우, 그 기업은 협상의 여지가 거의 혹은 전혀 없이 시장이나 판매자가 제시한 가격을 수용해야 한다. 결국 가격 수용자는 경제적 해자가 전혀 없거나 거의 없는 기업이다.

스펙트럼의 반대쪽에는 가격 주도자가 있다. 가격 주도자 혹은 가격 설정사란 매우 독자적이며 수요가 강한 제품을 가지고 있어 매출에 전혀 또는 거의 타격을 받지 않고 제품 가격을 올릴 수 있는 회사를 말한다. 구매자가 가격 주도자라면 판매업자에게 가격을 낮추라고 요구할 수 있다. 이런 구매자는 강력한 경제적 해자를 가진 기업이다.

대부분의 상품 생산자는 가격 수용자이다. 석유, 철광석, 석탄 등의 상품은 개별 상품 생산자가 가격을 올릴 여지도 별로 없이 국제 수요에 의해 가격이 결정된다. 바로 이 때문에 광산업체는 매우 리스크가 큰 투자 대상이다. 생산 단계에 이르기까지 수년 혹은 수십 년이 소요

될 수 있고, 수십억 달러의 인프라 투자가 필요할 수도 있지만, 그렇게 애써 시간과 돈을 투자하는 동안 해당 광물 가격이 떨어지는 것이 다반사이다. (상품 가격의 하락을 미리 헤지하기 위해, 광산업체는 선물계약이나 다른 파생상품계약을 최대한 활용한다.)

그러나 해당 기업이 광산업에 종사한다고 해서 반드시 가격 수용자가 되는 것은 아니다. 예를 들어 일부 희토류 생산자는 가격 결정에 상당한 힘을 발휘한다. 그 이유는 두 가지이다. 첫째, 하이브리드 카, 풍력 발전기, 저에너지 전구 같은 녹색 산업에서 희토류에 대한 수요가 증가하고 있기 때문이다. 둘째, 중국 말고도 주요 희토류 생산지역이 있기는 하지만 현재 전 세계 희토류의 약 95%를 중국이 생산하고 있기 때문이다.

오랫동안 마이크로소프트는 독점적 지위를 가진 가격 주도자로 여겨졌다. 그런데 이 때문에 셔먼반독점법Sherman Antitrust Act에 따른 법적 규제가 마이크로소프트에 가해졌다. 구매자에게도 독점과 유사한 지위가 있다. 독점이 생산자에게 해당되는 용어라면, 구매자에게는 이른바 수요 독점monopsony이라는 용어가 있다. 수요 독점 혹은 구매자 독점이란 지배적인 구매자가 있어서 여러 공급자들 가운데 원하는 공급자를 마음대로 선택할 수 있는 상황을 말한다. 수요 독점을 가진 구매자는 공급자와의 계약에서 공급가격을 포함한 여러 조건을 원하는 대로 정할 수 있다. 요컨대 가격 주도자가 되는 것이다. 월마트의 경우, 거대한 구매력 때문에 일부 제품에서 수요 독점적 지위를 가진 것으로 평가되고 있다.

● 경제적 해자에 대한 워런 버핏의 말

버크셔 해서웨이 소속 기업들의 경쟁력은 매일, 끊임없이 약해지거나 강해지고 있습니다. 우리가 고객을 만족시키고, 불필요한 비용을 제거하며, 우리 제품과 서비스의 질을 높이고 있다면, 우리의 경쟁력은 강해질 것입니다. 그러나 고객의 요구에 귀를 기울이지 않거나 회사를 방만하게 운영하면, 우리 기업은 시들어 가고 말 것입니다. 하루 단위로 보면 우리의 행동이 야기하는 결과가 미미하지만, 그것이 누적되면 어마어마한 결과를 초래합니다.

이런 거의 보이지 않는 행동으로 인해 우리의 장기적인 경쟁력이 강화될 때, 우리는 그것을 해자를 확장하는 것으로 볼 수 있습니다.

― 2005년 버크셔 해서웨이 연차보고서

진정 위대한 기업은 우수한 투하자본수익률을 보호해 주는 영속적인 해자를 가지고 있어야 합니다. 자본주의의 역학에 따라 높은 수익률을 올리는 기업이 있으면 경쟁자들은 끊임없이 그 성채를 공격하려고 합니다. 따라서 저비용 생산구조(게이코, 코스트코)나 세계적인 브랜드파워(코카콜라, 질레트, 아메리칸 익스프레스)처럼 누구도 범접할 수 없는 강력한 보호막을 가지고 있어야 합니다.

기업의 역사는 허상에 불과한 그래서 누구나 쉽게 건널 수 있던 해자를 가진 로마 폭죽 같은 기업으로 넘쳐납니다. 빠르고 부단한 변화가 진행되는 업종의 기업은 우리가 말하는 해자의 영속성 기준을 충족시키지 못합니다. 자본주의의 창조적 파괴가 사회에 매우 유익한 것이기는 하지만, 투자의 확실성을 저해하는 것만은 분명합니다. 끊임없이 다시 만들어야 하는 해자란 결국 해자라고 할 수 없습니다. 또 기업의 성공을 위대한 경영자에만 의지하는 기업도 해자의 영속성 기준에 부합하지 못합니다. …… 한 기업이 훌륭한 실적을 내기 위해 슈퍼스타가 필요하다면, 그 기업 자체는 위대한 기업이 될 수 없습니다.

― 2007년 버크셔 해서웨이 연차보고서

> **● ROE가 높은 회사에 주목하라.**
>
> 회사의 사업에 대한 분석 능력을 제고하기 위해서는 ROE가 지속적으로 높고 부채는 많지 않은 회사를 찾아라. 그리고 그 기업에 어떤 특별한 점이 있는지—요컨대 어떤 경제적 해자가 있는지—파악하라. 그 해자가 어떤 유형인지, 어느 정도 강한지 그리고 어느 정도 영속적인지를 분석하라. 해당 기업이 적어도 인플레이션율 정도의 가격 인상을 할 수 있다면 강력한 해자의 최소 기준은 충족시키는 셈이다.

강력한 경제적 해자를 보여주는 양적 지표 중 하나는 부채가 적은 상태에서 지속적으로 높은 ROE를 유지하는 것이다. 사업이 힘들고 경쟁이 치열하다는 시각에서 이 문제를 생각해 보자. 만약 A란 기업이 지속적으로 높은 ROE를 유지하면, 다른 경쟁자나 잠재적인 경쟁자도 곧 그 사실을 알아채게 된다. 이때 A보다 낮은 수익성을 감수하기로 한다면, 이들 경쟁자들은 보다 낮은 가격을 제시함으로써 A로부터 일부 고객과 계약을 뺏어갈 수 있다. 그러나 경쟁자들의 최선의 노력에도 불구하고, A는 뭔가 특별한 것이 있어 매출과 수익을 계속 유지한다. 이때 특별한 그 뭔가가 바로 경제적 해자이다.

공학과 안전마진

지금까지 우리는 신뢰할 만한 예상 이익을 구하는 법을 살펴보았다. 그러는 가운데 한 가지 중요한 점을 빠뜨리고 있었다. 예상 이익과 실제 이익 간의 차이가 모두 같은 것은 아니라는 것이다. 예상 이익과 실제 이익 간의 차이는 실제 이익이 예상 이익보다 높은지 낮은지, 요컨대 플러스 어닝 서프라이즈인지 아니면 마이너스 어닝 서프라이즈인지에 따라 다르다. 주식을 매수할 때 우리는 플러스 어닝 서프라이즈의 가능성은 최대화하고 마이너스 어닝 서프라이즈의 가능성은 최소화해야 한다. 이를 위해 우리에게는 안전마진이 필요하다.

부하 테스트, 스트레스 테스트, 혹은 안전계수의 적용이라고도 하는 안전마진은 건축과 공학에서 많이 사용되는 개념이다. 건축과 공학의 견지에서 안전마진의 기본 개념과 원칙을 이해하면, 주식투자에서의 안전마진 개념을 보다 잘 이해할 수 있을 것이다.

우선 안전마진 개념을 이해하고 이를 최초로 투자에 적용한 사람 역시 벤저민 그레이엄이었다는 사실을 밝히고 싶다. 그는 안전마진을 체계적으로 사용해야 할 필요성을 말한 최초의 사람일 뿐만 아니라, 안전마진 개념을 계산에 사용할 때는 기술자가 한 구조물의 설계명세서를 만들 듯 그렇게 꼼꼼하게 사용해야 한다는 것을 인식한 최초의 사람이기도 했다.

건축과 공학에서 안전마진은 복잡하게 사용된다. 예를 들어 다리를 건설할 때는 다리를 구성하는 다양한 보와 빔에 대한 예상 하중을 판단한 후, 보와 빔이 자신의 무게의 4~5배에 해당하는 정하중과 그보다 훨씬 높은 수준의 반복하중을 견딜 수 있다는 것을 확인한 후에 안전계수를 적용한다. 그리고 모델을 만들어 바람에 대한 저항력과 흔들림과 뒤틀림에 대한 저항력, 기대하중을 지탱하는 힘들을 테스트

한다.

전체적으로 공학적 환경에는 두 가지 유형의 테스트가 있다. 하나는 파괴 실험이고, 다른 하나는 안정성 검사이다. 파괴 실험이란 구조물이 붕괴될 때까지 계속 더 무거운 정하중을 가하는 것이다. 어떤 하중에서 파괴되는지 파악하기 위해 해당 구조물이 붕괴될 때까지 계속 하중을 가하는 것이다. 한편 안정성 검사란 구조물에 하중이나 압력을 가한 후 그 구조물이 정상상태로 회복되는지 관찰하는 것이다. 이때 가하는 하중은 정상적인 상황에서 예상되는 하중 범위의 일정한 배수로 하는 것이 일반적이다.

스트레스 테스트나 부하 테스트를 설계할 때 고려해야 할 또 다른 요인은 해당 구조물의 용도이다. 공항처럼 많은 사람의 생명이 걸린 구조물의 안전계수는 물파이프를 연결하는 수로교에 요구하는 안전계수보다 훨씬 높아야 한다.[4]

1984년 컬럼비아대학에서 개최된 『증권분석』 출간 50주년 기념식에서 워런 버핏이 한 연설을 편집한 '그레이엄과 도드 마을의 슈퍼투자자들The Superinvestors of Graham-Doddsville'이라는 글에서 버핏은 공학용

---

[4] 공학자들이 제대로 된 스트레스 테스트를 못하는 경우도 있다. 런던의 밀레니엄 브리지는 한꺼번에 많은 사람이 다리를 건널 때의 충격을 고려하지 않았고, 따라서 개통 하루만에 폐쇄되고 말았다. 한꺼번에 많은 사람이 다리로 밀려들자, 다리가 좌우로 심하게 흔들렸던 것이다. 이와 관련된 또 다른 사례로는 호주 멜버른의 거대한 서던스타 관람차이다. 이 관람차는 3일 동안 계속된 고온으로 지지대가 뒤틀리고 금이 가면서 운영을 중단할 수밖에 없었다. 다행히 밀레니엄 브리지는 문제를 해결한 후 다시 개통되었다. 서던스타 관람차도 현재 재건 중이다. 이 두 사례가 투자자들에게 주는 교훈은 고려 중인 투자자산에 대해서는 아무리 엄격한 스트레스 테스트를 해도 결코 지나치지 않다는 것이다.

어를 사용해 안전마진 개념을 설명했다. 그는 이 글에서 "8,300만 달러의 가치를 가진 기업을 8,000만 달러에 사는 것은 별 의미가 없다. 이보다 훨씬 충분한 (안전)마진을 두어야 한다. 3만 파운드의 무게를 견딜 수 있는 다리라 해도, 여러분은 1만 파운드 트럭만 몰고 건너야 한다. 투자에도 같은 원칙이 적용된다"고 했다.

흥미로운 것은 은행과 금융업에도 공학용어를 적용해 "주요 금융기관의 재무 상태는 다양한 스트레스 테스트를 통과해야 한다"는 식으로 말한다는 것이다. 여기서 말하는 스트레스 테스트란 컴퓨터 시뮬레이션으로 각 금융기관에 일단의 충격과 극단적인 시나리오를 가해본 후 해당 금융기관이 그런 충격을 흡수하고 안정성을 유지할 수 있는 충분한 완충장치가 있는지 살펴보는 것이다.[5] 국제결제은행Bank for International Settlements, BIS은 자본금 요건을 포함해 금융기관이 갖추어야 할 요건을 규정한 문서를 주기적으로 발표하고 있다. 가장 최근의 문서 중 하나인 '바젤 II 프레임워크Basel II Framework' 곳곳에도 스트레스 테스트라는 용어가 사용되고 있다. 우리 같은 주식투자자의 관심에 초점을 맞추기 위해서는 이 문서의 구체적인 내용을 살펴보는 것이 좋을 것이다. 이런 차원에서 바젤 II 프레임워크의 434조를 살펴보자.

(내부적으로 자체 평가하는) 은행은 자본 적정성 평가를 위한 건전

---

[5] 스트레스 테스트 이론에도 불구하고, 전 세계를 휩쓸고 다니던 막대한 양의 CDO로 인해 서브프라임 모기지 사태가 터진 것을 볼 때, 적절한 스트레스 테스트가 이루어지지 않았거나, 스트레스 테스트를 했다 해도 엄격한 테스트를 하지 않은 것이 분명하다.

한 스트레스 테스트 체계를 갖추고 있어야 한다. 스트레스 테스트를 할 때는 은행의 신용공여credit exposure에 부정적인 영향을 미칠 수 있는 사건이나 미래 경제 환경의 변화가 반드시 고려되어야 하며, 그런 사건이나 변화에 은행이 얼마나 견딜 수 있는지 평가해야 한다. 스트레스 테스트에 사용할 수 있는 시나리오 상황으로는 (i) 전체 경제 혹은 해당 업종이 불황에 빠지는 상황, (ii) 시장 리스크 유발 사건이 발생한 상황, (iii) 여러 수준의 유동성 위기 상황 등이 있을 수 있다.

상장기업에 대한 투자의 견지에서 볼 때, 전체 경제 혹은 해당 업종이 불황에 빠지면 기업이 예상 성장률에 부응하지 못할 수도 있다. 또 시장 리스크 유발 사건이 발생하면, 개별 기업의 실적과 관계없이 시장 전체가 하락할 수 있다. 유동성 위기 상황은 과도한 부채가 있는 기업에 특히 큰 타격을 줄 수 있다.

안전마진에 대한 전통적인 생각은 "1달러짜리를 50센트에 사라"는 말로 종종 표현된다. 주식의 내재가치를 계산한 후, 현재가가 그렇게 계산한 내재가치보다 상당히 낮은 주식을 매수하라는 것이 전통적인 안전마진 관념이다. 여기서 내재가치란 앞서 살펴본 할인모형 중 하나로 계산한 주식의 진정한 가치를 말한다. 그런데 이런 방법에는 그 정확성을 보장할 수 없는 어떤 금액으로 가치를 계산하는 경향이 있다는 문제가 있다. 여기서 '경향'이라는 말을 쓴 것은 내 견해를 과장하지 않기 위해서이다. 그러나 1달러짜리를 50센트에 사라는 표현에는 우리가 그 주식의 진정한 가치가 '1달러'라는 것을 실제로 알고 있다는 의미가 함축되어 있다. 그러나 같은 시점에 동일한 주식의 내재가치를 계산할 때도 적용하는 할인모형에 따라 그리고 같은 할인모형이라 해도 투입변수에 따라 결과에 큰 차이가 난다는 점을 우리는 이미 살펴본 바 있다.

이런 문제를 극복하기 위해, 내재가치를 계산한 후 그 계산 결과를 실제 가격과 비교해 안전마진을 적용하는 대신 투입변수 단계부터 안전마진을 적용하는 제2의 방법을 사용할 수 있다. 거듭 강조하지만 그레이엄은 실제 이런 식으로 내재가치를 계산했다. 장부가로 가치평가를 할 경우, 전통적인 방법은 장부가를 계산한 후 주가가 장부가보다 낮은 주식을 찾는 것이 보통이다. 여기서 안전마진은 최종적인 장부가 계산 결과에 적용된다. 1달러짜리(내재가치 계산 결과)를 50센트에 산다는 관념이다. 그러나 2장에서 살펴본 것처럼 그레이엄은 장부가를 계산하는 최초 단계부터 투입변수(자산항목)별로 서로 다른 안전계수(할인율, 즉 안전마진)를 적용했다. 예를 들어 매출채권은 액면가의 75~90%, 재고자산은 50~75%, 고정자산은 1~50%만 반영해 해당 기업의 장부가를 다시 계산했다(이것이 청산가치이다). 그런 후 그레이엄은 그 계산 결과를 현재가와 비교해 또 다시 안전마진을 적용했다. 요컨대 안전마진은 계산 결과에만 적용할 것이 아니라, 최초 계산 단계부터 적용하는 것이 좋다.

지금부터는 7장에서 소개한 기대수익률법에 있어서 자동으로 안전마진을 계산하는 법을 살펴볼 것이다. 즉 기대수익률법의 주요 투

> ● **스트레스 테스트 투자**
>
> 투자 대상에 대해 스트레스 테스트를 하기 위해서는 공학과 건축의 개념을 사용해, 투자 대상의 내재가치 계산에 사용할 투입변수 값에도 안전마진을 적용해야 한다.

입변수인 이익, PER, 배당성향을 예측할 때 안전마진을 적용해 예상하는 법을 살펴볼 것이다. 이런 방법 중 일부는 기대수익률법 외의 다른 가치평가법의 투입변수에도 적용할 수 있다.

안전마진을 적용한 예상 이익증가율

한 주식의 매수를 고려하고 있으며 기대수익률법으로 향후 5년의 수익률을 계산하면서 그 주식의 가치를 평가하는 중이라고 해보자. 이를 위해서는 이익, PER, 배당성향을 예측해야 한다. 이익의 경우, 향후 5년간 연평균 15%의 이익증가율을 예측했다고 해보자. 이때 여러분이 그 주식을 매수했는데 기업의 향후 5년간 실제 연평균 이익증가율이 20%가 되었다면, 여러분은 성공한 투자자가 될 것이다. 그러나 실제 이익증가율이 10%로 나오면, 그 주식에 투자한 것을 몹시 후회하게 될 것이다. 결국 이는 마이너스 어닝 서프라이즈 발생 가능성을 줄이는 것이 플러스 어닝 서프라이즈 발생 가능성을 높이는 것보다 더 중요하다는 것을 의미한다.

이런 점을 고려해 나는 해당 기업의 역대 재무 자료를 가지고 이익증가율을 예측할 때 자동적으로 안전마진을 계산해 주는 '이세이프티 ESAFETY'라는 프로그램을 개발했다. 이세이프티의 기본적인 개념은 자료를 통해 향후 해당 기업이 과거의 이익증가율을 유지하지 못할 가능성이 큰 특징들이 확인되면, 이익 예상치를 낮추는 것이다. 그렇다면 그런 특징은 어떻게 확인해야 할까?

한 가지 방법은 매출액증가율과 이익증가율을 비교하는 것이다. 예를 들어 주당 매출액증가율이 EPS증가율보다 낮으면, 향후 이익증가율은 과거 수준에 미치지 못할 가능성이 크다. 이익증가율이 과거 수준을 유지하기 위해서는 순이익률net profit margin, NPM이나 매출액증가율이 상승해야 하는데, (주당 매출액증가율이 EPS증가율보다 낮으면) 이 둘 모두 달성하기 힘들기 때문이다. 이 경우 역대 매출액증가율은 예상 이익증가율을 낮추는 데 사용하는 지침이 된다. 두 번째 방법은 이익 안정성을 보는 것이다. 앞서 소개한 스테이거로 측정한 이익 안정성이 낮으면, 이익증가율 예상치를 낮추는 식으로 예상 이익에 안전마진을 둬야 한다.

수십만 건의 사례로 검증한 결과 이세이프티를 사용해 계산한 예상 이익, 즉 안전마진이 부여된 예상 이익이 두 가지 실용적인 목적을 충족시킨다는 것을 확인했다. 첫째, 안전마진이 부여된 예상 이익은 마이너스 어닝 서프라이즈의 충격을 완화시켜 주었다. 둘째, 안전마진이 부여되었음에도 예상 이익이 매우 높게 나오는 주식은 수익성 높은 투자 대상임을 알 수 있게 해 주었다. 이번 장의 나머지 부분에서는 관련 연구 가운데 하나를 살펴보고 이를 월마트에 적용해 보도록 하겠다.

안전마진을 적용한 예상 이익증가율 : 실전 응용 사례

이익 안정성 연구에서 소개한 데이터베이스를 사용해 이세이프티로 계산한 안전마진이 마이너스 어닝 서프라이즈의 빈도와 충격을 줄이는 데 어떤 효과가 있는지에 초점을 맞춰보자. 이익 예측 시점 이전 5년 동안 스테이거 비율이 90% 이상인 기업만 대상으로 했다. 예측 기간은 2005년부터 2009년까지 5년으로 각 연도의 이익을 예측했다. 역대 이익증가율이 매우 안정적인 기업을 대상으로 했기 때문에, 역대 이익증가율을 사용해 미래의 이익증가율을 예측하는 기본적인 방법을 먼저 사용해 보았다. 그 결과를 나타낸 것이 〈표 9-4〉의 왼쪽 첫째 칸이다. 역대 이익증가율로 예측한 이익증가율을 적용했을 때, 마이너스 어닝서프라이에 대한 예측오차율은 -17.4%(중간값)였고, 마이너스 어닝 서프라이즈가 나타난 비율은 69.0%였다.

그 다음 이세이프티를 사용해 안전마진을 적용해 예측한 이익증가율 사용해 보았다. 그 결과 마이너스 어닝 서프라이즈에 대한 예측 오차율은 -12.3%(중간값)로 떨어졌고, 실제 마이너스 어닝 서프라이즈

〈표 9-4〉 이익 안정성이 높은 기업들의 마이너스 어닝 서프라이즈
: 예측 오차율과 발생 비율

예측 방법	예측 오차율 중간값	실제 발생 비율
역대 자료	-17.4%	69.0%
안전 마진	-12.3%	55.8%

가 나타난 비율 역시 55.8%로 떨어졌다. 요컨대 마이너스 어닝 서프라이즈의 예측 오차율과 실제 발생 비율 모두 크게 하락했다.

〈그림 9-6〉, 〈그림 9-7〉, 〈그림 9-8〉은 각각의 이익 예측치를 적용한 결과를 나타낸 것이다. 각각의 그림에서 수평축은 예상 EPS를 수직축은 실제 EPS를 나타낸다. 대각선은 실제 EPS와 역대 이익으로 계산한 예상 EPS가 같은 경우를 나타낸다. 따라서 그림의 점들(기업들)이 대각선에 가까울수록 이익 예측치가 정확한 것이다. 대각선 아래의 점들은 마이너스 어닝 서프라이즈의 경우를, 대각선 위의 점들은 플러스 어닝 서프라이즈의 경우를 나타낸다.

대상 기업은 스테이거 비율이 가장 높은 기업부터 가장 낮은 기업 순으로 순위를 매겼다. 이때 이익 안정성은 과거 5년의 이익(6개 회계연도 말의 이익)으로 측정했다. 그런 후 기업들을 5분위로 나눠, 1분위에는 이익 안정성이 가장 높은 기업을 마지막 5분위에는 이익 안정성이 가장 낮은 기업을 포함시켰다. 〈그림 9-6〉은 이익 안정성이 낮은 분위에 속한 기업을 대상으로 역대 이익증가율로 계산한 이익 예측치를 사용한 결과이다. 그림의 점들이 상당히 무작위로 분포되어 있음을 알 수 있다. 예상 EPS와 실제 EPS의 상관관계가 매우 낮다는 것을 말해준다. 요컨대 예상 EPS의 정확성이 매우 떨어졌다.

그 다음은 이익 안정성이 높은 주식을 대상으로 위와 동일한 분석을 했다. 그러자 점들이 대각선에 보다 가까이 모였으며, 이는 실제 EPS와 과거의 이익증가율로 계산한 예상 EPS의 상관관계가 보다 높아졌음을 의미한다. 이를 나타낸 것이 〈그림 9-7〉이다.

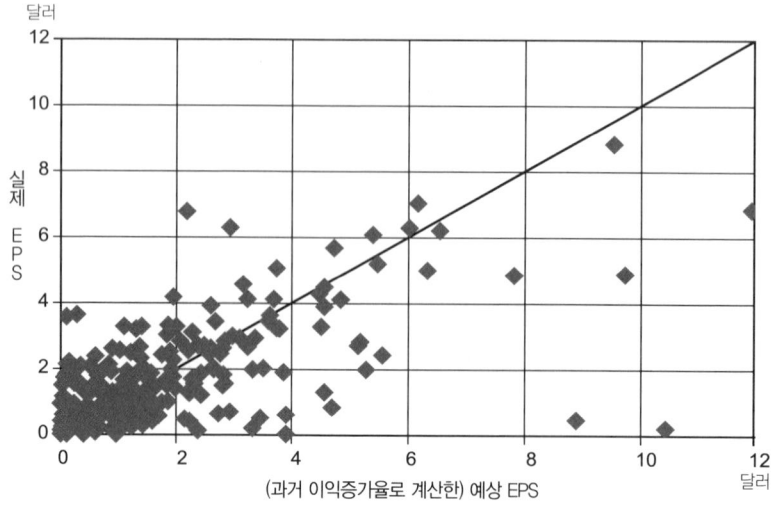

〈그림 9-6〉 이익 예측의 정확성 : 이익 안정성이 낮은 주식의 경우

　마지막 단계는 마이너스 어닝 서프라이즈 발생 비율을 줄이고 그와 동시에 충격 강도도 줄일 수 있는지 알아보는 것이다. 이를 위해 앞서 소개한 이세이프티 자동 안전마진 프로그램을 사용해 이익 안정성이 높은 주식의 예상 이익을 수정해, 이 수정 이익 예상치를 사용해 보았다. 그 결과를 나타낸 것이 〈그림 9-8〉이다. 얼핏 보면 〈그림 9-7〉과 〈그림 9-8〉이 큰 차이가 없어 보인다. 그러나 좀더 자세히 보면 〈그림 9-8〉에서는 일부 점들이 왼쪽으로 이동했음을 알 수 있다. 이는 안전마진을 적용해 이익 예상치를 낮췄다는 것을 의미한다. 예를 들어 〈그림 9-7〉에서 오른쪽 맨 상단에 있는 점은 예상 EPS 11.33달러, 실제 EPS 10.99달러로 약간의 마이너스 어닝 서프라이즈가 발생한 경우이다. 그런데 〈그림 9-8〉에 이 점은 약간 왼쪽으로 이

〈그림 9-7〉 이익 예측의 정확성 : 이익 안정성이 높은 주식의 경우

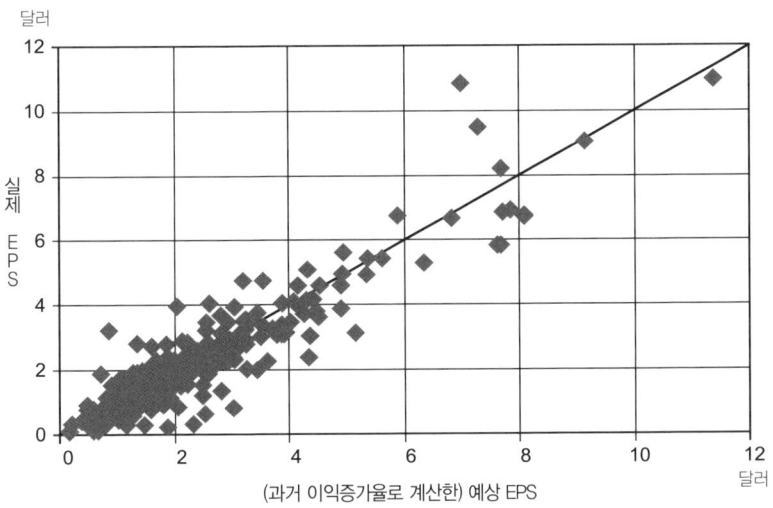

〈그림 9-8〉 안전마진을 적용한 이익 예측의 정확성
: 이익 안정성이 높은 주식의 경우

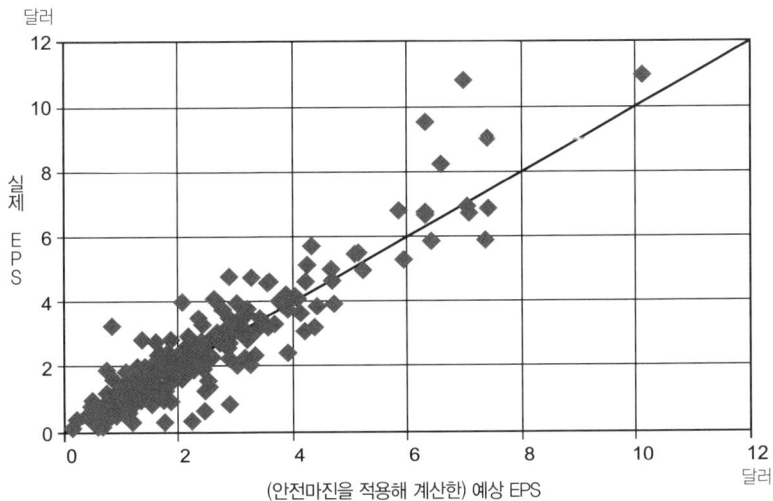

동했다. 이익 예상치가 10.33달러로 낮아진 것이다. 그런데 실제 EPS는 10.99달러이므로, 여기서는 약간의 플러스 어닝 서프라이즈가 발생했다.

안전마진을 적용한 예상 PER과 배당성향

7장에서 우리는 PER 관련 규칙들을 살펴본 바 있다. PER을 예측하는 법과 실제보다 높게 PER을 예측하지 않는 법에 관한 6개의 규칙이 그것이다. 이런 규칙은 예상 PER에 안전마진을 적용하는 법에 사용될 수 있다. 예를 들어 역대 PER 중 가장 낮은 PER을 예상 PER로 사용하는 것이 그 한 방법이다. 7장의 〈그림 7-2〉에 제시된 월마트의 사례는 연도별로 PER이 매우 다를 수 있음을 보여주고 있다. 또한 PER이 높은 기업은 낮은 기업보다 더 큰 안전마진을 둬야 한다. 안전마진을 적용한 향후 5년 PER을 예측한다고 해보자. 이는 향후 5년 내에 도달할 가능성이 있는 PER 수준을 설정하는 것이다. 이때 5년 동안 나타날 실제 PER이 예상 PER보다 항상 높거나 정확히 같을 필요는 없다.

예상 배당성향의 경우, 지난 4~5년의 배당성향 중 가장 낮은 배당성향으로 예측하는 것이 좋은 출발점이 될 수 있다. 〈그림 9-9〉는 2000~2010 회계연도 사이 월마트의 배당성향을 나타낸 것이다. 월마트의 배당성향은 2000년 16%에서 2010년 29%로 상승 추세를 보였다. 더욱이 "회사는 1974년 이후 매년 배당금을 늘려왔다"고 한 월마트의 2010 회계연도 10-K 보고서를 통해 월마트의 배당성향이 이런 수준

〈그림 9-9〉 월마트의 배당성향

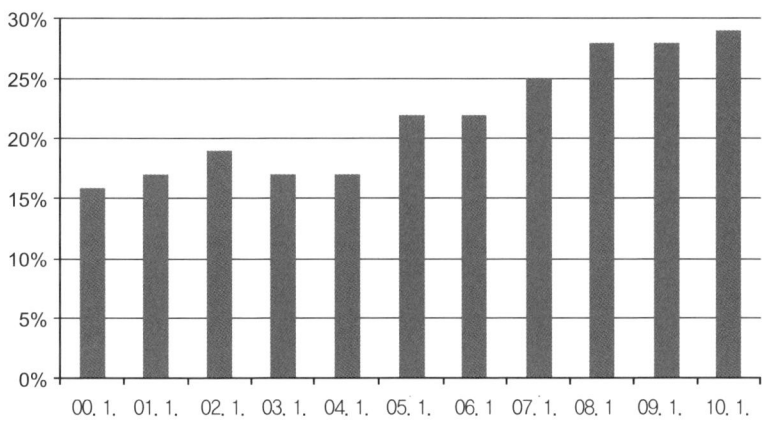

*막대그래프는 해당 연도 1월 31일 종료되는 2000년 회계연도부터 2010년 회계연도까지 각 회계연도의 배당성향을 나타낸 것이다.

을 유지할 것이라고 가정할 수 있다. 이는 어쩔 수 없이 배당금을 줄여야 할 특별한 경우가 아니면, 월마트는 대체로 이런 배당성향을 유지하거나 더욱 높이려 한다는 것을 의미한다.

개별기업 분석을 통해 PER과 배당성향에 안전마진을 부여하는 것도 가능하지만, 나는 이익증가율의 경우와 마찬가지로 자동으로 안전마진을 부여하는 방법을 원했다. 이는 행동편향을 제거하는 것은 물론 대량의 데이터베이스를 처리할 필요가 있었기 때문이었다. 그래서 예상 PER의 안전마진을 자동으로 계산하는 '페세이프티PESAFETY'라는 프로그램을 개발했다. 페세이프티는 현재 PER과 특정 연수 동안의 평균 PER을 분석해 보수적인 PER 예상치를 구하는 프로그램이다. 그런데 예상 PER의 경우 우리는 예상 EPS증가율에 대해 가졌던 수준의 확신을 가질 수는 없었다. 그럼에도 불구하고 PER에 안전마진 프로그램을 적용함으로써 실제 PER이 예상 PER을 상회할 가능성은 높이면서도 그를 상당히 하회할 가능성은 줄일 수 있었다. 따라서 우리는 원하는 더블딥 주식을 찾는데 유리한 고지를 점령했다고 할 수 있다.

예상 배당성향의 안전마진을 자동으로 계산하는 프로그램은 '피알세이프티PRSAFETY'이다. 피알세이프티는 현재 배당성향과 특정 연수 동안의 평균 배당성향을 분석해 미래의 배당성향을 보수적으로 예측한다. 안전마진이 적용된 이런 보수적인 배당성향을 적용함으로써 미래의 실제 배당성향이 예상 배당성향보다 높아질 가능성을 가능한 높였다.

안전마진을 적용한 예상 이익증가율, PER, 배당성향
: 개별기업 응용 사례

이세이프티, 페세이프티, 피알세이프티의 세 안전마진 프로그램은 기업 데이터베이스에 적용하기 위해 개발한 것이다. 그리고 이 프로그램들을 통해 계산한 예상 이익증가율, 예상 PER, 예상 배당성향은 경영 실적, 부채, 안정성 같은 다른 지표들과 함께 컨서스인베스터 프로그램에 투입되어 주식 스크린에 사용된다.

또 이 세 프로그램은 개별 기업 분석에도 사용할 수 있다. 투입변수나 시나리오에 따라 기대수익률이 달라지는 것을 즉시 확인할 수 있기 때문에 이 세 프로그램을 개별기업에 적용하는 것은 사뭇 재미있는 일이다. 만약 예상 이익증가율이 높다고 생각되면, 그 수치를 낮춘 후 미래의 총 수익률이 어떻게 변하는지 살펴보라. 반대로 예상 이익증가율이 보수적이라고 생각되면 수치를 높이고 그 결과를 살펴보라. 예상 PER과 예상 배당성향의 경우도 마찬가지이다. 각각의 예측치를 수정해 보고 그 결과를 조사해 보라.

이렇게 하는 목적은 시나리오별로 미래 실적이 어떻게 되는지 살펴보기 위한 것이다. 특히 최악의 시나리오 하에서도 관련된 리스크를 상쇄하고도 남는 수익률을 기대할 수 있는 기업을 찾는 것이 우리의 목적이다. 더욱이 우리는 컴퓨터 프로그램을 통해 즉시 그 결과를 알 수 있다.

자동으로 계산된 안전마진을 적용한 예상치를 개별 기업에 적용하는 단계는 기본적으로 두 단계, 원할 경우 세 단계로 이루어진다. 첫 단계는 과거 자료를 기초로 계산한 이익증가율, PER, 배당성향 예측치를 가지고 7장에서 소개한 방법으로 기대수익률을 계산하는 것이다. 두 번째 단계는 안전마진 프로그램을 사용해 새로운 예측치를 구한 후, 이 수치를 사용해 기대수익률을 재계산하는 것이다. 이렇게 재계산된 기대수익률은 매우 심각한 최악의 시나리오에서도 가능한 수익률이 된다. 원할 경우 적용할 수 있는 세 번째 단계는 자신의 통찰력, 지식, 의견을 반영하려는 투자자들을 위한 것이다. 세 번째 단계는 위 두 단계의 예측치 대신 자신의 수치를 사용하는 것이다. 월마트를 사례로 이 각 단계를 보다 구체적으로 살펴보자. 우선 월마트의 현재 주가는 55.07달러, 지난 12개월 EPS는 3.70달러라고 해보자. 따라서 PER은 14.88이 된다.

첫 번째 단계에서 컨서스 인베스터 프로그램이 과거 자료에 기초해 계산한 향후 5년 월마트의 예상 PER는 15.53, 예상 이익증가율은 8.92%, 예상 배당성향은 29%였다. 물론 예상치를 계산하기 위해 과거 자료를 사용할 때, 우리는 과거의 일관성과 안정성과 관련해 모든 기본적인 조건이 적용된다는 것을 가정했다. 이런 예상치를 7장의 기대수익률법에 적용하면 향후 5년 평균 기대수익률은 11.9%가 된다. 비교를 위해 말하면, 2010년 4월 〈MSN머니 MSNMoney〉에 공개된 월마트의 향후 5년 이익증가율에 대한 합의된 예상치는 11.5%였다. 놀라운 것은 이 합의된 예상치가 우리가 과거 자료로 계산한 예상치 8.92%보다 상당히 높다는 것이다. 이는 애널리스트들의 낙관편향을 드러내는 좋은 예라 할 수 있다.

두 번째 단계는 첫 번째 단계에서 계산한 각각의 예측치에 안전마진을 적용한 것이다. 안전마진을 적용한 향후 5년 월마트의 예상 이익증가율은 연평균 7.59%, 예상 PER은 12.88, 예상 배당성향은 28%로 나왔다. 많은 기업의 경우, 안전마진을 적용한 예상치가 과거 자료로 계산한 예상치보다 50% 이상 낮기도 하지만, 월마트의 경우 그렇게 낮지는 않다. 그러나 월마트도 안전마진을 적용한 예상치를 가지고 계산한 기대수익률은 6.8%로, 첫 단계의 기대수익률보다 5% 이상이나 낮았다.

이런 계산 결과는, 모든 것이 과거와 비슷할 경우 향후 5년간 연평균 11.9% 정도의 수익률을 기대할 수 있지만 시장 변동성이나 기업실적 악화 가능성 등을 고려한다면 연평균 6.8% 이상의 수익률은 기대하지 않는 것이 좋다는 것으로 해석할 수 있다.

　마지막으로 원할 경우 적용할 수 있는 세 번째 단계는 이익증가율, PER, 배당성향 등의 투입변수에 대해 스트레스 수준을 달리 적용해 기대수익률을 다시 계산하는 것이다. 안전마진을 적용한 예상치가 너무 관대하거나 너무 엄격하다고 믿을 만한 충분한 추가 정보가 있을 경우 세 번째 단계를 실행할 수 있다. 최초의 EPS 값을 바꾸는 것도 가능하다. 예를 들어 지난해 EPS가 급등했다면, 장기 추세를 더욱 적절히 나타내는 보다 낮은 값의 EPS를 사용할 수도 있다. 또 투입변수 값에 따라 결과가 어떻게 달라지는지 보기 위해 서로 다른 일련의 투입변수 값을 주었을 때 기대수익률은 어떻게 되는지 살펴보는 것도 좋다. 예상치에 대한 안전마진적용법이 적절해 보이기는 하지만, 향후 5년간 실제 수치가 어떻게 나올지는 알 수 없기 때문에 투입변수 값을 바꿨을 때 그 결과가 어떻게 바뀌는지 확인하는 것도 의미 있는 일이다.

　위의 기대수익률로 봤을 때 월마트의 경우 투자하는 것이 좋을까? 2003년 워런 버핏은 "세전으로 최소 10%(세후로는 6.5~7%)의 매우 높은 수익률을 기대할 수 없으면, 우리는 투자하지 않는다"고 했다. 위의 계산을 통해 볼 때, 월마트에 투자해서 세전 10%의 수익률을 올리기 위해서는 향후 5년 월마트의 예상 이익증가율은 10%, 예상 PER은 14가 되어야 한다. 월마트가 실제로 그런 실적을 내는 것이 불가능하지만은 않다. 그러나 월마트의 예상 이익증가율을 7.59%, 예상 PER을 12.88, 배당성향을 28%로 보수적으로(안전하게) 예상한다면, 주가가

47.50달러로 떨어져야 세전 10%의 수익률이 가능하다. 2009년 7월 월마트의 주가가 47.50달러 밑으로 떨어진 적이 있었기 때문에 이 또한 가능한 일이다. 분명한 가정 하에서 원하는 수익률을 올리기 위해 얼마에 매수해야 할지 알고 있기 때문에 이제 여러분은 주가 변동성을 친구로 삼을 수 있다.

결론적으로 이용 가능한 정보를 가지고 모든 것을 종합했을 때, 나는 지금은 월마트를 지켜보기만 할 것이다. 좋은 소식은 월마트 말고도 선택할 기업은 많다는 것이다. 그중 우리가 찾는 주식은 투입변수에 안전마진을 적용해도 관련 리스크를 상쇄하고 남을 정도로 기대수익률이 높은 주식들이다.

마지막 한 가지, 부채가 과도하거나, 이익률이 낮거나, 경제적 해자가 취약한 기업은, 모든 단계에 아무리 큰 안전마진을 적용해도 항상 위험한 투자 대상이다. 이런 기업에 대해서는 안전한 매수가를 찾기 위해 시간을 낭비하지 말고 속히 다른 기업을 찾는 것이 좋다. 1934년

> **◐ 최후의 목표**
>
> 우리의 최후의 목표는 투입변수에 안전마진을 적용해도 관련 리스크를 상쇄하고 남을 정도로 기대수익률이 높은 주식을 찾는 것이다. 이런 기대수익률은 최악의 경우에나 가능한 최소의 수익률과 같다. 실제 수익률은 이보다 훨씬 높을 가능성이 많다. 위에서 소개한 방법의 목적은 수익률이 낮을 가능성은 낮고 수익률이 높을 가능성은 높은 주식을 찾기 위한 것이다.

벤저민 그레이엄은 이 점을 분명히 밝힌 바 있다.

여러 해 관찰한 결과, 투자자들이 큰 손실을 보는 것은 사업 환경이 좋은 시기에 저질의 증권을 사기 때문이다.…… 이런 증권은 어떤 의미의 안전마진도 제공하지 못한다.

간단 정리

1. 안정된 이익증가율, 안정된 ROE, 강력한 경제적 해자를 가진 기업에 대해서는 보다 신뢰할 만한 이익 예측이 가능하다.

2. 신뢰할 만한 이익 예측이 중요하기는 하지만, 더 중요한 것은 마이너스 어닝 서프라이즈를 피하는 것이다. 예상 EPS에 자동으로 안전마진을 적용하면 마이너스 어닝 서프라이즈의 충격과 빈도를 줄일 수 있다

3. 본문에서 소개한 3개 프로그램으로 예상 이익증가율, 예상 PER, 예상 배당성향에 안전마진을 적용하는 것은 성공 투자가 가능한 주식을 찾는 분명하고도 체계적인 방법이다. 이 세 프로그램은 기업 실적, 시장 의견, 이사회의 배당 정책 각각에 대해 실질적인 안전마진을 적용하는 것이다.

| 맺음말 |

가치평가법들이 혼자 땅에서 솟아난 것은 아니다. 가치평가법이 탄생한 것은 상장기업의 가치를 가장 잘 보여주는 특징을 찾으려는 여러 사람들의 노력 때문이었다. 처음에는 ROE가 높을수록 좋다거나 PER 대비 높은 이익증가율이 높은 것이 좋고 그 반대는 나쁘다는 식의 꽤 일반적인 특징만을 발견했을 것이다. 그 후 이런 지표들을 계량화해 최종 결과를 계산하는 데 사용하려는 시도들이 있었다.

이 책에서 우리는 매우 다양한 가치평가법이 있다는 것을 확인했다. 모든 가치평가법은 각기 다른 시각과 필요성을 가진 투자자들에 의해 각기 다른 영역에서 그 효과를 입증한 것들이다. 우리는 또한 어떤 주식을 언제 사서, 언제까지 보유하며, 언제 팔아야 할지를 결정할 때, 현재 주가를 고려해야 한다는 것도 살펴보았다. 이는 주식의 실질가치는 주가와 내재가치의 관계로 보아야 한다는 것을 의미한다. 이 실질가치는 또 안전하게 기대할 수 있는 수익률로도 볼 수 있다.

가치평가법을 사용해 가장 확신할 수 있는 최상의 결과를 얻기 위해서는 자신에게 가장 필요한 것이 무엇인지 분명히 확인한 후, 그 필요에 가장 부합하는 하나의 혹은 그 이상의 가치평가법을 찾아야 한다. 이 과정에 한 번에 하나씩 개별기업을 분석하고 싶은지 아니면 데이터베이스를 이용해 업종별 혹은 전체 상장기업을 한꺼번에 스크린하고 싶은지도 결정해야 한다. 그와 동시에 머리만 가지고 사용할 수 있는 방법을 원하는지, 종이에 계산할 필요가 있는 수준의 방법을 원하는지, 아니면 컴퓨터 프로그램이 필요한 방법을 원하는지도 결정해야 한다. 또한 자신의 능력으로 분석에 동원할 수 있는 자료가 어떤 종류인지도 알아야 한다.

예를 들어 PER과 이익증가율만 필요하다고 생각하면 PEG법으로 충분할 것이다. 여기에 배당금까지 고려하고 싶다면 PEGY법을 사용하면 된다. 이런 방법에 사용되는 자료들은 쉽게 찾을 수 있고 계산도 간단하다. 재무상태표에 들어 있는 가정을 이해하기 쉽기 때문에 재무상태표가 중요하다고 생각하면, 벤저민 그레이엄이 제시한 재무상태표 분석을 통한 가치평가법 중 하나를 사용하면 될 것이다. 재무상태표 분석을 통한 가치평가법은 종이나 엑셀 스프레드시트에 계산하는 식으로 사용할 수 있다.

그러나 재무상태표 분석법을 사용하는 사람이 너무 많기 때문에 현금흐름할인법을 시도해 볼 수도 있을 것이다. 배당금이 중요하다면 배당할인모형이 최선의 방법이 될 수도 있다. 투자금 회수에 걸리는 시간이 중요하다면 회수기간계산법을 사용할 수도 있다. 안정적인 성장을 보이는 회사가 좋고 직접 기대수익률을 알고 싶다면, 투입변수에 안전마진을 적용한 기대수익률법이 최선이 될 수 있다.

알고 하는 투자자, 컨셔스인베스터가 되자

지금까지 우리는 주식의 실질가치를 찾는 현명한 투자자가 되기 위한 이론과 실제를 살펴보았다. 이론은 가치평가법의 논리와 그 장단점을 살펴보는 것이었고, 실제는 각 가치평가법의 계산 결과를 추적 검증하고 각 방법을 스스로 실행해 본 것이었다.

이 책 머리말에서 말한 것처럼, '알고 하는 투자자'가 되는 것은 투자기업의 유형과 관계 있다. 한 기업에 투자할 때 우리는 그 기업의 수입과 이익이 증가하기를 원한다. 이는 해당 기업이 공급하는 실제 제품과 서비스의 매출 증가를 의미한다. 그런 매출 증가가 여러분 자신, 가족, 그리고 보다 광범위한 지역사회에 미치는 영향이 뭔지를 아는 것도 알고하는 투자자가 갖춰야 할 덕목 중 하나이다.

이웃이 점점 더 많이 그 제품이나 서비스를 사용한다면 여러분은 어떤 기분일까? 광범위한 일반 대중이 그 제품이나 서비스를 점점 더 많이 사용한다면 여러분은 어떤 반응을 보일까? 그 회사 매출액이 매년 10~15%씩 증가한다면 사회적으로 어떤 일이 벌어질까? 이런 질문은 정해진 답이 없는 지극히 사적인 질문이므로, 추구하는 가치나 성향에 따라 그 답은 사람마다 다를 것이다. 그러나 이런 질문을 한다는 것은 알고하는 투자의 두 역할, 요컨대 돈을 벌어주고 경제적 안정을 제공하는 역할과 사회에 해를 끼치지 않고 긍정적인 역할을 하는 기업에 자금을 공급하는 두 역할을 하나로 묶는 것이다.

| 부록 A |

ROE와 이익증가율의 관계

우리는 ROE가 일정하다면 이익증가율은 'ROE × 이익의 사내유보율'과 거의 같다는 중요한 명제를 제시한 바 있다. 아래 계산은 이 명제 그리고 같은 장에서 제시되고 그 후 여러 장에서 사용된 관련 명제들을 증명하기 위한 것이다. 물론 이 명제들은 순수잉여금관계를 전제로 한다.

우선 B_i를 i년차 기말 장부가라 하고(i = 1, 2). i년차의 이익과 배당금을 각각 e_i, d_i라 하자. 배당성향은 p_i(= d_i/e_i), ROE는 R_i(= e_i/B_i)라고 하자.

이때 순수잉여금관계는 다음과 같다.

$$B_2 - e_2 + d_2 = B_1$$

그리고 B_1과 B_2는 각각 e_1/R_1과 e_2/R_2로 바꿀 수 있고, $d_2 = p_2 e_2$와 같다. 따라서 위 식은 다음 식과 동일하다.

$$e_2/R_2 - e_2 + p_2 e_2 = e_1/R_1$$

이 식을 e_1으로 나눠 재구성하면, 이익증가율은 다음과 같다.

$$e_2/e_1 = (R_2/R_1) \times 1/\{1 - R_2(1 - p_2)\}$$

이를 표준근사값으로 나타내면 다음과 같다.

$$e_2/e_1 \approx (R_2/R_1) \times \{1 + R_2(1 - p_2)\}$$

따라서 본문의 주장처럼 ROE가 일정하면($R_2 = R_1$), 이익증가율은 'ROE × $(1-p_2)$', 즉 'ROE × 이익의 사내유보율'과 거의 같다(근사값이다).

배당금증가율도 이와 유사하다. '$d_i = p_i \times e_i$'이므로, 배당금증가율은 다음과 같다.

$$d_2/d_1 = (p_2 R_2 / p_2 R_1) \times 1/\{1 - R_2(1 - p_2)\}$$

따라서 이 식을 표준근사값으로 나타내면 다음과 같다.

$$d_2/d_1 \approx (p_2 R_2 / p_2 R_1) \times \{1 + R_2(1 - p_2)\}$$

이에 따라 배당성향과 ROE가 일정하면, 배당금증가율은 'ROE × (1 − p_2)', 즉 'ROE × 이익의 사내유보율'과 거의 같다(근사값이다).

마지막으로 R_1과 R_2를 해당 연도의 이익을 해당 연도 기말 장부가가 아니라 기초 장부가로 나눈 선행 ROE라고 해보자. 그러면 이익증가율 공식은 다음과 같다.

$$e_2/e_1 = (R_2/R_1) + R_2(1-p_2)$$

여기서 선행 ROE가 일정하다고 하면, 위 식은 다음과 같이 된다.

$$e_2/e_1 = 1 + R_2(1-p_2)$$

여기서 이익증가율은 '선행 ROE × (1−p_2)', 즉 '선행 ROE × 이익의 사내유보율'과 근사값으로서가 아니라 실제로 같다.

| 부록 B |

할인모형 계산법

  이 부록은 할인모형을 사용해 내재가치를 계산하는 공식 일부를 간략하게 소개한 것이다. 이 부록을 포함시킨 것은 스스로 내재가치를 계산해 보려는 독자들을 위한 것이다.
  사용하는 방법에 따라 다양한 변형 모형이 존재하는 모든 할인모형에는 하나의 가장 기본적인 공식이 존재한다. 이 기본적인 공식은 다음과 같다.

$$V = a + a_1/(1+r) + a_2/(1+r)^2 + a_3/(1+r)^3 + \cdots\cdots$$

  여기서 V는 내재가치를, r은 할인율을 나타낸다. 나머지 투입변수 $a, a_1, a_2, a_3 \cdots\cdots$ 등은 최초 연차, 1년차, 2년차, 3년차$\cdots\cdots$의 해당 투입변수 값을 의미하며, 이 투입변수는 사용하는 모형에 따라 다르다. 이 투입변수가 서로 다른 세 가지 예는 다음과 같다.

사례 1 : 현금흐름할인모형

a = 0이고, a_1, a_2, a_3…… 등에 해당 연차 '예상 잉여현금흐름'을 사용해 내재가치(V)를 계산하면 현금흐름할인모형이 된다. 여기서 예상 잉여현금흐름은 잉여현금흐름증가율을 가정해 계산한다.

사례 2 : 배당할인모형

a = 0이고, a_1, a_2, a_3…… 등에 해당 연차의 '예상 배당금'을 사용해 내재가치(V)를 계산하면 배당할인모형이 된다. 여기서 예상 배당금을 직접 투입변수로 사용하는 대신 ROE와 배당성향을 가지고 예상 배당금을 구한 후 이를 계산에 사용할 수 있다.

변형모형 3 : 잔여이익가치평가모형

잔여이익가치평가모형은 배당할인모형의 변형이다. 여기서 a는 최초의 장부가(자기자본)이고, a_1, a_2, a_3…… 등은 해당 연차 그 회사의 '예상 잔여이익'이다.

기본적인 할인모형공식에 따라 내재가치를 구하기 위해서는 무한급수를 합해야 한다. 그러나 여기에는 두 가지 문제가 있다. 첫째, 공식의 항(연차)이 무한 개이므로 이 항들을 일일이 계산해 표로 작성하는 것은 불가능하다. 따라서 최소한 어떤 유한한 항 까지만 계산한 후, 그 다음 항들의 합은 무한급수의 합 공식을 사용해야 한다. 둘째, 제한된 수의 무한급수까지만 그 합을 계산하는 공식이 있다. 수학이론은 무한급수의 합이 있다고 하지만, 우리가 그 합을 실제로 계산할 수 없다면 수학이론은 내재가치를 계산하는 데 도움이 안 된다.

금융에서 이 두 문제는 급수의 형태를 기하급수나 급수들의 조합과 같은 형태로 제한함으로써 극복되고 있다. 기하급수는 다음 항이 이전 항의 일정한 배수가 되는 일련의 급수를 말한다. 일반적인 기하급수는 다음과 같다.

$$b+bt+bt^2+bt^3+\cdots\cdots$$

여기서 t는 급수의 증가율을 말한다. '$-1 < t < 1$'이면, 이 급수의 합은 '$b/(1-t)$'이다. 이는 이 부록에서 처음 제시한 기본적인 무한급수 모형은 1단계 모형, 2단계 모형 혹은 3단계 모형의 서로 다른 세 가지 무한급수 중 하나임을 의미한다. 이는 또한 급수 자체는 모두 기하급수임을 의미한다.

1단계 모형

1단계 모형은 $a_1, a_2, a_3 \cdots\cdots$ 등의 값이 일정한 비율로 증가한다고 가정한다. 이 증가율을 g라고 하자. 그러면 내재가치 계산 공식은 다음과 같이 된다.

$$V = a+b/(1+r)+b(1+g)/(1+r)^2+b(1+g)^2/(1+r)^3+\cdots\cdots$$

이를 무한기하급수로 표현하면 다음과 같은 간단한 공식이 된다.

$$V = a+b/(r-g)$$

여기서 0 < g < r이라 할 때, 이 무한기한급수공식에 기초해 현금흐름할인모형과 배당할인모형으로 내재가치를 계산해 보자.

1단계 현금흐름할인모형에 따른 내재가치 계산

한 기업의 지난 해 주당 잉여현금흐름이 1.00달러, 잉여현금흐름증가율은 연간 10%, 할인율은 12%라고 해보자. 그러면, a = 0, b= 1.1달러(1년차 잉여현금흐름 : 지난해 잉여현금흐름 1달러+잉여현금흐름 증가분 0.1달러), g = 0.1, r = 0.12이고, 따라서 내재가치(V)는 '1.1/(0.12−0.1) = 55달러'가 된다.

1단계 배당할인모형에 따른 내재가치 계산

여기서는 ROE를 사용한 1단계 배당할인모형으로 내재가치를 구하는 공식을 만들어 보자. ROE를 R, 배당성향을 p 그리고 최초의 장부가를 B라고 하자. 위의 공식을 적용해, 'a = 0,' 'b = pRB/m', 'g = (1/m)−1'이고, 여기서 m = 1−R(1−p)이다. 따라서 ROE를 사용한 1단계 배당할인모형공식은 다음과 같다.

$$V = pRB/\{m(1+r)-1\}$$

4장의 〈표 4-2〉의 사례를 사용해 보자. 이 경우, 최초 장부가는 10달러, 예상 ROE와 배당성향 은 각각 15%와 50%, 할인율은 10%였다. 이런 수치를 가지고 위의 공식을 사용해 내재가치를 계산하면 42.86달러가 된다. 〈표 4-2〉의 내재가치 계산 결과는 200년 후에 41.52달러였다. 결국 〈표 4-2〉의 방식으로 내재가치를 계산하면 200년 이상의 연차를 작업해야 그나마 합리적인 내재가치 근사치를 얻을 수 있다. 이에 비해 여기서 소개한 공식을 사용하면 매우 간단하게 내재가치를 계산할 수 있다.

2단계 모형

2단계 모형의 기본 가정은 $a_1, a_2, a_3 \cdots$ 등의 항을 두 부분으로 나누고, 이 두 부분에 각자 독립적인 증가율을 부여하는 것이다. 첫 번째 부분은 보통 10년으로 가정하며 초기 단계 혹은 성장 단계라고 한다. 두 번째 부분은 10년 이후의 기간으로 하며, 후기 단계 혹은 최종 단계라고 한다.

초기 단계의 증가율을 g라 하고 후기 단계의 증가율을 h라 하자. 그러면 내재가치(V)를 구하는 기본공식은 'V = $V_1 + V_2$'로 표기한다. 여기서 V_1과 V_2는 다음과 같다.

$$V_1 = a + b(1+r) + \cdots + b(1+g)^9/(1+r)^{10}$$
$$V_2 = b(1+g)^9(1+h)/(1+r)^{11} + b(1+g)^9(1+h)^2/(1+r)^{12} + \cdots$$

여기에서 유한 및 무한 기하급수를 계산하는 기본 공식은 다음과 같다.

$$V_1 = a + b/(1+r)^{10}\{(1+r)^{10} - (1+g)^{10}\}/(r-g)$$

$$V_2 = b(1+g)^9(1+h)/\{(1+r)^{10}(r-h)\}$$

이 두 경우 'r ≠ −1'이어야 한다. 또 V_1의 경우 'g ≠ r'이어야 하고, V_2의 경우 'h ≠ r'과 '0 < h < r'을 가정한다.

이런 공식과 가정에 기초해 현금흐름할인모형과 배당할인모형에 따른 내재가치를 계산해 보자.

2단계 현금흐름할인모형에 따른 내재가치 계산

최초의 잉여현금흐름은 1달러이고, 처음 10년간 연간 잉여현금흐름증가율은 12% 그 후는 3%라고 해보지. 할인율은 10%로 가정하자. 그러면 a = 0, b = 1.12달러(1년차 잉여현금흐름 : 최초의 잉여현금흐름 1달러 + 잉여현금흐름 증가분 0.12달러), g = 0.12, h = 0.03, r = 0.10이며, V_1 = 11.06달러, V_2 = 17.62달러로 내재가치(V = V_1+V_2)는 28.68달러가 된다. 이 사례는 3장의 〈표 3−2〉에서 가져온 것이며, 〈표 3−2〉에서 내재가치는 50년 후 27.41달러로 나왔다.

ROE를 사용한 2단계 배당할인모형에 따른 내재가치 계산 : 초기 단계

여기서는 ROE를 사용한 2단계 배당할인모형으로 초기 단계의 내재가치를 먼저 계산한다. 최초 주당 장부가가 10달러, 처음 10년 동안 ROE는 10%, 배당성향은 50%로 예상된다고 하자. 그리고 할인율은 15%로 가정하자. 여기서 우리는 먼저 처음 10년 동안 실제 배당금이 얼마인지를 구한 후, 그 배당금이 내재가치에 얼마나 기여하는지 계산해야 한다.

이를 위한 첫 번째 단계는 장부가중가율을 계산하는 것이다. 4장에서 소개한 순수잉여금관계에 따르면, 'B′ = B−d+e'이다. 이 공식에서 각 기호는 다음을 의미한다.

　　　B : 최초 장부가(기초 장부가)
　　　d : 주당 배당금
　　　e : 주당 순이익(EPS)
　　　B′ : 기말 장부가

여기서 ROE를 R, 배당성향을 p라 하자. 그런데 p = d/e이고 R = e/B′이므로 이를 순수잉여금관계에 적용하면 다음과 같은 공식이 나온다.

$$B' = B/(1-R+R \times p)$$

이 공식이 ROE와 배당성향의 견지에서 기말 장부가를 구하고, 이를 통해 장부가증가율[(B′−B)/B]을 구할 수 있는 기초 공식이다. 이 공식에 위에서 예시한 수치를 대입해 기말 장부가(B′)를 구하면 다음과 같다.

$$B' = 10/(1-0.1+0.1 \times 0.5) = 10.53달러$$

이런 식으로 10년간 각 연차의 기말 장부가를 구하면, 장부가는 매년 약 5.3%씩 증가하는 것으로 나온다(보다 정확히는 5.263%이다). ROE가 10%이기 때문에 1년차 주당 순이익은 1.05달러(기말 장부가 10.53달러 × ROE 0.1)가 되고, 배당성향은 50%이기 때문에 1년차 주당 배당금은 0.53달러(1년차 이익 1.05달러 × 배당성향 0.5)가 된다. 〈표 B−1〉은 이런 식으로 계산한 결과를 나타낸 것이다.

소수점 이하의 오차는 허용하면서, 〈표 B−1〉에서 다음과 같은 점을 확인하자. (1) 각 연차의 이익을 기말 장부가로 나누면 10%(ROE)가 된다. (2) 각 연차의 배당금을 그해 이익으로 나누면 50%(배당성향)가 된다. (3) 각 연차 배당금의 할인가치는 실제 배당금을 15% 할인한 금액이다(할인율 15%). (4) 최초의 장부가는 10달러이다. 이는 결국 표의 계산 결과들이 모두 처음에 가정한 ROE, 배당성향, 할인율과 일치한다는 것을 의미한다(이렇게 일치해야 올바른 계산 결과를 얻은 것이다). 오른쪽 마지막 칸의 배당금의 할인가치란 각 연차의 배당금을 현재가치로 할인한 값이다. 이 배당금의 할인가치들의 합이 3.17달러라

〈표 B-1〉 장부가, 이익, 배당금의 증가

(단위 : 달러)

연차	기초 장부가	EPS	주당 배당금	기말 장부가	주당 배당금의 할인가치
1	10.00	1.05	0.53	10.53	0.46
2	10.53	1.11	0.55	11.08	0.42
3	11.08	1.17	0.58	11.66	0.38
4	11.66	1.23	0.61	12.28	0.35
5	12.28	1.29	0.65	12.92	0.32
6	12.92	1.36	0.68	13.60	0.29
7	13.60	1.43	0.72	14.32	0.27
8	14.32	1.51	0.75	15.07	0.25
9	15.07	1.59	0.79	15.87	0.23
10	15.87	1.67	0.84	16.70	0.21
합계					3.17

는 것은 처음 10년 동안 지급될 것으로 예상되는 배당금 총액의 현재가치가 3.17달러라는 것을 의미한다.

표를 사용하는 대신 앞에서 소개한 공식으로 계산해도 동일한 결과를 얻을 수 있다. 처음 10년 동안의 내재가치를 계산하는 것이기 때문에 V_1 계산 공식을 사용하면 된다. 〈표 B-1〉에서 최초 배당금은 0.53달러, 배당금증가율은 연간 5.26%임을 알 수 있다(보다 정확히 최초 배당금은 0.5263달러, 배당금증가율은 연간 5.2632%이다). 이런 결과를 V_1 공식[$a+b/(1+r)^{10}\{(1+r)^{10}-(1+g)^{10}\}/(r-g)$]에 대입하면, a = 0, b = 0.5263, g = 0.05263, r = 0.15이므로 V_1은 3.17달러가 된다. 표의 계산 결과와 공식의 계산 결과가 일치한다.

ROE를 사용한 2단계 배당할인모형에 따른 내재가치 계산 : 후기 단계

계속 위의 사례를 사용해서 10년 후 ROE는 5%로 가정하고, 회사가 사업 확장 기회를 전혀 찾지 못해 모든 이익을 배당금으로 지급

〈표 B-2〉 2단계의 장부가 배당금의 증가

(단위 : 달러)

(1) 연차	(2) 기초 장부가	(3) 배당금	(4) 배당금의 할인가치	(5) 배당금 할인가치의 누적 합계
11	16.70	0.84	0.18	0.18
12	16.70	0.84	0.16	0.34
13	16.70	0.84	0.14	0.47
14	16.70	0.84	0.12	0.59
15	16.70	0.84	0.10	0.69
16	16.70	0.84	0.09	0.78
17	16.70	0.84	0.08	0.86
18	16.70	0.84	0.07	0.93
19	16.70	0.84	0.06	0.98
20	16.70	0.84	0.05	1.04
…	…	…	…	…
30	16.70	0.84	0.01	1.29
…	…	…	…	…
65	16.70	0.84	0.00	1.38

* 이 표는 11~20년차 및 30년차와 60년차 각 항목의 현황을 나타낸 것이다. 표〈B-1〉에서 10년 말 장부가는 16.70달러이고, 이 장부가가 11년차의 기초 장부가가 된다. ROE는 5%, 배당성향은 100%로 일정하다. 따라서 기초 장부가(2)는 16.70달러로 일정하고, 배당금(3)도 0.84달러로 일정하다. (4)는 현재 시점으로 할인된 배당금의 할인가치를 나타낸다. (5)는 배당금의 할인가치의 누적 합계이다. 2단계 10년 후(20년차)에 누적 합계는 1.04달러가 된다. 거기서 다시 10년 후(30년차)에 누적 합계는 1.29달러가 된다. 이런 식으로 65년차의 누적 합계는 1.38달러가 된다.

한다고 가정해 보자. 〈표 B-1〉에서 10년차 말 이 회사의 장부가는 16.70달러임을 알 수 있다. 회사가 모든 이익을 배당금으로 지급할 계획이기 때문에, 순수잉여금관계에 따라 회사의 장부가는 더 이상 증가하지 않는다. 이는 주당 순이익과 주당 배당금이 모두 주당 장부가 16.70달러의 5%인 0.835달러가 된다는 것을 의미한다. 〈표 B-2〉는 후기 단계 첫 10년간 배당금의 할인가치의 합을 나타낸 것이다. 후기 단계 처음 10년 후 그 합은 1.04달러이고, 그 10년 후에는 1.29달러가 된다. 그리고 후기 단계 65년 후에는 약 1.38달러 수준에서 안정된다.

초기 단계와 마찬가지로 후기 단계의 내재가치를 계산할 때도 이런 표에 의존할 필요는 없다. 앞에서 소개한 V_2 공식을 사용하면 된다. 이 경우, a = 0, b = 0.5263, g = 0.05263, h = 0, r = 0.15이므로, V_2 = 1.38달러가 된다. 이 결과는 〈표 B-2〉의 결과와 일치한다. 그러나 여기서도 우리는 표를 사용할 경우 정확한 계산 결과를 얻기 위해서는 많은 항(연차)을 계산해야 한다는 것을 확인할 수 있다. 이 기업의 경우 내재가치는 결국 V_1 = 3.17달러와 V_2 = 1.38달러의 합인 4.55달러가 된다.

| 용어 설명 |

가중평균자본비용 weighted average cost of capital, WACC : 타인자본 조달, 자기자본 조달, 기타 증권 발행 등의 수단으로 기업이 자금을 조달할 때 각 자금 조달 수단에 소요되는 비용의 평균값. 필요 금액에 따라 각 비용에 가중치가 부여된다. 현금흐름할인모형의 일부 변형 모형에서 할인율로 사용된다.

감가상각 depreciation : 설비와 장비(토지는 포함되지 않는다) 같은 고정자산 취득 비용을 해당 자산의 추정 사용 연한에 걸쳐 일정 비율로 나눠 비용 처리하는 회계 절차. 일반적으로 손익계산서의 매출원가 항목에 표기한다.

감모 depletion : 석유, 가스, 광물, 삼림과 같은 천연자원에 적용되는 감가상각 개념.

고정자산 fixed assets : '부동산, 설비, 장비' 참고.

기초 주당 순이익 basic earnings per share, basic EPS : 기업이 발행한 옵션이나 워런트 등이 주식으로 전환될 경우를 고려하지 않고 계산한 발행주식 수로 기업의 (분기, 반기, 연간) 이익을 나눈 것.

기회비용 opportunity cost : 주식투자에서 기회비용이란 현금성 국채의 유동성과 상대적 안정성을 포기하고 주식에 투자함으로써 투자자가 지불하거나 감수해야 할 대가나 희생을 말한다.

당좌비율 quick ratio, quick test : 산성비율 acid ratio 혹은 산성시험비율 acid-test ratio 이라고도 한다. 계산식의 분자에 전체 유동자산이 아니라 현금과 현금등가물, 거래 매출채권 같은 당좌자산만 사용한다는 점만 빼고는 유동비율과 비슷하다. 분모는 유동비율과 마찬가지로 유동부채를 사용한다. 유동자산 중 유동성이 가장 낮은 재고자산을 빼고 계산한 비율이기 때문에 유동비율보다 단기 유동성을 더욱 엄격하게 평가하는 지표이다.

재무상태표 balance sheet : 기업의 3대 기본요소인 자산, 부채, 자본 현황을 보여주는 재무제표. 이 세 요소는 '자본 = 자산 − 부채' 공식에 맞게 균형을 이뤄야 한다.

듀퐁 분석 DuPont Analysis : ROE를 이익률 net profit margin, 자산회전율 total asset turnover, 부채(레버리지비율, 재무레버리지비율)의 세 항목으로 분해해 분석한 것.

레버리지비율, 재무레버리지비율 financial leverage multiplier : 총자산을 자기자본으로 나눈 비율.

매출액 sales : 순매출액과 같다.

매출원가 cost of sales : 원자재비용, 노동비용, 생산간접비 production overhead 등

한 기업의 재고자산 생산에 소요된 비용.

무형자산intangible assets : 특허권, 자금조달비용, 매입영업권 같은 재무상태표 상의 비물리적 자산 항목. 무형자산의 가치는 특정 기간에 걸쳐 일정 비율로 상각된다. 자산인수의 부산물로 발생하는 경우가 많다.

배당금dividend : 회사가 주주들에게 현금이나 주식의 형태로 지급하는 돈.

배당성향dividend payout ratio, payout ratio : 회사의 이익 중 사내에 유보되지 않고 배당금으로 지급된 금액의 비율(배당성향 = 배당금/이익).

배당수익률dividend yield : 연간 배당금을 주가로 나눈 비율.

베타beta : 주식의 위험도를 나타내는 지표. 전체로서 시장의 변동성 대비 개별 주가의 변동성으로 파악한다. 베타를 위험성 지표로 사용할 경우, 베타가 1.0 이상인 자산은 평균 이상으로 위험하고, 베타가 1.0 미만인 자산은 평균 이상으로 안전하다고 본다. '자본자산가격결정모형' 참고.

부동산, 설비, 장비property, plant and equipment : 회사 사업에 필요한 영구적인 성격의 자산들. 고정자산이라고도 한다. 토지, 건물, 공장 설비, 기계장비, 사무 가구, 금융리스 장비 등이 고정자산으로 간주된다.

부채liability : 기업의 채무나 의무. '유동부채' 및 '장기부채' 참고.

부채비율debt ratio : 총자산 대비 총부채의 비율을 말한다. 자산 대비 부채비율이라고도 한다.

비경상이익nonrecurring income : 비일상적인 혹은 일회성으로 발생한 이익을 지칭하는 말.

상각amortization : 무형자산의 가치를 일정 기간에 걸쳐 체계적이고 점진적으로 줄여 평가하는 것. 부채, 특히 장기부채의 정기적 상환을 지칭하는 말로도 사용된다.

선입선출법first in first out, FIFO : 재고자산 중 가장 먼저 생산되거나 구입한 상품의 생산 및 취득원가로 재고자산의 가치를 평가하는 일반적인 회계법. 인플레이션 상황에서 선입선출법을 적용할 경우 현재의 생산 및 취득원가가 실제보다 낮게 평가되어 이익을 부풀리는 경향이 있다. '후입선출법' 참고.

순매출액net sales : 기업이 상품 및 서비스 판매를 통해 벌어들인 돈. 상품 및 서비스 총매출액에서 매출 환입액(반품을 의미한다), 파손 및 분실 상품에 대한 매출 에누리액, 매출 할인액을 공제한 후의 매출액. 일반적으로 매출액이라고 하면 순매출액을 말한다.

순수잉여금관계clean surplus relationship : 한 기간(보통은 한 회계연도) 말의 장부가는 해당 기간 초 장부가에 해당 기간의 이익을 더한 후 해당 기간의 배당금을 뺀 것과 같다는 가정(기말 장부가 = 기초 장부가＋이익－배당금).

순이익률net profit margin, NPM : 순이익을 순매출액으로 나눈 것. 세금과 비용을 고려해 이익을 평가하는 지표이다.

순자산net worth : 자기자본과 같은 말이다. 간혹 자기자본에 우선주 가치를 더해 순자산으로 정의하는 경우도 있다.

영업권goodwill : 한 기업의 인수비용이 그 기업의 자기자본을 초과할 때 발생하는 무형자산.

영업비용operating expenses : '판매 및 일반관리비(판관비)' 참고.

영업이익operating earings : 순매출액에서 매출원가와 영업비용을 뺀 이익. 감가상각도 공제할 수 있는데, 이 경우 영업이익은 EBIT와 같다.

영업이익률operating margin : 매출액 혹은 수입 대비 영업이익의 비율.

우선주preferred stock : 배당금에 대한 권리와 회사 청산 시 자산을 배분받을 권리가 보통주보다 우선하는 주식. 우선주에는 보통 특정 배당금을 받을 자격이 부여된다.

운전자본working capital : 회사의 일상 업무를 운영하는 데 필요한 자금. 유동성 지표의 하나다. 유동자산과 유동부채의 차액으로 정의된다.

유동부채current liability : 12개월 내에 만기가 도래하는 기업의 부채.

유동비율current ratio : 유동부채 대비 유동자산의 비율.

유동자산current assets : 기업의 현금자산 및 12개월 내에 현금화할 수 있는 자산.

이익earnings : 수익income, profit이라고도 한다. 순이익을 지칭하는 경우가 많다. 회사의 총수입(영업수입＋영업외수입)에서 모든 비용(직접비, 간접비, 세금 등)을 공제한 것이다. 중단 사업의 이익을 포함시킬 수도 있고 포함시키지 않을 수도 있다. 투자 목적 상 보통 주당 순이익(EPS)을 지칭하기도 한다.

이익잉여금retained earnings : 이익 중 배당금으로 지급하지 않고 운전자본 혹은 고정투자 및 자산 인수 자금으로 사용하기 위해 회사 내부에 유보된 부분.

이자보상비율interest coverage ratio : 이자보상배율이라고도 한다. 한 회계연도의 이자 및 세금 공제 전 영업이익(EBIT)을 동 기간 발생한 이자비용으로 나눈 것. 동 영업이익이 이자비용의 몇 배인가를 측정한 것이다. EBIT 대신 '이자 공제 전 세금 공제 후 이익'을 사용하는 경우도 있다.

일반회계원칙generally accepted accounting principles, GAAP : 오랫동안 발전, 진화하여 현재 미국 회계업계에서 합의된 회계 원칙.

잉여현금흐름free cash flow : 기업의 순이익에 감가상각, 감모, 상각비용을 더한 후 자본적 지출을 뺀 것(잉여현금흐름 = 순이익＋감가상각＋감모＋상각－자본적 지출). 기타 비현금성 비용이 있으면 이것도 다시 더한다. 기타 비현금성 비용은 이연세 자산과 이연세 부채에서 발생할 수 있다. 운전자본 증가분은 빼야 한다. 전체 회사로 혹은 주당 기준으로 말할 수 있다.

자기자본equity : 주주(보통주 주주)들이 한 기업에 투자한 돈의 이론적 가치를 지칭하는 일반 용어. 순자산 혹은 주주자본이라고도 한다. 총자산에서 총부채를 뺀 것이다. '장부가' 참고.

자기자본 대비 부채비율debt-to-equity ratio : 채권자가 공급한 자금 즉 타인자본과 투자자가 공급한 자금 즉 자기자본 간의 비율. 파산의 경우, 채권자는 투자자(주주)보다 먼저 보상받는다. 따라서 자기자본 대비 부채비율은 그 기업에 관련된 리스크를 나타내는 지표이다. 자기자본 대비 부채비율을 계산할 때는 보통 장기부채만 포함시킨다.

자본capital : 한 기업의 자기자본과 타인자본(주로 장기부채)의 합. 투하자본 invested capital, capita employed이라고도 한다. 유동부채를 포함시킬 수도 있다.

자본자산가격결정모형capital asset pricing model, CAPM : 주식시장에서 위험과 수익의 관계를 분석한 일반 모형. 주가에 대한 통계적 분석에 기초한 베타로 리스크를 정의하는 것은 장기적인 투자 목표에 부합하지 않는다.

자본적 지출capital spending, capital expenditure : 설비와 장비에 대한 총지출. 자산 인수에 사용된 자금은 포함되지 않는다. 자본적 지출은 주당 기준으로도 말할 수 있다.

자산asset : 기업이 소유한 혹은 기업이 빌려서 가지고 있는 일정한 가치를 지닌 물건이나 권리.

장기차입금long-term debt : 1년 이후, 보통은 수년 후에 만기가 도래하는 차입금. 재무상태표 장기부채long-term liability의 주요 구성 항목이다.

장부가book value : 일반적으로 한 기업의 자기자본을 주당 기준으로 지칭하는 용어. 회계상 가치를 나타내는 지표이며, 실제 가치는 매우 다를 수 있다. '주가장부가비율' 참고.

재고자산inventory : 아직 팔리지 않고 남아 있는 한 기업의 상품, 원자재, 완제품, 중간재.

주가수익배율price-to-earnings ratio, PER : 주당 순이익(EPS) 대비 주가의 배수. 이때의 주당 순이익은 보통 이전 회계연도의 주당 순이익이다.

주가장부가비율price-to-book ratio, PBR : 주당 장부가 대비 주가의 비율.

주당 순이익earnings per share, EPS : 한 회계연도 혹은 분기 동안 보통주 한 주당 발생한 순이익. 우선주 배당이 있을 경우, 그 금액은 주당 순이익에 포함시키지 않는다. 기초 주당 순이익과 희석 주당 순이익이 있다.

주주 이익owner earnings : 워런 버핏이 도입한 용어. 순이익에 감가상각, 감모, 상각 및 기타 비현금성 비용을 더한 후 회사가 장기적인 지위와 단위 생산량을 충분히 유지하는 데 필요한 설비와 장비에 투자한 평균 자본적 지출액을 공제한 것을 말한다. 만약 해당 기업이 추가 운전자본을 사용했다면, 그 증가분은 빼야 한다. 실제 자본적 지출 대신 평균 자본적 지출을 사용했다는 점만 빼고는 잉여현금흐름과 같다.

주주자본shareholders' equity, stockholders' equity : 한 기업의 자기자본을 말한다. 우선주 가치는 제외한다.

중단 사업discontinued operations : 이미 중단된 혹은 중단될 사업. 해당 기업의 연간 이익추세를 쉽게 비교할 수 있도록 중단 사업 항목은 손익계산서에서 지속 사업 항목과 따로 표기된다.

총수익률total return : 투자자가 보유한 자산에 지급된 배당금 전액을 수령시점에 해당 자산에 재투자한다고 가정할 경우, 자본 차익과 배당금 수입으로 그 투자자가 올릴 수 있는 연평균 수익률. 세전으로 계산한다. 총주주수익률total shareholders' return이라고도 한다.

총자산회전율total asset turnover : 매출액을 총자산으로 나눈 비율. 매출이나 수입을 창출하는 데 있어 기업이 자산을 얼마나 효율적으로 사용하고 있는지를 나타낸 지표이다.

최근 12개월 주당 순이익earnings per share trailing twelve months, EPSttm : 가장 최근 4분기 동안 각 분기당 발생한 주당 순이익의 합. 호주에서는 가장 최근 두 반기 주당 순이익의 합을 말한다.

특별항목extraordinary item : 기업의 정상적인 사업 외의 거래나 사건으로 발생한 손익계산서 항목. 정기적으로 발생하지 않는 일회성 항목이다. 해당 기업의 연간 이익추세를 쉽게 비교할 수 있도록 손익계산서에서 별도로 표기된다.

판매 및 일반관리비selling, general and administration expenses : 줄여서 판관비SG&A expenses라고도 한다. 손익계산서에서 기업의 영업비용을 나타내는 모든 비용을 말한다. 급여, 광고비, 판매 수수료, 마케팅 비용, 사무실 비용, 임대료, 보험료, 교통비, 접대비 등이 포함된다.

할인율discount rate : 해당 자산의 리스크 수준이나 비용을 상쇄하기 위해 해당 자산 가치를 할인하는 비율. 할인모형 가치평가법에서 주로 사용된다.

현금cash : 한 기업이 보유한 자산 중 유동성이 가장 높은 자산으로 재무상태표 유동자산 항목에 가장 먼저 계상된다. 보유 현금과 은행예금으로 구성된다.

현금등가물cash equivalents : 쉽게 현금화할 수 있는 유가증권. 시장성 유가증권 marketable securities이라고도 한다.

현금흐름cash flow : 회사의 순이익에 감가상각, 감모, 상각을 더한 후 우선주 배당액을 차감한 것이다. 회사 전체 혹은 보통주의 주당 기준으로도 말할 수 있다.

효율적 시장가설efficient market hypothesis : 자산 가격은 시장 정보를 정확히 반영해 형성된다는 이론 혹은 가설.

후입선출법last in first out, LIFO : 가장 최근에 구매하거나 생산한 항목의 취득 및 생산원가로 재고자산의 가치를 평가하는 회계법. 인플레이션 상황에서 후입선출법을 적용할 경우 현재의 생산 및 취득원가가 실제보다 높게 평가되어 이익을 축소시키는 경향이 있다. '선입선출법' 참고.

희석 주당 순이익diluted earnings per share, diluted EPS : 기업이 발행한 권리 행사

전의 옵션이나 워런트가 주식으로 전환될 경우를 고려해 계산한 발행주식 수로 기업의 (분기, 반기, 연간) 이익을 나눈 것. '기초 주당 순이익' 참고.

EBIT earnings before interest and taxes : 이자 및 세금 공제 전 영업이익.

EBITDA earnings before interest, taxes, depreciation, and amortization : 이자, 세금, 감가상각, 상각비용 공제 전 영업이익.

10-K 보고서 Form 10-K : 미국 상장기업이 매년 증권거래위원회에 제출해야 하는 보고서. 주주들에게 보고하는 연차보고서의 재무 상황 부분을 보다 자세히 기술한 보고서다.

10-Q 보고서 Form 10-Q : 미국 상장기업이 분기마다(4분기 제외) 증권거래위원회에 제출해야 하는 보고서.

옮긴이 김상우

국내에서 해외의 주식투자 지침서를 전문적으로 번역하는 사람은 한 손에 꼽을 정도인데 그 중 한 명이다. 거의 대부분 부크온에서 번역 작업을 했다. 주식투자 등 금융 관련 번역에 정통하다는 평가를 받고 있다. 『워런 버핏만 알고 있는 주식투자의 비밀』, 『줄루 주식투자법』, 『경제적 해자 실전 주식 투자법』, 『안전마진』, 『워렌 버핏의 재무제표 활용법』, 『고객의 요트는 어디에 있는가』, 『100% 가치투자』 등 다수의 투자서를 번역했다.

투자 대가들의
가치평가 활용법

1쇄 2019년 5월 30일

지은이 존 프라이스
옮긴이 김상우

펴낸곳 (주)한국투자교육연구소 부크온
펴낸이 김재영, 김인중
편집 위아람
디자인 권효정
주소 서울시 영등포구 당산로 41길 11 SK V1센터 E동 1304호
전화 02-723-9004   **팩스** 02-723-9084
홈페이지 www.bookon.co.kr
블로그 blog.naver.com/bookonblog
이메일 book@itooza.com
출판신고 제322-2008-000076호(2007년 10월 17일 신고)

ISBN 978-89-94491-83-7 13320

◆ 부크온은 (주)한국투자교육연구소의 출판 브랜드입니다.
◆ 파손된 책은 구입하신 곳에서 교환해 드리며, 책값은 뒤표지에 있습니다.
◆ 무단전재나 무단복제를 금합니다.

이 도서의 국립중앙도서관 출판시도서목록(CIP)은 e-CIP홈페이지(http://www.nl.go.kr/ecip)와 국가자료 공동목록시스템(http://www.nl.go.kr/kolisnet)에서 이용하실 수 있습니다.
(CIP제어번호: CIP2019012976)